W0398959

Ortwin Renn
Gefühlte Wahrheiten

Ortwin Renn

# Gefühlte Wahrheiten

## Orientierung in Zeiten postfaktischer Verunsicherung

Verlag Barbara Budrich
Opladen • Berlin • Toronto 2019

Bibliografische Information der Deutschen Nationalbibliothek
Die Deutsche Nationalbibliothek verzeichnet diese Publikation in der Deutschen Nationalbibliografie; detaillierte bibliografische Daten sind im Internet über http://dnb.d-nb.de abrufbar.

2. vollständig überarbeitete und aktualisierte Auflage von ‚Zeit der Verunsicherung. Was treibt Menschen in den Populismus?', erschienen 2017, Rowohlt, Reinbek

Gedruckt auf säurefreiem und alterungsbeständigem Papier


www.budrich.de

ISBN 978-3-8474-2271-6 (Paperback)
eISBN 978-3-8474-1342-4 (eBook)



Umschlaggestaltung: Bettina Lehfeldt, Kleinmachnow – www.lehfeldtgraphic.de
Titelbildnachweis: »Mineral« © Sabine Zentek, Berlin
Satz: Bernd Burkart, Weinstadt-Baach
Druck: Medienhaus Plump GmbH, Rheinbreitbach
Printed in Europe

# Inhalt

# Einleitung

Wir erleben in Deutschland aktuell ein in der Gesellschaft weit verbreitetes Misstrauen in die Problemlösungsfähigkeit der Politik, in die Fairness der Wirtschaft und die Unabhängigkeit der Wissenschaft.[1] Viele Menschen sind zutiefst verunsichert darüber, welche kollektiv verbindlichen Normen und Werte weiterhin Geltung haben und inwieweit ihre Interessen und Anliegen bei den Entscheidungsinstanzen in Politik, Wirtschaft und Gesellschaft noch gut aufgehoben sind. Zusätzlich fühlen sie sich von der Komplexität der Erklärungsversuche der intellektuellen Eliten erdrückt und suchen nach einfachen, aber plausiblen Erklärungen.

Dies ist ein idealer Nährboden für Populisten in Politik und Gesellschaft. Sie bieten plausibel nachvollziehbare Welt(erklärungs)bilder, die allzu oft weder der faktischen Überprüfung noch den ethischen Prinzipien der Menschenrechtskonventionen genügen. Die Deutungsangebote der Populisten gewinnen ihre besondere Attraktivität dadurch, dass sie Orientierungssicherheit und Rückversicherung versprechen, und zwar für alle, die den Eindruck haben, ihre Interessen und Anliegen kämen in der offiziellen Politik

1 Wie aus der 2018 durchgeführten Befragung durch „Wissenschaft im Dialog" deutlich wird, sind lediglich 40% der befragten Deutschen der Überzeugung, dass Wissenschaftlerinnen und Wissenschaftler tatsächlich zum Wohl der Gesellschaft arbeiten (siehe: https://www.wissenschaft-im-dialog.de/projekte/wissenschaftsbarometer/wissenschaftsbarometer-2018/ (abgerufen am 1.3.2019)). Zweifel an der Problemlösungskapazität der Politik sind ebenfalls gut dokumentiert, z. B. in: Bundeszentrale für Politische Bildung (2018): Glaubwürdigkeit in Politik, Medien und Gesellschaft. Bonn: bpb. Siehe auch: „Einerseits sinkt das Vertrauen der Bürger/innen in die Politik, weil sie den Politiker/innen nicht mehr zutrauen, zukunftsfähige Lösungen für wichtige gesellschaftliche Probleme entwickeln und durchsetzen zu können. Andererseits haben aber auch die Politiker/innen nur wenig Vertrauen in die Bürger/innen. So bestehen zum Beispiel große Zweifel, dass die Bevölkerung ein offenes Ansprechen der Probleme und die erforderlichen Veränderungen akzeptiert (aus: Denkwerkstatt „Politik und Vertrauen": Die Rolle von Vertrauen in Politik, Wirtschaft und sozialen Netzwerken. Berlin: Friedrich Ebert Stiftung, S. 29). Zur Wirtschaft siehe: https://www.welt.de/wirtschaft/article162861858/Wem-die-Deutschen-ueberhaupt-noch-vertrauen.html (abgerufen am 1.3.2019). Nicht einmal ein Drittel der befragten Personen äußert Vertrauen in wirtschaftliche Konzerne, besonders stark betroffen sind die durch den Dieselskandal angeschlagenen Automobilkonzerne. Hier ist das Vertrauenspotenzial gegenüber 2016 um 17 Prozentpunkte eingebrochen (aber mit 54% immer noch recht hoch verglichen mit Finanzdienstleistern und Banken, die es nur auf 35% Vertrauen bringen).

zu kurz und die gängigen Erklärungsmuster der auf weitere Modernisierung eingeschworenen Eliten seien wenig überzeugend und nachvollziehbar.

Die Gesellschaftswissenschaften haben diese Entwicklung in Politik und Gesellschaft mit Begriffen belegt, die mit der Vorsilbe „post" beginnen. Seit langem sprechen wir schon von der Postmoderne, dem Postindustrialismus oder dem Poststrukturalismus.[2] Jetzt sind aber neue „Post"-Begriffe hinzugekommen. Die Liste ist umfangreich: postfaktisch, postethisch, postdemokratisch, postmedial, postinstitutionell u. a. m. Das Wort postfaktisch wurde sogar zum Wort des Jahres 2016 erkoren.[3] Mit der Vorsilbe „post" wird die Hilfslosigkeit der intellektuellen Elite bei der Zeitgeistdeutung zum Ausdruck gebracht. Man weiß, das Alte ist vorbei, man kann aber das Neue noch nicht benennen. Es ist etwas anderes als das Gewohnte, aber man weiß noch nicht genau, was es ist, und vor allem, wohin es sich weiter entwickeln wird.

Mit diesem Buch habe ich den Versuch unternommen, angesichts der Hilflosigkeit in den intellektuellen Eliten und der zunehmenden Verunsicherung der Bürgerschaft über das, was faktisch und moralisch noch Geltung hat, eine Orientierung zu den Post-X-Tendenzen und ihren Folgen zu vermitteln. X steht hier für alle die Begriffe, die zur Charakterisierung einer Entwicklung gewählt wurden, bei denen man sich über das Wesen oder die Struktur noch unklar ist, aber gleichzeitig Zeichen dafür sieht, dass ein Wandel eingesetzt hat. Die Post-X-Tendenzen habe ich auch als Gliederungsmerkmal genutzt, um eine Tendenz nach der anderen aufzugreifen und zu erläutern. Am Anfang stehen Diagnosen zu den verschiedenen Post-X-Tendenzen im Vordergrund, ab Teil V dann Vorschläge für den Umgang mit diesen Tendenzen.

Mein Anliegen ist, Verunsicherung abzubauen und wieder mehr Zutrauen in die eigene Gestaltungskraft der engagierten Bürgerschaft, aber auch mehr Zuversicht in die Leistungskraft der zentralen Institutionen von Wis-

2 Einen guten Überblick über die Postmoderne und ihre Ableger bietet das Buch von: Zima, P.V. (2016): Moderne/Postmoderne. 4., korrigierte Auflage. A. Francke Verlag, UTB: Tübingen, hier vor allem S. 21ff.

3 Die Wörter des Jahres 2016 wurden am 9. Dezember 2016 von der Gesellschaft für deutsche Sprache (GfdS) bekannt gegeben. Wie in den vergangenen Jahren wählte die Jury, die sich aus dem Hauptvorstand der Gesellschaft sowie den wissenschaftlichen Mitarbeiterinnen und Mitarbeitern zusammensetzt, aus diesmal rund 2.000 Belegen jene zehn Wörter und Wendungen, die den öffentlichen Diskurs des Jahres wesentlich geprägt und das politische, wirtschaftliche und gesellschaftliche Leben sprachlich in besonderer Weise begleitet haben. Auf Nummer 1 kam das Wort „postfaktisch". Siehe: http://gfds.de/wort-des-jahres-2016/ (abgerufen am 31.10.2018).

senschaft, Politik und Zivilgesellschaft zu wecken. Um dies zu verdeutlichen, habe ich aktuelles Hintergrundwissen zusammengestellt. Es ist mir wichtig, die Leserinnen und Leser darüber aufzuklären, warum Post-X- Tendenzen eine solche nachhaltige Wirkung auf Individuen und Gruppen in unserer Gesellschaft ausüben. Gleichzeitig möchte ich auch einen Blick auf die Herausforderungen der Zukunft werfen. Dass dazu auch politische Reformen gehören, die zur Bereicherung der jetzigen politischen Kultur notwendig sind, wird sich im Verlauf des Buches noch erschließen.

Viele meiner Beispiele entstammen meinem eigenen Forschungsfeld, der Risikoforschung.[4] Darauf habe ich auch häufig zurückgegriffen. Denn gerade die Frage, was unsere Gesellschaft bedroht, bestimmt weitgehend den postfaktischen, postdemokratischen und postethischen Diskurs. Gibt es den Klimawandel oder ist er eine Fiktion? Sind unsere Lebensmittel mit Pestiziden vergiftet oder ist das alles Panikmache? Gibt es mehr Straftäter unter den nach Deutschland eingewanderten Flüchtlingen als unter der deutschen Bevölkerung? Wie groß ist die Gefahr terroristischer Anschläge in Deutschland? Diese Fragen werden mit großer Vehemenz und oft mit Leidenschaft in der Öffentlichkeit debattiert. Gerade Populisten nutzen die Ängste vor solchen Bedrohungen aus, um ihre eigenen machtpolitischen Ambitionen auszuleben. Das Buch kann zwar nicht auf alle diese Fragen eine umfassende Antwort geben, aber es beleuchtet die Mechanismen, mit denen Populisten und Demagogen auf Stimmenfang gehen. Es zeigt die Prozesse der intuitiven Verarbeitung und Bewertung von Botschaften auf, die einen Ausweg aus Verunsicherung und Angst versprechen. Wie diese Botschaften kritisch überprüft werden können, soll mit der Lektüre des Buches deutlich werden.

Im Kern meiner Ausführungen steht das Bild einer souveränen und mündigen Person, die sich der verführerischen Rhetorik von politischen Scharfmachern bewusst ist und nach bestem Wissen und nach angemessener Abwägung politische Urteile und Entscheidungen fällt. Ich möchte an die politische Mündigkeit der Leserschaft anknüpfen und ihr Hilfestellung anbieten, wie man von gefühlten Wahrheiten zu fundierten Gewissheiten oder auch zu Anerkenntnis von Ungewissheit und Nichtwissen kommen

---

4 Wer dazu mehr erfahren will, sei auf mein Buch: Renn, O. (2014): Das Risikoparadox. Warum wir uns vor dem Falschen fürchten. Fischer Taschenbuch: Frankfurt am Main verwiesen. Mehrere Abschnitte sind auch aus diesem früheren Werk in aktualisierter Form in das vorliegende Buch übernommen worden.

kann. Dazu sollte man die Gründe für die Anfälligkeit gegenüber populistischen Strömungen besser verstehen lernen und einen gesunden Skeptizismus gegenüber intuitiv eingängigen Erklärungsmustern entwickeln. Gleichzeitig möchte ich auch die Leserinnen und Leser[5] ansprechen, die selber in der öffentlichen Debatte stehen und sich in ihrem beruflichen oder öffentlichen Umfeld mit populistischen Forderungen und Erklärungen konfrontiert sehen. Ihnen soll das Buch helfen, die Mechanismen besser zu verstehen, die für die hohe Attraktivität populistischer Weltbilder verantwortlich sind.

Ich habe mich um eine Ausdrucksweise bemüht, die zwar wissenschaftlich korrekt, aber auch ohne Vorkenntnisse in Psychologie oder Sozialwissenschaften gut verständlich und nachvollziehbar ist. Für all diejenigen, die es genauer wissen wollen oder die noch Hinweise auf weiterführende Literatur oder fachliche Debatten zu den angesprochenen Themen wünschen, habe ich ein ausgedehntes Fußnotenverzeichnis angefertigt. Darin sind nicht nur meine Quellen im Einzelnen aufgelistet, sondern vor allem auch Lesehinweise und inhaltliche Vertiefungen eingefügt.

Das Buch richtet sich in erster Linie an Bürgerinnen und Bürger, die sich angesichts der neuen Tendenzen in Politik und Gesellschaft verunsichert fühlen und mehr Hintergrundinformationen und Erklärungen, aber auch konkrete Handlungsorientierungen wünschen. Im Teil VI des Buches erweitere ich die Perspektive: In diesem Teil möchte ich auch meine Kolleginnen und Kollegen von der Wissenschaft, aber ebenso die Verantwortlichen in Politik, Wirtschaft und Zivilgesellschaft gezielt ansprechen. Denn viele der Vorschläge und Anregungen, vor allem im Schlusskapitel, bauen darauf auf, dass auch die Entscheidungsträgerinnen und -träger ihren Anteil an einer konstruktiven Gestaltung unserer Lebenswelt, die auf solides Wissen und demokratische Tugenden und Werten angewiesen ist, übernehmen.

Zum Schluss möchte ich noch all den Personen danken, die am Zustandekommen dieses Buches mitgewirkt haben. In erster Linie danke ich meiner Frau Regina Renn und meinem Sohn Fabian Renn, die beide mit kritischem Auge das Manuskript geprüft und viele wichtige Impulse zu dessen Verbesserung beigetragen haben. Frau Viola Gerlach und Frau Jutta Weiß-

5 Ich habe mich in diesem Buch um eine gender-neutrale Ausdrucksweise bemüht. Um aber allzu sperrige Wortkonstruktionen zu vermeiden, habe ich bei zusammengesetzten Worten wie Bürgerbeteiligung oder bei Pluralkonstruktionen (die Teilnehmer) auf eine explizite Dopplung von männlichen und weiblichen Formen verzichtet.

brich haben die Mühe auf sich genommen, das gesamte Manuskript gegenzulesen und kritisch zu überprüfen. Dafür bin ich sehr dankbar. Frau Arieta Thaqi hat mich bei der Suche nach aussagekräftigen Daten zur Ausländer- und Flüchtlingskriminalität tatkräftig unterstützt. Frau Saul vom Rowohlt Verlag gilt mein besonderer Dank für die Betreuung und das Lektorat der ersten E-Book Version dieses Buches, Frau Thea Blinkert für die Betreuung durch den Budrich Verlag.

*Potsdam, den 01.03.2019*
*Ortwin Renn*

# Teil I:

# Wie wahr ist die Wahrheit? Die These von der postfaktischen Kommunikation

## Fake News

Zwei Fotos, nebeneinander zu sehen auf dem Monitor des Moderators Chuck Todd: Zum ersten die Menschenmenge bei der Amtsübernahme von Barack Obama im Jahr 2009 und zum zweiten die gleiche Szene bei der Amtsübernahme von Donald Trump 2017.[1] Beide Bilder vom gleichen Standort aus aufgenommen. Für jeden zeigt sich offensichtlich: Bei Obama sind Massen von Menschen zu sehen, bei Trump sind die Flächen weitgehend menschenleer. Zuvor hatte der später gefeuerte Pressesprecher Sean Spicer verkündet: "This was the largest audience to ever witness an inauguration, period." (Dies war die größte Menschenmenge bei einer Amtseinführung, die wir je miterlebt haben. Punkt.). Offenkundig eine falsche Aussage! Auf diese Falschaussage angesprochen, meinte die damalige Beraterin des Präsidenten, Kellyanne Conway: „He (the press secretary) gave alternative facts for that" (er hat alternative Fakten dafür herangezogen). Nicht nur der Moderator war verblüfft. Die Szene ging durch die ganze Welt und löste Verwirrung und auch tiefe Sorge um die Führungsqualität der neuen amerikanischen Regierung aus. Kann eine Aussage, die augenscheinlich falsch ist, als alternatives Faktum nachträglich zu einer wahren, wenn auch alternativen, Aussage geadelt werden? Und was bedeutet das für den politischen Umgang mit Wahrheit und Fakten?

---

1 Der genaue Wortlaut des Interviews ist nachzulesen unter: http://www.nbcnews.com/meet-the-press/meet-press-01-22-17-n710491 (abgerufen am 13.8.2018).

Alternatives Faktum: Kann es so etwas überhaupt geben? So einfach wie diese Frage auf den ersten Blick erscheint, so schwierig ist es, darauf eine klare und eindeutige Antwort zu geben. In der Wissenschaft, aber auch in allen Gesprächen, wo es darum geht, Aussagen über die reale Welt zu treffen, werden *Wahrheitsansprüche* gestellt. Dieses sind Aussagen, die den Anspruch erheben, eine wahre Aussage über den Zustand der Realität oder die Gründe für ein Beziehungsmuster zwischen realen Phänomenen oder Ereignissen zu treffen. Häufig finden sich in einer Debatte über das, was stimmt, unterschiedliche, zum Teil auch gegensätzliche Wahrheitsansprüche. So kann einer behaupten, dass sich die Erde um die Sonne dreht, und jemand anderes kann die Behauptung aufstellen, die Sonne drehe sich um die Erde. In diesem Falle kann beides nicht gleichzeitig stimmen. Wer also hat recht? In der Wissenschaft gehen wir davon aus, dass es methodische Vorgehensweisen gibt, die es uns erlauben, falsche Aussagen zu identifizieren und wahre Aussagen zumindest so lange als (vorläufig) richtig anzuerkennen, bis wir mithilfe neuer Methoden und Erkenntnisse zu weiteren Einsichten gelangen.[2] In dieser Sichtweise von Wissenschaft kann es demnach keine alternativen Wahrheiten geben, wohl aber alternative Wahrheitsansprüche, die man durch die entsprechende methodische Vorgehensweise (etwa Experiment, Messung, genaue Beobachtung) auf ihren Wahrheitsgehalt hin überprüfen kann.[3]

Im Falle der beiden Fotos in Bild 1, ist die Methode der Überprüfung einfach: Man wählt zwei Fotos aus, die vom selben Standort aus aufgenommen wurden, und zählt schlichtweg die Menschen, die auf dem einen und auf dem zweiten Foto zu sehen sind. Natürlich kann man sich dabei verzählen: Für eine wissenschaftlich valide Beweisführung ist es notwendig, dass im Prinzip jeder, der erstens zur Prüfung befähigt ist (d.h. sehen kann und gleichzeitig in der Lage ist, Objekte zu zählen) und zweitens guten Willens ist (also nicht lügt oder strategisch handelt), zum gleichen Ergebnis

2 Ich folge hier wissenschaftstheoretisch der Schule des kritischen Rationalismus. Einen kurzen und prägnanten Überblick gibt es hier: http://www.leibniz-fh.de/fileadmin/Redaktion/pdf/FH/Arbeitspapiere/Arbeitspapier_8__Einf_Wissenschaftstheorie.pdf, S. 22ff. (abgerufen am 13.8.2018). Etwas detaillierter in: Eisend, M. und Kuß, A. (2017): Die wissenschaftstheoretische Grundlage: Wissenschaftlicher Realismus. In: M. Eisend und A. Kuß (Hrsg.): Grundlagen empirischer Forschung. Springer Fachmedien: Wiesbaden, S. 69–92.

3 Dazu der klassische Aufsatz von F.H. Tenbruck (1969): Regulative Funktionen der Wissenschaft in der pluralistischen Gesellschaft. In: H. Scholz (Hrsg.): Die Rolle der Wissenschaft in der modernen Gesellschaft. Duncker & Humblot: Berlin, S. 61–85.

kommen muss.[4] Je größer der Unterschied zwischen den Zählergebnissen auf dem ersten und dem zweiten Foto ausfällt, desto eindeutiger ist das Ergebnis. In unserem Falle ist also klar: Bei der Amtsübernahme von Barack Obama waren wesentlich mehr Menschen zugegen als bei der Amtsübernahme von Donald Trump. Jedes andere Ergebnis wäre eine Fälschung des eindeutigen Zählergebnisses. Von daher kann es gar keine Alternativen Fakten geben, sondern lediglich alternative Wahrheitsansprüche, die geprüft werden müssen und können. Sind sie einmal geprüft, gibt es nur (vorläufig bestimmte) wahre Aussagen und eindeutig falsche Aussagen.

Bild 1: Vergleich der Amtseinführungen von Barack Obama links im Jahr 2009 und Donald Trump rechts im Jahr 2017.

Quelle: Adams, C. 2017: President Trump's inauguration crowd was smaller than Obama's. In: https://www.cbsnews.com/news/photos-president-trumps-inauguration-crowd-vs-president-obamas/, (abgerufen am 18.02.2019)

4 Diese wird in der Wissenschaftstheorie als intersubjektive Beweisführung angesehen. Ein Wahrheitsanspruch gilt dann als vorläufig angenommen, wenn alle Personen, die zur gleichen Erkenntnisgewinnung fähig sind (weil sie etwa die gleichen Messinstrumente haben) und die guten Willens sind, die Wahrheitsansprüche um ihrer selbst willen zu prüfen (also nicht lügen oder absichtlich den Kontext verändern) diesen Wahrheitsanspruch anerkennen. Siehe dazu: G. Endruweit (2015): Empirische Sozialforschung. Wissenschaftstheoretische Grundlagen. UVK Verlagsgesellschaft: Konstanz und München. S. 16ff.

Bei dem Vergleich der beiden Fotos ist diese klassische Sicht der Überprüfung von Wahrheitsansprüchen offenkundig und hat auch die Debatte um den Umgang mit Fakten weltweit geprägt. Aber bei vielen Aussagen ist diese klassische Sicht durchaus nicht so offensichtlich. Die eindeutige Trennlinie zwischen dem, was als wahr, und dem, was als falsch eingestuft werden kann, ist bei vielen Aussagen nicht so leicht zu treffen. Das kennt man auch aus dem Alltag: Wenn jemand sagt: „Mir ist kalt", und jemand anderes sagt: „Ich finde, hier ist es viel zu warm", dann schließen sich auf der objektiven Ebene beide Aussagen aus, denn es kann nicht gleichzeitig kalt und warm sein. Aber auf der subjektiven Ebene treffen beide Aussagen zu. Die eine Person ist halt empfindlicher gegenüber niedrigeren Temperaturen als die andere. Hier sprechen wir häufig von subjektiven Wahrheiten, die das persönliche Empfinden oder die persönliche Wahrnehmung eines Sachverhalts widerspiegeln. Wir können auch in Anlehnung an den Titel des Buches von gefühlten Wahrheiten sprechen. Dabei lässt sich der Wahrheitsgehalt nicht mit einem Thermometer messen und überprüfen, sondern das Prüfkriterium bei subjektiven Wahrheiten ist die Authentizität der Aussagen. Eine Aussage ist dann authentisch, wenn die Person genau das für sich als wahr und angemessen betrachtet, was sie in ihrer Aussage gegenüber anderen zum Ausdruck bringt. Also kurz gesagt: Dass sie weder lügt noch aus strategischen Gründen die Wahrheit verbiegt. In unserem Falle mag beispielsweise derjenige, der behauptet, die Raumtemperatur wäre zu warm, aus strategischen Gründen gehandelt haben, um beispielsweise zu verhindern, dass die andere Person die Heizung höher dreht und damit mehr Kosten verursacht. Authentische Wahrheitsansprüche (wahrhaftig über den eigenen Zustand Aussagen zu machen) haben also eine andere Qualität von Wahrheitscharakter als Aussagen, die sich auf intersubjektive Wahrheit berufen.

Besonders schwierig zu beurteilen sind Aussagen, die den Anspruch erheben, allgemeingültige Zusammenhänge über die Realität zu erfassen, bei denen es aber keine von allen akzeptierte Methode gibt, diese Wahrheitsansprüche zweifelsfrei und eindeutig nachzuweisen. Etwa die Aussage „Menschen sind von Natur aus aggressiv" lässt sich weder beweisen noch widerlegen, weil Menschen grundsätzlich in Gemeinschaften aufwachsen, in denen Normen zum aggressiven Verhalten vermittelt werden. Was angeboren oder anerzogen ist, bleibt daher offen. Selbst naturwissenschaftliche

Aussagen entziehen sich häufig einer stringenten experimentellen Beweisführung und stellen eher Hypothesen (Wahrheitsansprüche) als gesicherte Erkenntnisse dar.[5]

Innerhalb der Wissenschaftstheorie gibt es einflussreiche Schulen, die grundsätzlich davon ausgehen, dass unser Wissen nur das repräsentieren kann, was wir entweder als Individuen subjektiv wahrnehmen (authentische Wahrheiten) oder als Gruppe auf der Basis gemeinsamer Erkenntnisregeln als „wahr" festhalten (sozial konstruierte Wahrheiten). Eine übergeordnete Wahrheit, die von allen anerkannt wird, kann es demnach nicht geben.[6] Unter diesem Blickwinkel gibt es nicht nur alternative Wahrheitsansprüche, sondern auch alternative Wahrheiten, je nachdem, aus welchem Blickwinkel man die Realität betrachtet. Diese sogenannten postmodernen Erkenntnistheorien haben sich in den Geisteswissenschaften und den Sozialwissenschaften sehr stark etabliert und haben nach Meinung von vielen, diesen Ansätzen kritisch gegenüberstehenden Wissenschaftlern zur Relativierung des Wahrheitsbegriffs beigetragen.[7]

Die Frage nach dem, was faktisch vorliegt und was Fake News sind, ist also komplizierter, als es auf den ersten Blick erscheint. Bei den beiden Fotos ist es jedem ersichtlich, dass die Aussage des amerikanischen Pressesprechers nicht stimmen kann und der Begriff des alternativen Faktums bestenfalls eine Verlegenheitsantwort war, um von diesem offensichtlichen Irrtum

---

5 Zu den Grenzen der Naturwissenschaften siehe: Gerlach, W. (1938): Grenzen naturwissenschaftlicher Erkenntnis. In: Angewandte Chemie, 51(22): 313–318. Zu den philosophischen Grundlagen dazu: Chalmers, A. (1999): Grenzen der Wissenschaft. Springer: Berlin. Oder ausführlich in: Psillos, S. (1999): Scientific Realism: How Science Tracks Truth. Routledge: London/New York, S. 70ff.

6 Dazu der Klassiker: Lyotard, F. (2012): Das postmoderne Wissen (hrsg. von P. Engelmann). 7. Auflage. Passagen Verlag: Wien.
Ein Überblick in: Christopher Butler, C. (2002): Postmodernism. A Very Short Introduction. Oxford University Press: New York. Hier findet sich auch das berühmte Zitat von ihm: *"Postmodernist thought sees the culture as containing a number of perpetually competing stories, whose effectiveness depends not so much on an appeal to an independent standard of judgment, as upon their appeal to the communities in which they circulate."*

7 Einen kurzen und knappen Überblick mit z. T. beißender Kritik an der postmodernen Wissenschaftstheorie findet sich bei der Philosophin Helen Pluckrose: https://areomagazine.com/2017/03/27/how-french-intellectuals-ruined-the-west-postmodernism-and-its-impact-explained/ (abgerufen am 31.10.2018). Siehe auch dazu in der ZEIT: Nr. 52 vom 15.12.2016, den Aufsatz von Michael Hampe: Katerstimmung bei den pubertären Theoretikern. Dort beschreibt er in bewegenden Worten die Stimmung bei den postmodernen Theoretikern der linken Szene, deren Ideen geradezu von ihren politischen Feinden, den Rechten, übernommen und gegen die Linken angewandt werden. Mehr systematisch und argumentativ fundiert: Boghossian, P. (2016): Angst vor der Wahrheit. Ein Plädoyer gegen Relativismus und Konstruktivismus (Übersetzung von J. Rometsch). Suhrkamp: Berlin. Dazu die Klassiker: Sokal, A. und Jean Bricmont, Jean (1998): Fashionable Nonsense: Postmodern Intellectuals' Abuse of Science. Picador: London sowie Koertge, N. (1998): A House Built on Sand: Exposing Postmodernist Myths About Science. Oxford University Press: Oxford.

oder sogar von einer Lüge abzulenken. Bei anderen Themen, wie etwa der Frage, ob die Grenze der Integrationsfähigkeit von ausländischen Flüchtlingen in Deutschland erreicht ist, oder ob mehr direkte Beteiligung der Bürgerinnen und Bürger an politischen Entscheidungen deren Qualität verbessert, ist die Frage, was wahr und was falsch ist, wesentlich schwieriger zu beantworten. Das bedeutet aber nicht, dass alle Wahrheitsansprüche beliebig seien, und jeder sich seine Wahrheit nach eigenem Gusto auswählen könnte. Damit wir einen angemessenen Standort zwischen den beiden Polen der naiven Wahrheitsgläubigkeit und der vollständigen Relativierung der Wahrheit einnehmen können, müssen wir etwas tiefer in die Wissenschaftstheorie eintauchen und uns mit drei wesentlichen Entwicklungen in unserem Verständnis von Wahrnehmung und Realität auseinandersetzten: der linguistischen Wende, der Komplexitätswende und der stochastischen Wende in unserem Wissensverständnis.

## Die linguistische Wende

Mit dem Begriff der linguistischen Wende wird eine einfache Erkenntnis umschrieben, dass Menschen ihre (Um)Welt mit Hilfe der Sprache erkennen, ordnen und deuten. Die Grundlagen für dieses Verständnis von Sprache als Gestalterin der Wahrnehmungspraxis gehen auf die beiden Philosophen Ludwig Wittgenstein [1889–1951] und John Longshaw Austin [1911–1960] zurück. Hier ist nicht der Ort, die Lehrgebäude der beiden Philosophen vorzustellen, aber für unsere Frage nach der Unterscheidung zwischen Fakten und Nicht-Fakten, zwischen wahr und falsch sind einige Erkenntnisse aus deren Überlegungen wichtig.[8]

Wenn wir im Alltag den Begriff „Wahrnehmung“ benutzen, dann gehen wir implizit von einer Vorstellung aus, dass es in der uns umgebenden Außenwelt Gegenstände, Personen oder Handlungen gibt, die wir mit unseren Sinnesorganen beobachten und erfassen können. Nach diesem intuitiv einsichtigen Modell gibt es eine externe Realität, die uns Signale sendet, die

8 Hornscheidt, A. (1997): Der „linguistic turn“ aus der Sicht der Linguistik, in: B. Henningsen und S. M. Schröder (Hrsg.): Vom Ende der Humboldt-Kosmen. Konturen von Kulturwissenschaft. Nomos: Baden-Baden, S. 175–206. Besonders prägnant ausgedrückt von Bruno Latour: Yes, we are forever prisoners of language. Aus: Latour, B. (1999): Pandorra's Hope: Essays on the Reality of Science Studies. Harvard University Press: Cambridge, S. 8.

wir mithilfe unserer Augen, Ohren und anderen Sinnesorganen aufnehmen und entsprechend den realen Gegebenheiten zu deuten wissen. In der Fachsprache wird dies häufig als Isomorphie (Gleichartigkeit) zwischen Realität und Wahrnehmung bezeichnet.[9]

Diese, auf den ersten Blick überzeugende, Vorstellung über unsere Wahrnehmung ist aber bei näherem Hinsehen sehr fragwürdig.[10] Dies lässt sich beispielswiese an Gemälden verdeutlichen. Was wir mit unseren Augen wahrnehmen, ist nichts anderes als ein Gemisch aus Ölfarben, die in uns den Eindruck eines Gegenstandes hinterlassen. Um es noch präziser zu beschreiben, unser Auge sieht nichts Anderes als Lichtreflexionen von Gegenständen, von denen aus die für unser Auge sichtbaren Lichtwellen gebrochen werden. Unsere Netzhaut im Auge rekonstruiert aus diesen Lichtreflexen Eindrücke von Konturen und Farben.[11] Und das ist alles! Ob der Baum ein Baum, der Tisch ein Tisch, das Haus ein Haus oder die Person X die Person X darstellt, ist nicht aus den Lichtreflexen, die wir in der Netzhaut des Auges repräsentiert sehen, zu erschließen. Erst durch unsere Erziehung (Sozialisation) lernen wir, Mustern aus bestimmten Konturen und Farben Bedeutungen zuzuweisen. Wenn wir beispielsweise anders ausgeprägte Sinnesorgane hätten, die in der Lage wären, Moleküle in ihren Konturen wahrzunehmen, dann würde sich für uns die Außenwelt völlig anders präsentieren und wir würden demzufolge den von uns wahrgenommen Konturen und Farben auch andere Bedeutungen zuschreiben.

Dass wir den von uns wahrgenommenen Sinneseindrücken aus der Außenwelt Bedeutungen zuschreiben, ist von großer Relevanz für unser Verständnis von Wahrheit und Realität.[12] Denn anders als das intuitive Konzept von Wahrnehmungen nahelegt, werden Bedeutungen erst durch die Sprache und damit durch die Kultur vermittelt. Die beiden Soziologen Peter Berger und Thomas Luckmann haben diese Erkenntnis auf die einfa-

---

9 Siehe: Kebek, H. G. (1997): Wahrnehmung. Theorien, Methoden und Forschungsergebnisse. Juventa: München, S. 319.

10 Die folgenden Ausführungen orientieren sich an dem Standardwerk der philosophischen Wahrnehmungsforschung: Fish, W. (2010): Philosophy of Perception: A Contemporary Introduction. Routledge: London und New York; an der psychologischen Wahrnehmungsforschung, vor allem an: Kebek, H. G. (1997), a. a. O. sowie an dem wissenssoziologischen Klassiker: Berger, P. L und Luckmann, T. (2012): Die gesellschaftliche Konstruktion der Wirklichkeit. 24. Auflage. Fischer: Frankfurt am Main.

11 Um ganz präzise zu sein, die Netzhaut gibt Form, Farbe, Position im Raum (3-D) und Bewegung wieder. Siehe Kebek (1997), a. a. O., S. 34ff. Siehe auch Latour (1999), a. a. O., S. 4ff.

12 Dazu ausführlich: Craig, E. (1993): Was wir wissen können. Suhrkamp: Frankfurt am Main.

che Formel gebracht: *Durch die Einrichtung dieser Ordnung verwirklicht die Sprache eine Welt in doppeltem Sinne: Sie begreift sie und erzeugt sie.*[13] Demgemäß kann es auch keine „objektive" Erkenntnis der äußeren Wirklichkeit geben. Was immer wir als Wirklichkeit wahrnehmen, ist ein Koppelprodukt der durch unsere Sinnesorgane aufgenommenen Reize und der mit diesen Reizen verbundenen Bedeutungen, die wir alle im Verlaufe der sogenannten „Enkulturation", also des langsamen Einfindens und Einlebens in unsere Kultur, erlernt haben und weiterhin erlernen. Dieser Lernprozess ist ein höchst komplexer Vorgang. Denn unsere Sprache wäre völlig überfordert, wenn wir für jeden möglichen Gegenstand (also jede Kombination von Konturen und Farben) einen eigenen Begriff vorsehen würden. Unsere Sprache erlaubt von daher die Konstruktion von Zusammenhängen zwischen begrifflichen Repräsentationen, also Typisierungen, die ähnliche Gegenstände zu einem Sammelbegriff, und diesen wieder zu einem noch umfassenderen Oberbegriff usw. ordnen.[14] So umfasst etwa der Begriff „Haus" eine ganze Palette von höchst unterschiedlich aussehenden dreidimensionalen Gebilden, die eine große Bandbreite an Formen, Größen, Farben, Dachkonstruktionen und Fassadengestaltungen aufweisen können. Interessanterweise können Kinder bereits ab dem dritten Lebensjahr mit einer sehr geringen Fehlerquote diese höchst unterschiedlichen Formen als eine zusammenhängende Einheit wahrnehmen, diese zum Typus Haus zusammenfassen und sie von ähnlichen Gegenständen (wie Scheunen, Lagerhallen oder Wohnwagen) unterscheiden.[15]

Im Rahmen der Philosophie des Wissens (Epistemologie) gibt es eine lebhafte Debatte darüber, inwieweit die von unserer Kultur vorgenommenen Deutungen der Phänomene der Außenwelt mit den (wie auch immer definierten) objektiv vorgegebenen Strukturen der Außenwelt übereinstimmen.[16] Einen stichhaltigen Nachweis für eine solche Strukturähnlichkeit

---

13 Berger und Luckmann (2012), a. a. O., S. 164.

14 Vgl.: Searle, J. K. (2011): Die Konstruktion der gesellschaftlichen Wirklichkeit. Zur Ontologie sozialer Tatsachen. Suhrkamp: Frankfurt am Main, S. 159f. Generell dazu: Chomsky, N. (1970): Sprache und Geist. Suhrkamp: Frankfurt am Main.

15 Siehe: Trautner, H. M. (1978): Lehrbuch der Entwicklungspsychologie. Hogrefe: Göttingen, S. 245ff.

16 Dazu gibt es eine Unmenge an Literatur. Ein guter Überblick findet sich in: Pörksen, B. (Hrsg.) (2011): Schlüsselwerke des Konstruktivismus. VS Verlag für Sozialwissenschaften: Wiesbaden. Ebenfalls sehr zu empfehlen ist das inzwischen ins Deutsche übersetzte Buch: Searle, J. R. (2011), a. a. O. Kritisch zu den Postulaten des Konstruktivismus siehe: Schmidt, S. J (1987).: Der Radikale Konstruktivismus. Ein neues Paradigma im interdisziplinären Denken, in: Ders. (Hrsg.): Der Diskurs des Radikalen Konstruktivismus. Suhrkamp: Frankfurt, 1987, S. 11–88; sowie

zwischen Wahrnehmung und Realität kann es nicht geben, weil ja auch diese Beweise wiederum auf kulturelle Deutungen zurückgreifen müssen. Entsprechend bewegen wir uns in einer unendlichen Schleife (Regress), weil wir immer Deutungen mit Deutungen erklären müssen. Dennoch gibt es viele Hinweise darauf, dass unsere Wahrnehmungen nicht völlig losgelöst von den extern vorgegebenen Strukturen der Außenwelt sind. Zentrale Begriffe für diese Hoffnung auf eine Angleichung zwischen den Repräsentationen der Außenwelt in unserem Inneren und den vorgegebenen Strukturen der Außenwelt sind „Intervention“ und „Erfahrung“.[17] Durch unser Handeln intervenieren wir nämlich in die Außenwelt und aus den Signalen, die wir als Reaktion auf unsere Interventionen erhalten, können wir etwas über diese Außenwelt erschließen. Wenn wir beispielsweise auf einer glatten Straße spazieren gehen, dies aber nicht wahrnehmen, dann kann es leicht sein, dass wir ins Rutschen kommen. Aus der unmittelbaren Erfahrung dieser Konsequenz können wir dann schlussfolgern, dass die Straße glatt gewesen sein muss, da wir sonst kaum ausgerutscht wären. Oder ein noch anschaulicheres Beispiel: Wenn jemand nachts über eine stockdunkle Wiese läuft und fest davon überzeugt ist, dass auf dieser Wiese keine Bäume stehen, und er läuft frontal gegen einen Baum, dann wird er sein Bild von der Wiese aus schmerzhafter Erfahrung schnell korrigieren und in seine mentale Repräsentation der Wiese zumindest einen Baum einfügen.

Diese Sichtweise vom sukzessiven Lernen durch Intervention und Erfahrung bezeichnet man als Homomorphie oder Homomorphismus. Die Vorsilbe homo- deutet auf „ähnlich“ hin, während die Vorsilbe iso- auf identisch verweist. Mit diesem Wort „Ähnlichkeit“ soll zum Ausdruck gebracht werden, dass es unendlich viele Lernprozesse benötigt, um aus den wahrgenommenen Konturen und Farben die entsprechenden Bedeutungen so abzuleiten, dass unsere (kulturell vermittelten) Repräsentationen der Wirklichkeit aufgrund von Lernerfahrungen mit den Strukturen der äußeren Realität zunehmend übereinstimmen.

---

North, A. (2016): A Millennial Mistake: Three Arguments against Radical Social Constructivism. In: Journal of Counseling & Development, 94 (1): 114–122 und Boghossian (2016), a. a. O.

17 Dieser Ansatz der Wirklichkeitsannäherung wird vor allem im kulturalistischen Verständnis der Erlanger Schule vertreten. Eine kurze Einführung findet sich in: Janich, P. (1993): Erkennen als Handeln. Von der konstruktiven Wissenschaftstheorie zur Erkenntnistheorie. In: W. Hogrebe (Hrsg.): Jenaer Philosophische Vorträge und Studien. Schriftenreihe der Universität Jena: Erlangen und Jena. Umfassender in: Janich, P. (2000): Was ist Wahrheit? Eine philosophische Einführung. 2. Auflage. Beck: München.

Dieses Lernen findet zum einen in jedem Individuum statt, zum anderen ist es als ein andauernder kultureller Evolutionsprozess zu verstehen.[18] Die gesamte Geschichte der Menschheit besteht in dieser Sichtweise aus einem fortlaufenden Lernprozess, der dazu führt, dass wir zu immer komplexeren Strukturen der Außenwelt vorstoßen und mithilfe von Intervention und Erfahrung neue Signale sammeln und verarbeiten, die zu einer für unsere Zwecke geeigneteren Repräsentation der Außenwelt beitragen. Dabei kann es immer wieder zu Fehldeutungen kommen, so wie wir dies im Verlauf der Geschichte der Naturwissenschaften vielfach erlebt haben.[19] Im Schnitt jedoch hat sich unser Wissen über die Außenwelt aufgrund unseres Lern- und Experimentiervermögens ständig verbessert. So konnten wir auch die biologisch vorgegebenen Grenzen unserer Sinnesorgane durch die Konstruktion von neuen Wahrnehmungsinstrumenten erweitern, zum Beispiel durch das Mikroskop, durch den Geigerzähler oder die Kleinwinkelstreuung. Auch diese Instrumente nehmen nichts Anderes wahr als physikalische Signale, die wir mit Bedeutungen belegen müssen. Immer wieder zeigt sich dabei, dass wir Widersprüche zwischen den Bedeutungszuweisungen erleben, die häufig zum Anlass genommen werden, alte Einsichten zu verwerfen und ganz neue Deutungsmuster zu entwerfen (hier spricht man häufig von neuen Paradigmen).[20]

Was bedeuten diesen Überlegungen für die Frage nach Fakten und Fake News? Zunächst einmal sind menschliche Gesellschaften darauf angewiesen, kollektiv verbindliche Regeln für die Bezeichnung von Gegenständen, für die Einordnung von Sinneseindrücken und für Absprachen zum gemeinsamen Handeln einzuführen. Wenn dem nicht so wäre, käme es zu keiner Verständigung zwischen Menschen. Ein einfaches Beispiel kann dies illustrieren: Nehmen Sie an, Sie verabreden sich mit Ihren Freundinnen aus unterschiedlichen Kulturkreisen um 12:00 Uhr am Hauptbahnhof in Stutt-

---

18 Grundlegend ist hier die evolutionäre Erkenntnistheorie. Eine gute Einführung findet sich in: Volllmer, Gerhard: Was können wir wissen? Band 1: Die Natur der Erkenntnis. Hirzel: Stuttgart. Vgl. auch Scott, J. P. (1989): The Evolution of Social Systems. Gordon and Breach: New York, hier vor allem S. 272ff.

19 Hier gehe ich von dem viel beachteten Ansatz der Wissensevolution nach Thomas Kuhn aus. Kuhn, T. S. (1981): Die Struktur wissenschaftlicher Revolutionen. Mit einem Postskriptum von 1969. 5. Auflage. Suhrkamp: Frankfurt am Main. Ob die Wissenschaft dabei Fortschritte im Sinne einer besseren Annäherung an die Wahrheit macht, ist umstritten. Im Sinne der evolutionären Erkenntnistheorie würde ich das bejahen, das heißt aber nicht dass unser Wissen immer sicherer wird, allerdings „besser" im Sinne einer adäquateren Repräsentation der Wirklichkeit.

20 Kuhn, T. (1978): Die Entstehung des Neuen: Studien zur Struktur der Wissenschaftsgeschichte. Suhrkamp: Frankfurt am Main.

gart. Zur verabredeten Zeit, also um 12:00 Uhr, stehen Sie aber allein am Hauptbahnhof. Warum? Die erste Freundin, die aus Asien stammt, geht von einer anderen Zeitzone aus und richtet sich etwa nach der entsprechenden Uhrzeit in China, die zweite Freundin, die sich in Stuttgart nicht auskennt, hält das Rathaus für den Hauptbahnhof und die dritte hatte mit einem virtuellen Treffen, aber nicht mit einem realen Treffen gerechnet. Wenn jeder die Realität anders wahrnimmt und interpretiert, gibt es nur noch Chaos. Das bedeutet: Selbst wenn alle Wahrheit relativ wäre, sind die Menschen auf gemeinsame Regeln angewiesen, um ihre Welt um sich herum zu ordnen und dadurch handlungsfähig zu werden. Sie müssen sich daher vorab verständigen, was sie als wahr und was sie als falsch ansehen.

Eine solche Verständigung würde die radikalen Relativisten nicht weiter stören, man kann sich ja irgendwie arrangieren, ohne dass es eine für alle gültige Deutung der realen Welt geben muss[21]. Aber auch die Annahme der Subjektivität allen Wissens ist fragwürdig. Denn Erfahrung und systematische Beobachtung sorgen dafür, dass unsere Wahrheitsansprüche an den Konsequenzen ihrer Implikationen gemessen werden können.[22] Von daher können wir darauf vertrauen, dass unsere Erkenntnisse über die Realität den realen Verhältnissen sukzessiv näherkommen, und zwar je mehr Wissen wir über die Implikationen unserer Wahrheitsansprüche erzeugen und überprüfen können. Wissen ist also keineswegs beliebig, aber auch kein reines Abbild der Realität, sondern ein ständiger Annäherungsprozess zwischen Vermuten, Erkennen, Überprüfen, Erfahren und Modifizieren.

Die Praxis der Wissenschaft, Wahrheitsansprüche methodisch zu überprüfen und dadurch falsche Aussagen auszuschließen und (vorläufig) wahre Aussagen herauszufiltern, ist also ein wichtiger Garant dafür, verlässliches Wissen für Handlungen bereit zu stellen. Wer sich auf Spekulationen, Illusionen und Wunschvorstellungen verlässt, wird schnell merken, dass sich die damit verbundenen Hoffnungen und Erwartungen nicht erfüllen werden. Je gewichtiger die möglichen Konsequenzen unseres Handelns ausfallen, man denke nur an globale Risiken wie den Klimawandel, den Zu-

21 Schlüsselwort in dieser Sichtweise ist das Wort „Arrangement". Es gibt keine intersubjektiv gültigen Orientierungen, sondern ausgehandelte kollektive Vereinbarungen auf der Basis mehr oder weniger gleichberechtigter Wahrheits- und Moralansprüche. Siehe dazu: Bukow W.-D. (2011): Zur alltäglichen Vielfalt von Vielfalt – postmoderne Arrangements und Inszenierungen. In: C. Allemann-Ghionda und W.-D. Bukow (Hrsg.): Orte der Diversität. Wiesbaden: VS Verlag für Sozialwissenschaften. DOI 10.1007/978-3-531-92087-0_3.

22 Siehe: Janich, P. (2000): *Was ist Erkenntnis?* Eine philosophische Einführung. Beck: München; S. 28ff.

sammenbruch globaler Finanzmärkte oder die Ausbreitung von Epidemien, desto wichtiger ist es, verlässliches Wissen zu haben. Denn sonst werden aus den Risiken schnell Katastrophen. Kurzum: Wissenschaftliches Wissen ist zwar immer an vorgegebene Sprachstrukturen und Grenzen unsers Denkens gebunden, aber zur Bewältigung unserer gesellschaftlichen Probleme gibt es keine bessere Alternative, als methodisch abgesichertes Wissen zu schaffen und dies auch als Grundlage unserer Abwägungen über Handlungsalternativen zu wählen.

## Die Komplexitätswende

Aber ist es nicht so, dass auch die Wissenschaft häufig irrt oder gar nicht vorhersagen kann, welche Konsequenzen unsere Handlungen haben? Wie oft haben sich Experten und Expertinnen getäuscht? Berühmt ist die Aussage des Physikgenies Albert Einstein zum Thema Atomenergie: „Es gibt nicht das geringste Anzeichen, dass wir jemals Atomenergie entwickeln können.“[23] Diese Prognose war wohl offensichtlich falsch, auch wenn viele Länder, darunter Deutschland, sich erst 2011 dazu entschlossen haben, diesen Weg der Stromerzeugung aufzugeben. Es gibt ganze Sammlungen folgenreicher Irrtümer berühmter Wissenschaftler.[24] Allerdings sind diese Prognosen meist gar nicht aus methodisch überprüften Wahrheitsansprüchen entwickelt worden, sondern geben subjektive Einschätzungen berühmter Leute wieder, die sich genauso irren können wie jede und jeder von uns. Gleichzeitig gibt es auch Wahrheitsansprüche, die zunächst in der Wissenschaft als bestätigt angesehen wurden, sich dann aber als falsch erwiesen haben. Das liegt vor allem daran, dass auch Wissenschaftlerinnen und Wissenschaftler die Komplexität der untersuchten Sachverhalte nicht gut genug verstanden haben. Um das besser einschätzen zu können, ist eine nähere Erläuterung von Kausalität als Grundelement wissenschaftlicher Analyse notwendig.

---

23 http://www.t-online.de/nachrichten/panorama/menschen-schicksale/id_48550280/albert-einstein.html (abgerufen am 30.10.2018).

24 Eine Auswahl findet sich in: https://de.slideshare.net/HLeichsenring/33-irrtmer-und-fehlprognosen-zu-innovationen. (abgerufen am 30,10.2018).

Die Zuordnung von Ursachen zu Folgen ist ein basales Element unseres Denkens und Handelns. Soweit wir wissen, verfügen alle Sprachen dieser Welt über Worte, die auf kausale Zusammenhänge hinweisen.[25] In der deutschen Sprache sind das die Konjunktionen „weil", „da" oder „immer wenn ..., dann". Viele Anthropologen sind der Ansicht, dass die Erfolgsgeschichte des Menschen in der natürlichen Evolution weitgehend darauf beruht, dass die Gattung Mensch zum kausalen Denken fähig ist und damit aus Interventionen hat lernen können.[26] Einfach ausgedrückt: Aus Schaden wird man klug.

So offenkundig das kausale Denken in unserem Alltag verankert ist, so schwierig ist es aber, Kausalität als eine objektivierbare Größe zu fassen. Ob es in der Natur wirklich Kausalität gibt, kann niemand sagen.[27] So resümiert etwa Albert Einstein:[28]

> „Die einer Theorie zugrundeliegenden Begriffe und Grundgesetze (...) sind freie Erfindungen des menschlichen Geistes, die sich weder durch die Natur des menschlichen Geistes noch sonst in irgendeiner Weise a priori rechtfertigen lassen (...). Insofern sich die Sätze der Mathematik auf die Wirklichkeit beziehen, sind sie nicht sicher, und insofern sie sicher sind, beziehen sie sich nicht auf die Wirklichkeit".

Noch deutlicher hinsichtlich des konstruktiven Charakters der Kausalität bewegen sich die Auffassungen des Soziologen Niklas Luhmann:[29]

---

25 Kälble, K. (1997): Die Entwicklung der Kausalität im Kulturvergleich. Untersuchung zur historischen Entwicklungslogik der Kognition. Westdeutscher Verlag: Opladen, hier S. 91ff.

26 Janich, P. (2001): Handwerk und Mundwerk. Lebenswelt als Ursprung wissenschaftlicher Rationalität. In: C. F. Gethmann (Hrsg.): Lebenswelt und Wissenschaft. Deutsches Jahrbuch Philosophie. Band 2. Meiner: Hamburg, S. 678–691. Siehe auch: Kuper, A. (1999): Culture: The Anthropologist's Account. Harvard University Press: Cambridge, USA. Allerdings weisen Psychologen und Kulturanthropologen darauf hin, dass die Ausdrucksformen und Regeln der Kausalitätszuschreibung kulturspezifisch sein können. So werden in der ikonenhaften Sprache der Chinesen kausale Zusammenhänge als Feld synchronistischer Ereignisse gesehen und nicht als lineare Abfolge von Ursachen und Wirkungen. Siehe: von Franz, M.-L. (1990): Zahl und Zeit. Psychologische Überlegungen zu einer Annäherung von Tiefenpsychologie und Physik. Klett-Cotta: Stuttgart, S. 45f.

27 Diese Erkenntnis geht vor allem auf den Skeptizismus von Hume zurück. Vgl. Streminger, G. (1981): Die Kausalanalyse David Humes vor dem Hintergrund seiner Erkenntnistheorie, in: G. Posch (Hrsg.): Kausalität. Neue Texte. Reclam: Stuttgart, S. 162–189 und im gleichen Sammelband siehe: Lewis, D.: Kausalität. In: ebenda, S. 102–126.

28 Einstein zitiert nach: Bergmeister, K. (2007): Kausalität im Konstruktiven Ingenieurbau. In: Berlin-Brandenburgische Akademie der Wissenschaften (Hrsg.): Kausalität in der Technik. Akademische Debatten. BBAW: Berlin, S. 55–67, hier 66.

29 Luhmann, N. (1995): Kausalität im Süden. In: Soziale Systeme, H1, S. 7–28, hier zitiert nach http://www.soziale-systeme.ch/leseproben/luhmann.htm, (abgerufen am 30.10.2018).

„Die Frage lautet nicht mehr, welche Ursache welche Wirkung hat, sondern wie eine Zuordnung von Wirkungen auf Ursachen und von Ursachen auf Wirkungen konstruiert wird; und vor allem: wer bestimmt, was dabei unberücksichtigt bleiben kann. (...)“

Wir können jedoch mit Fug und Recht behaupten, dass bestimmte Folgen immer wieder mit bestimmten auslösenden Ereignissen verbunden sind und wir deshalb pragmatisch so handeln können, als ob diese Auslöser für die Folgen verantwortlich wären. Wenn wir uns dreimal auf eine heiße Herdplatte gesetzt haben und den entsprechenden Schmerz spüren, dann ist es folgerichtig zu schließen, dass Hitze bei Menschen Schmerzen verursacht und man von daher den Kontakt mit heißen Gegenständen möglichst meiden sollte. Natürlich könnte man auch zu anderen Schlussfolgerungen kommen: Etwa, dass man sich nicht auf Eisenplatten setzen sollte, weil dies zu Schmerzen führe. Weitere Experimente mit kalten Eisenplatten könnten dann aber zu einer Korrektur dieses ersten Eindruckes führen.

Im Verlaufe der menschlichen Geschichte haben Kulturen gelernt, das durch individuelle Erfahrung angesammelte Wissen über fortlaufende Interventionen und Rückmeldungen Schritt für Schritt zu systematisieren, zu dokumentieren (erst mündlich, dann schriftlich und heute per Datenbank) und an die folgenden Generationen weiterzugeben. Dazu gehört auch das kausale Wissen, das uns hilft, negative Erlebnisse zu vermeiden und positive zu fördern. Trotz all dieser Lernprozesse müssen wir immer damit rechnen, dass die Rückschlüsse, die wir aus unseren Interventionen ziehen, den realen Gegebenheiten nicht entsprechen und vielleicht erst künftige Generationen hier zu einer besseren Einsicht gelangen.[30]

In einer idealen, abgeschlossenen Welt lassen sich für alle Phänomene Ursachen und Wirkungen angeben und folgerichtig, wenn man die Ursachen kennt, auch die Folgen vorhersagen. Wenn man beispielsweise immer wieder beobachtet hat, dass Wasser bei 100 Grad zu kochen beginnt, dann kann ich mit großer Sicherheit vorhersagen, dass das Wasser in einem Topf, den ich in 10 Minuten erhitzen werde, ebenfalls bei 100 Grad kochen wird. Diese Prognose, so wissen wir heute, gilt nicht für alle Gegenden der Welt

30 Grundlegend dazu: Popper, K. R. (2009): Wahrheit, Rationalität und das Wachstum der wissenschaftlichen Erkenntnis. In: Ders.: Vermutungen und Widerlegungen. 2. Auflage. Tübingen: Mohr, S. 312–365 (ursprünglich 1963).

und verändert sich je nach Außendruck. Bei einem Schnellkochtopf macht man sich die Abhängigkeit der Siedetemperatur vom Außendruck beispielsweise zunutze, indem man den Innendruck im Topf erhöht. Durch eine Druckerhöhung von meist einem Bar (1.000 hPa) erreicht man auf diese Weise eine Steigerung der Siedetemperatur des Wassers von 100 °C auf ungefähr 120 °C. Gleichzeitig kann man auf molekularer Ebene nachweisen, dass die einzelnen Moleküle nicht genau bei 100 Grad den Siedepunkt erreichen, sondern deren Siedepunkte statistisch um diesen Wert streuen. Genau genommen kocht Wasser also nicht bei 100 Grad, sondern nur im Schnitt aller Moleküle unter Normaldruck.

Viele physikalischen Ursache-Wirkungsbeziehungen gelten nur unter bestimmten Randbedingungen. Diese zu erforschen ist eine wichtige Aufgabe der Physik. Je mehr diese Randbedingungen in unterschiedlicher Richtung und Stärke sowie auf die ursprüngliche Ursache-Wirkungskette Einfluss nehmen, also den Effekt verstärken oder abmildern, desto schwieriger wird es für die Wissenschaftlerinnen und Wissenschaftler, Phänomene zu erklären und erst recht zu prognostizieren. Kausales Wissen ist also nicht voraussetzungslos, sondern ist in den jeweiligen Anwendungskontext eingebunden.

Doch die Welt ist noch komplexer, als das Beispiel mit der Siedetemperatur von Wasser nahelegt. Bei vielen naturwissenschaftlichen Phänomenen, wie etwa dem Wetter oder dem Klimawandel, liegen zwischen dem auslösenden Ereignis und den dadurch bewirkten Konsequenzen eine Vielzahl von einflussnehmenden Variablen, die bestimmte Effekte verstärken, abschwächen oder sogar außer Kraft setzen. Häufig ist den Wissenschaftsteams die Summe aller möglichen Einflussfaktoren gar nicht bekannt. Dann lässt sich zwar ein bestimmter kausaler Wirkungsverlauf nachzeichnen, aber kaum quantitativ berechnen oder gar vorhersagen.[31] Darüber hinaus sind viele kausale Beziehungen nichtlinear. Das bedeutet, dass es erst ab bestimmten Schwellenwerten zu einer Wirkung kommt oder aber dass bestimmte Zusammenhänge in einem Zeitabschnitt parallel, dann aber in

31 Eine gute Übersicht bietet: Mainzer, K. (1999): Komplexe Systeme und Nichtlineare Dynamik in Natur und Gesellschaft. Springer Verlag: Heidelberg und Berlin. Mehr für Insider: Flood, R.L. und Carson, E. (2013). Dealing with Complexity: An Introduction to the Theory and Application of Systems Science. Springer Science and Business Media: New York. Siehe auch den Sammelband: Bogg, J. und Geyer, R. (2007): Complexity, Science, and Society. Radcliffe: Oxford und New York.

einem anderen Abschnitt entgegengesetzt verlaufen oder etwa mit exponentieller Kraft auseinanderdriften. Winzig kleine Veränderungen bei einer Ursache oder mehreren Ursachen können daher zu unerwartet großen Ausschlägen bei den Wirkungen führen.

Ein bekanntes Beispiel dafür ist der sog. Schmetterlingseffekt.[32] Danach soll das Schlagen eines Schmetterlingsflügels in einem Gebiet eine Wetterveränderung in einem anderen Gebiet auslösen. Ein wesentlich realistischeres Beispiel ist das Umkippen eines Sees durch Eutrophierung.[33] Wenn man kontinuierlich Nährstoffe wie Phosphate oder Nitrate in einen See einleitet, so wird dieses Biotop bis zu einer bestimmten Grenze der Konzentration relativ gut mit diesen Schadstoffen fertig. Es kommt sogar zu einem stärkeren Algenwuchs und einer Verbesserung der Nahrungsgrundlage für Fische. Es sieht so aus, als ob der See völlig robust auf diese eingeleiteten Schadstoffe reagieren würde. Wird diese bestimmte Grenze aber überschritten, dann erfolgt relativ schnell der Kollaps aufgrund von Sauerstoffmangel. Wo genau die Grenze zum Umkippen liegt, kann man im Voraus nicht berechnen, da hier jeder See als ein einzigartiges System von Einfluss- und Wirkungsketten zu betrachten ist. Dies ist wie bei einem Kippschalter, mit dem man einen Effekt ein- und ausschalten kann, wie etwa bei einer Wohnzimmerlampe.[34] Es bedarf zunehmenden Drucks, um den Schalter zu bewegen. Ist aber einmal der notwendige Druck vorhanden, dann tritt der Effekt sofort ein und das System ändert sich ruckartig. Jede Druckausübung, die nicht ausreicht, um den Schalter zu bewegen, hat dagegen keine Wirkung. Leider kennen wir für viele Systeme den genauen Druckpunkt der Belastungsgrenze nicht.[35] Und anders als beim Lichtschalter können wir in komplexen Systemen zwar den Schalter bewegen und den Effekt einschalten;

---

32 Der einprägsame Begriff *Schmetterlingseffekt* stammt von dem amerikanischen Meteorologen Edward N. Lorenz, der vor der American Association for the Advancement of Science einen Vortrag mit dem Titel Predictability: Does the Flap of a Butterfly's Wings in Brazil set off a Tornado in Texas? hielt. Aus: http://de.wikipedia.org/wiki/Schmetterlingseffekt, (abgerufen am 30.8.2018). Abgedruckt in: Lorenz, E. (1995): The Essence of Chaos. University of Washington Press: Seattle, Appendix 1, S. 181–184.

33 http://www.wissenschaft-online.de/abo/lexikon/biok/3958 (abgerufen am 30.8.2018).

34 Solche Schaltereffekte werden vor allem in Bezug auf den Klimawandel und dem Golfstrom thematisiert. „Es gibt ‚Schalter' im Klimasystem (wie die Änderung von Meeresströmungen), deren Umlegen […] in der Vergangenheit das Gesicht der Erde mehrfach verändert hat". Aus: http://www.oekosystem-erde.de/html/klimageschichte.html (abgerufen am 30.8.2018).

35 Groffman, P. M.; Baron, J. S.; Blett, T.; Gold, A. J.; Goodman, I.; Gunderson, L. H.; Levinson, B.; Palmer, M. A.; Paerl, H. W.; Peterson, G. D.; Poff, N. L. und Rejeski, D:W. (2006): Ecological Thresholds: The Key to Successful Environmental Management or an Important Concept with No Practical Application? In: Journal of Ecosystems, 9 (1): 1–13.

wir wissen aber meist nicht, wie wir ihn wieder ausschalten können. Gelegentlich verschwindet auch der Schalter, wenn man ihn einmal gedrückt hat. Dann haben wir es mit irreversiblen Veränderungen zu tun.[36]

Viele der Gefahren, die die Menschheit heute bedrohen, wie der Klimawandel oder die globale Finanzkrise haben diesen nichtlinearen Funktionsverlauf. Wir können uns lange Zeit in Sicherheit wähnen, weil unsere Handlungen offenkundig keine Änderungen im umgebenden System auslösen. Dann aber plötzlich tritt der Schaltereffekt auf. Zu diesem Zeitpunkt ist es aber in der Regel entweder gar nicht, nur mit extrem großen Aufwand oder erst nach langen Zeiträumen möglich, den Schalter wieder auf „Normal" zurückzusetzen.

Was bedeutet dies für die Frage nach der Belastbarkeit von Wissen? Ist die Welt so komplex, dass wir sie gar nicht erkennen können, sondern immer wieder im Dunkeln stochern und uns in der Illusion wiegen, wir hätten komplexe Systeme verstanden? Ganz so aussichtlos ist die Situation nicht. In den vergangenen Jahrhunderten und Jahrzehnten haben Wissenschaftler viele hochkomplexe Systeme analysiert und sind auch zu gehaltvollen Einsichten gekommen[37]. Allein die Tatsache, dass wir es geschafft haben, unsere Lebenserwartung in den OECD-Ländern in den letzten 150 Jahren mehr als zu verdoppeln, ist schon ein Beleg dafür, dass unser Wissen, vor allem das Wissen um die inneren Abläufe in unserem Körper sowie über die genetischen und epigenetischen Vorgänge in unseren Körperzellen ständig besser und präziser geworden ist.[38] Auch die erfolgreiche Entwicklung von Technologien zeugt von der Wirksamkeit der hinter dieser Entwicklung stehenden wissenschaftlichen Erkenntnisse. Dass diese Technologien oft mehr Probleme, etwa für Umwelt und Gesundheit, als Nutzen schaffen, ist weniger eine Frage der Begrenztheit des Wissens, als eine Frage der Kriterien, nach denen wir dieses Wissen bewerten und umsetzen. Auch Landminen erfüllen genau den Zweck, für den sie entwickelt worden sind, so moralisch verwerflich sie auch sein mögen. Wissenschaftliches Wissen hilft uns, Zusammenhänge zu erkennen und aus dieser Einsicht heraus

36 Clarke, H. (2007): Conserving Biodiversity in the Face of Climate Change. In: Agenda, 14 (2): 157–170, hier S. 161f.

37 Blackman, T. (2013): Complexity Theory and the New Public Management. Social Issues. 1 (2): 1–11. Oder: Sanderson, I. (2006); Complexity, ‚Practical Rationality' and Evidence-based Policy Making. Policy and Politics, 34 (1): 115–132.

38 Siehe die Statistische Daten zu Gesundheit und Lebenserwartung in: http://www.oecdbetterlifeindex.org/de/topics/health-de/ (abgerufen am 30.10.2018). Zur Lebenserwartung insgesamt siehe: Renn, O. (2014), a. a. O., S. 44ff.

Handlungsoptionen zu entwerfen und deren Folgen abzuschätzen, sie können uns aber nicht die schwierige Aufgabe abnehmen, die Erwünschtheit dieser Folgen zu bewerten und nach ethischen Gesichtspunkten Handlungsoptionen abzuwägen (siehe dazu Teil VI). Je komplexer die Zusammenhänge sind, desto unsicherer ist das Wissen und desto eher sind Irrtümer und Fehlprognosen zu erwarten. Aber eins ist klar: Methodisch abgesicherte Erkenntnisse sind dann immer noch eine bessere Richtschnur zum Handeln als reine Intuition oder der Rückgriff auf Plausibilität.[39] Auf die Irrtümer der Intuition und Plausibilität werden wir noch im zweiten Teil zu sprechen kommen.

## Die stochastische Wende

Mit dem Thema Unsicherheit berühren wir eine dritte Dimension im Verständnis moderner Wissenschaft. Vor allem im Rahmen der Naturwissenschaften galt lange die Regel: Wenn A, dann B, wenn nicht A, dann nicht B. Diese einfache kausale Beziehung zwischen A und B wird als Determinismus bezeichnet.[40] Immer dann, wenn A vorliegt, können wir B erwarten. Und wenn A nicht vorliegt, dann gibt es auch kein B. Diesen einfachen Zusammenhang kann man am Beispiel mit dem heißen Herd noch einmal verdeutlichen. Immer dann, wenn ich mich auf eine heiße Herdplatte setze, verbrenne ich mir das Gesäß. Wenn ich mich nicht auf eine heiße Herdplatte setze, verbrenne ich mich nicht. Das klingt alles sehr logisch und trivial. Unser physikalisches Schulwissen ist zum großen Teil auf solchen deterministischen Gesetzmäßigkeiten aufgebaut. Mechanik, Optik, Magnetismus: Immer stoßen wir auf klare funktionale Zusammenhänge, die eindeutige Beziehungen zwischen den Variablen festlegen.

Mehr und mehr haben wir aber erfahren, dass beim Vorliegen der Ausgangsbedingung A die Konsequenz B nur mit einer gewissen Wahrscheinlichkeit auftritt, und auch andere Konsequenzen, beispielsweise C und D

39 Hierzu grundlegend: Nutley, S. M.; Powell, A. und Davies, H. T. O. (2013): Using Evidence – How Research Can Inform Public Services. Polity Press: Bristol.

40 Grundlegend dazu: Earman, J. (1992): Determinism in the Physical Sciences. In: Salmon, M. H.; Earman, J.; Glymour, C. et al. (Hrsg.): Introduction to the Philosophy of Science. Prentice-Hall: Indianapolis und Cambridge, S. 323–268. Kritisch dazu: Honerkamp J. (2015): Soll man wirklich von einer kausalen Abgeschlossenheit der Welt reden? In: Derselbe: Wissenschaft und Weltbilder. Springer Spektrum: Berlin, Heidelberg, S. 239–245.

ebenfalls mit einer gewissen Wahrscheinlichkeit zu erwarten sind. Diese neue Erkenntnis wird in der Mathematik unter dem Begriff der Stochastik abgehandelt.[41] Stochastische Zusammenhänge bedeuten, dass zwischen zwei Phänomenen zwar eine kausale Beziehung besteht, diese sich aber nur mit Hilfe einer Wahrscheinlichkeitsverteilung abbilden lässt. Der Philosoph Bruno Latour hat dies in dem provokativen Satz zusammengefügt: „Nein, wir werden niemals mehr sichere Erkenntnisse haben."[42]

In diesem Zusammenhang ist die sogenannte Glockenkurve von besonderer Bedeutung, bei der ein Zusammenhang zwischen A und B gleichmäßig um einen Mittelwert streut und die Wahrscheinlichkeiten der Abweichung vom Mittelwert links und rechts sukzessiv kleiner werden. Eine solche Glockenkurve ist in Bild 2 dargestellt.

**Bild 2: Typischer Verlauf einer Glockenkurve zur Erfassung einer Wahrscheinlichkeitsverteilung**

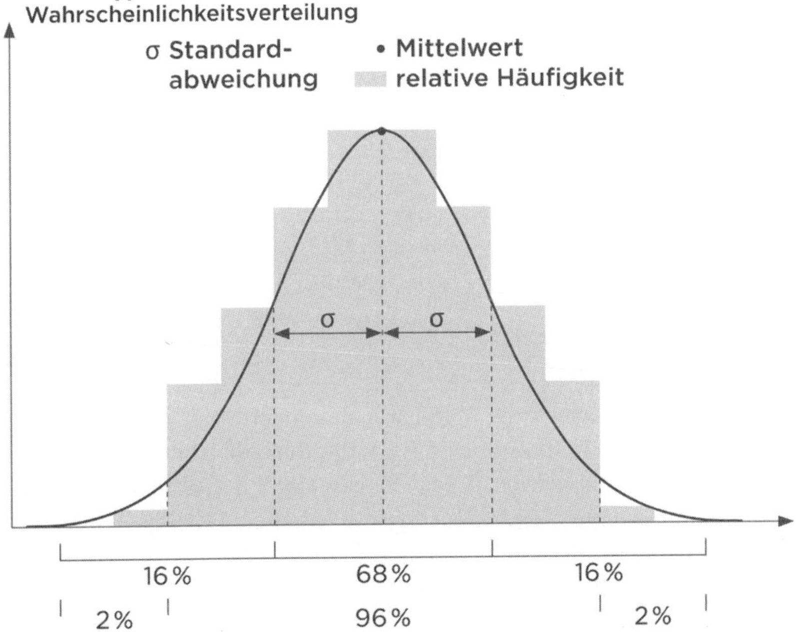


**Quelle:** MEDI-LEARN Skript Physik – Abbildung 1 – Seite 5, Häufigkeitsverteilung und Gauß`sche Glockenkurve, www.medi-learn.de/phy-1

41 Als Einführung gut geeignet: Henze, N. (2013): Stochastik für Einsteiger: Eine Einführung in die faszinierende Welt des Zufalls. Springer: Heidelberg und Berlin.

42 Latour, B., a.a.O., S. 8- Original: No, we will never regain certainty.

So sind beispielsweise Männer in Deutschland im Schnitt 180,2 cm groß. Allerdings ist nur ein winzig kleiner Anteil der deutschen Männer genau 180,2 m. Aber in dem Intervall zwischen 175 und 185 finden sich rund 47 % aller Männer in Deutschland.[43] Die Glockenkurve für die Körpergröße bei Männern und Frauen ist in Bild 3 dargestellt.[44]

**Bild 3: Körpergröße der Bundesbürgerinnen und Bundesbürger**

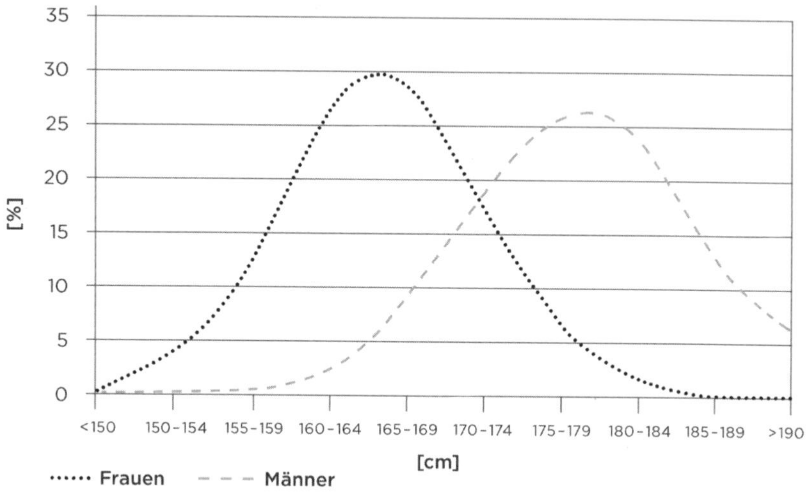


**Quelle:** Statista

Der größte jemals gemessene Mann war der Amerikaner Robert Pershing Wadlow (1918–1940). Im Guinness Buch der Rekorde ist er mit einer Körpergröße von 272 cm gelistet.[45] Der kleinste Mann der Welt war der Inder Gul Mohammed (1957–1997). Dieser war lediglich 57,15 cm groß.[46] Das

43 https://de.statista.com/statistik/daten/studie/1825/umfrage/koerpergroesse-nach-geschlecht/ (abgerufen am 30.10.2018).

44 https://de.statista.com/statistik/daten/studie/1825/umfrage/koerpergroesse-nach-geschlecht/ (abgerufen am 21.02.2019).

45 Siehe: https://www.galileo.tv/life/heute-haette-der-groesste-mann-der-welt-geburtstag-der-jemals-gelebt-hat/ (abgerufen am 30.8.2018).

46 http://durchschnittliche.de/koerper-mittelwerte/10-durchschnittliche-koerpergroesse-bei-maennern. (abgerufen am 30.8.2018).

heißt, die Glockenkurve breitet sich rechts und links weit aus, aber dennoch sind es nur ganz wenige Individuen, die an den beiden äußeren Rändern der Glockenkurve liegen. Man kann sogar mathematisch genau angeben, wie es unten am Bildrand von Bild 2 verzeichnet ist, wie viele Fälle in Prozent in den jeweiligen Abschnitten zu erwarten sind.

Das klingt auf den ersten Blick banal, ist aber für das Verständnis wissenschaftlichen Wissens sehr bedeutsam. Viele Missverständnisse zwischen Wissenschaft und ihren Abnehmern rührt aus dem mangelnden Verständnis stochastischer Beziehungen. In meinem Gebiet, der Risikoforschung, sind stochastische Aussagen oft schwer zu illustrieren und noch schwerer zu kommunizieren.[47] Wenn ich beispielsweise über die Risiken des Zigarettenrauchens referiere, kann ich sicher sein, dass einer aus dem Publikum aufspringt und mit einem gewissen Grad an Häme den Mithörerinnen verkündet, dass sein Onkel Herbert 95 Jahre alt sei und mindestens zwei Packungen am Tag rauche. Von irgendwelchen Tumoren oder anderen Krankheiten sei er weit entfernt. Um dann abschließend zu resümieren: So schlimm, wie Sie es darstellen, kann das Rauchen gar nicht sein!

In einer stochastischen Welt gibt es junge Menschen, die weder rauchen, noch Alkohol trinken und jeden Tag Sport treiben und dennoch mit 35 Jahren einen tödlichen Herzschlag erleiden, ebenso gibt es steinalte Personen, die zu viel Alkohol trinken, zu viel rauchen, übergewichtig sind und sich auch nicht mehr vom Sofa wegbewegen, ohne dass sie an schweren chronischen Erkrankungen leiden. Wenn man die Glockenkurve wieder zurate zieht, dann verschiebt sich der Mittelwert der Kurve beim Raucher bzw. bei der Raucherin von links nach rechts, d. h. die Wahrscheinlichkeit, an Krebs zu erkranken, steigt erheblich an. Aber am linken unteren Rand der Kurve gibt es immer noch Personen, die trotz erheblichen Zigarettenkonsums uralt werden, während am anderen Ende bereits 30-jährige Nichtraucher von Lungenkrebs betroffen sind. Die gängige Formel: Wer raucht, stirbt an Krebs, ist also falsch. Wissenschaftliche Untersuchungen haben zweifelsfrei ergeben, dass sich die Wahrscheinlichkeit, an Krebs zu erkranken, bei Rauchern,

47 Siehe: Pfister, H. R., Jungermann, H. und Fischer, K. (2017): Die Psychologie der Entscheidung. Springer: Berlin und Heidelberg, S. 377ff. Siehe auch meinen Beitrag über Risikowahrnehmung und Risikokommunikation in: Renn, O. (2008): Risk Governance. Earthscan: London, S. 201ff.

gegenüber Personen, die nicht rauchen, ungefähr verdoppelt.[48] Das bedeutet aber nicht, dass alle Raucherinnen und Raucher an Krebs erkranken werden. Im Gegenteil: Eine knappe Mehrheit der Raucher und Raucherinnen wird nicht an Lungenkrebs erkranken. Aber es werden wesentlich mehr sein als unter den Personen, die nicht rauchen.

In der öffentlichen Wahrnehmung der Stochastik hat dies zu zwei diametral unterschiedlichen Reaktionsweisen geführt.[49] Wenn ich selber ein bestimmtes riskantes Verhalten an den Tag lege, etwa Zigaretten rauche oder Extremsportarten betreibe, dann bin ich in der Regel auf die linke Seite der Glockenkurve fixiert. Ich gehe davon aus: Mir wird schon nichts passieren! Werde ich dagegen unfreiwillig einem Risiko ausgesetzt, so bin ich in der Regel auf die rechte Seite der Glockenkurve fixiert. Gleichgültig wie gering die Wahrscheinlichkeit, es trifft immer mich! Im Zweifel will ich lieber auf der sicheren Seite sein. Better safe than sorry! Diese beiden diametralen Reaktionsweisen machen den Dialog zwischen denjenigen, die Risiken verursachen, und denjenigen, die Risiko erleiden, extrem mühsam. Sofern ich von einem Risiko profitiere, bin ich auf der linken Seite der Kurve (es wird schon gut gehen), wenn ich ein Risiko erleide, auf der rechten Seite (es wird sicherlich alles schiefgehen). Obwohl beide Gruppen sich auf die gleiche Wahrscheinlichkeitsverteilung beziehen, also die gleiche Wissensgrundlage teilen, finden Sie nicht zusammen, weil sie aus eigenem Interesse eher auf die eine Seite der Wahrscheinlichkeitsfunktion oder auf die andere Seite fixiert sind.

Ein gutes Beispiel dafür ist die Diskussion um das Pflanzenschutzmittel Glyphosat.[50] Die Hersteller des Mittels und die landwirtschaftlichen Nutzer

---

48 Raucher haben gegenüber Nichtrauchern ein doppelt so hohes Risiko, an Krebs zu sterben. Aus: https://www.krebsgesellschaft.de/onko-internetportal/basis-informationen-krebs/bewusst-leben/rauchen-und-krebs.html (abgerufen am 30.8.2018). „Rund 89 % der Lungenkrebsfälle bei Männern und 83 % bei Frauen sind dem Rauchen zuzuschreiben". Aus: Mons, U.; Gredner, T.; Behrens, G.; Stock, C. und Brenner, H. (2018): Krebs durch Rauchen und hohen Alkoholkonsum. Schätzung der attributalen Krebslast in Deutschland. Deutsches ‚Ärzteblatt, 35-36 (115); 571–577. Allgemein dazu: Tölle, R. und Buchkremer, G. (2013): Zigarettenrauchen: Epidemiologie, Psychologie, Pharmakologie und Therapie. Springer: Berlin und Heidelberg, S. 55f.

49 Übersicht in: Fischhoff, B. und Davies, A. L. (2014): Communicating Scientific Uncertainty. Proccedings of the National Academy of Sciences, PNAS 111 (Supplement 4): 13664–13671; www.pnas.org/cgi/doi/10.1073/pnas.1317504111 (abgerufen am 30.10.2018). Siehe dazu experimentell: Visschers, V. H. (2017): Judgments under Uncertainty: Evaluations of Univocal, Ambiguous and Conflicting Probability Information. In: Journal of Risk Research, 20 (2), 237–255.

50 Siehe zu den Untersuchungen vor allem die Studien der European Food Safety Authority und des Bundesinstituts für Risikobewertung: EFSA (2015): Conclusion on the Peer Review of the Pesticide Risk Assessment of the Active Substance Glyphosate. In: EFSA Journal 2015;13 (11):4302 sowie Bundesinstitut für Risikobewertung BFR (2016): Populäre Missverständnisse, Meinungen und Fragen im Zusammenhang mit der Risikobewertung des BfR zu Glyphosat. In: Mitteilung Nr. 013/2016 des BfR vom 19. Mai 2016. Einen kurzen Überblick erhält man in: von Müh-

werden nicht müde zu betonen, dass dieses Mittel in der Konzentration, in der es Konsumenten aufnehmen, mit nur einer verschwindend geringen Wahrscheinlichkeit krebserzeugend sei. Das Risiko sei nicht null, aber extrem gering. Zudem seien Pflanzenschutzmittel wie Glyphosat für die Sicherung der Welternährung von großem Nutzen. Die Gegner des Pflanzenschutzmittels argumentieren dagegen, dass unabhängig von der Höhe der Wahrscheinlichkeit Menschen unfreiwillig einem krebserzeugenden Mittel ausgesetzt seien und diese Gefährdung grundsätzlich nicht tolerabel sei, weil endliche Wahrscheinlichkeit bedeutet: Eine von vielen wird Krebs bekommen.[51] Und das nur, um höhere Erträge bzw. Gewinne bei der Erzeugung von Lebensmitteln zu erzielen. Zudem sei der Nutzen einer gesicherten Ernährung auch ohne chemische Pflanzenschutzmittel erreichbar. Beide Seiten sind auf jeweils eine Seite der Verteilung fixiert; sie finden nicht zusammen, weil sie die jeweils andere Seite ausblenden.

Diese klassische Polarisierung finden wir in nahezu allen Kontroversen in unserer Gesellschaft. Besonders brisant ist es bei der Frage, wie wahrscheinlich es ist, das männliche Flüchtlinge aus arabischen Ländern in Deutschland kriminell werden.[52] Auch hier können wir nur Verteilungen angeben: Dass ein beliebiger aus Arabien stammender Flüchtling eine schwere Straftat in Deutschland begeht, liegt im statistischen Jahresmittel bei weniger als 1 %. Das heißt mehr als 99 % aus dieser Gruppe begehen keine schwere Straftat pro Jahr in Deutschland. Dennoch ist das Risiko von 1 % nicht Null. Es gibt also Menschen aus den arabischen Staaten, die hier in Deutschland schwere Straftaten begehen. Das weiß hierzulande inzwischen dank intensiver Medienberichterstattung jede Person (ausführlicher in Teil III). Jeder Einzelfall ist für viele Menschen der Beleg dafür, dass die ganze Gruppe zu solchen Straftaten neigt. Hier mit Stochastik zu argumentieren, ist in einer politisch aufgeladenen Situation meist vergeblich. Denn es stimmt auch, dass junge männliche Flüchtlinge aus den arabischen Staaten häufiger straffällig werden als deutsche Staatsangehörige.

---

lendahl, K. E. und Otto, M. (2016): Glyphosat: gefährlich (?), nützlich; erlaubt oder zu verbieten? In: Umweltmedizin, Hygiene, Arbeitsmedizin, 21 (4): 1–5.

51 Siehe die Stellungnahme des Pestizid Aktions-Netzwerkes (PAN) von P. Clausing: http://www.moraybeedinosaurs.co.uk/neonicotinoid/Carcinogenic_Hazard_of_Glyphosate.pdf. (abgerufen am 30.10.2018).

52 Darauf werden wir in Teil III noch sehr viel genauer eingehen. Hier nur eine kurze Beschreibung des Themas in der Tageszeitung: Die Welt. https://www.welt.de/politik/deutschland/article160112887/Die-Wahrheit-ueber-die-Kriminalitaet-von-Zuwanderern.html. (abgerufen am 13.8.2018).

Die stochastische Wende ist eines der besonders schwierigen Merkmale bei der Vermittlung wissenschaftlichen Wissens. Nach wie vor gibt es noch viele Wissensbestände, die deterministische Zusammenhänge beschreiben. Hier kann man wesentlich leichter Fakten und falsche Aussagen über angebliche Fakten auseinanderhalten. Je mehr wir aber über komplexe Zusammenhänge wissen, desto häufiger entdecken wir stochastische Wirkungen. Dabei ist unklar, ob die Welt in sich stochastisch strukturiert ist (intrinsische oder ontologische Indeterminanz), ob wir Wirkungen nur statistisch beschreiben können (statistische Indeterminanz) oder ob unser Wissen einfach nicht ausreicht, um alle deterministischen Beziehungen in einer komplexen Gemengelage zu erfassen (epistemische Indeterminanz). Wie immer es auch sein mag, viele Aussagen der Wissenschaft sind heute stochastischer Natur und liefern demgemäß keine eindeutigen Ergebnisse, sondern eine Bandbreite an möglichen Ursache-Wirkungsbeziehungen. Diese Bandbreite ist aber keineswegs beliebig. Außerhalb der Bandbreite gibt es weiterhin falsche und absurde Wahrheitsansprüche, die sich nicht belegen lassen. Mit der Einführung stochastischer Überlegungen werden Aussagen über die Wirklichkeit nicht mehr eindeutig, sondern es gibt mehrere wissenschaftlich gleich gut belegte Aussagen, die parallel Geltung beanspruchen können. Mit dieser Pluralität von Wissensbeständen müssen wir leben (lernen).[53]

## Postfaktisches Zeitalter?

Was folgt aus unseren Überlegungen zu diesen drei neuen Entwicklungen in unserem Verständnis von Wissen? Experten wie Laien nehmen Signale aus der Außenwelt auf und verbinden sie mit den in ihrer Kultur gängigen Deutungsmustern. Das gilt für alle Menschen in einem Kulturkreis, unabhängig ob sie Experten oder Laien sind. Experten haben aber eine Reihe von Regeln aufgestellt, die ihnen auf der einen Seite erlauben, klare Zuschreibungen für Phänomene zu schaffen (eindeutige Definitionen) und bei den

53 Wer mehr dazu lesen will, sei auf das Buch von Adalbert Evers und Helga Nowotny (1987) verwiesen: Über den Umgang mit Unsicherheit: Die Entdeckung der Gestaltbarkeit der Gesellschaft. Suhrkamp: Frankfurt. Ebenso lesenswert das neuere Werk von Nico Stehr und Maran Adolf (2018): Ist Wissen Macht. Wissen als gesellschaftliche Tatsache. 2. Auflage. Velbrück: Weilerswist, vor allem S. 35–120.

kausalen Beziehungen methodische Regeln einzuhalten, die den Forschernden helfen, Fehlurteile bei der Zuordnung von Ursachen und Folgen (etwa bloße Korrelationen zwischen Ereignissen) zu vermeiden und das zufällige Zusammentreffen von Ereignissen von kausalen Beziehungen zu trennen.[54] In der Alltagswahrnehmung hat sich dagegen eine Fülle von sogenannten Faustregeln (Heurismen) der Wahrnehmung herausgebildet, die eine schnelle und für den Alltag auch zuverlässige Zuordnung von Ursachen und Folgen erlauben, die aber in Einzelfällen auch zu Fehlurteilen führen können. Dies wird uns im nächsten Kapitel noch eingehend beschäftigen.

Gleichzeitig haben aber auch die systematischen Methoden der Wissenschaft ihre Grenzen und Probleme. Sie bewegen sich in der Regel auf einem Abstraktionsniveau, das oft dem jeweiligen Einzelfall nicht gerecht wird und das all diejenigen Elemente ausblendet, die einer systematischen, in der Regel wiederholbaren und im Labor reproduzierbaren, Erfassung entgegensteht. Aus diesem Grunde ist es durchaus gerechtfertigt, neben dem systematischen Wissen der Wissenschaft auch das Erfahrungswissen der Praktiker, das über viele Jahrhunderte angesammelte endogene Wissen von Kulturen sowie das individuell geformte Alltagswissen bei der Erklärung und Prognose von Phänomenen mit einzubeziehen.[55] Erst die Synthese vieler Wissensbereiche kann uns dem Ziel näherbringen, mehr Ähnlichkeit zwischen unseren Deutungen und den Phänomenen der Außenwelt zu schaffen.

Allerdings ist diese Bemühung um Synthese nicht als eine generelle Relativierung des wissenschaftlichen Kenntnisstands zu verstehen. Wenn es um die Frage nach den Ursachen für komplexe Phänomene geht, ist keine Institution besser geeignet, diese Frage sachgerecht zu beantworten, als die Wissenschaft. Sie hat im Verlaufe der kulturellen Evolution gelernt, belastbare Regeln für die Unterscheidung zwischen wahren und falschen Rückschlüssen auf der Basis von systematischer Beobachtung und Experiment zu erstellen. Auch wenn jede wissenschaftliche Erkenntnis eine Mischung

---

54 Die Regeln wissenschaftlicher Beweisführung sind besonders eindrucksvoll in dem Klassiker: Popper, K. (1959): The Logic of Scientific Discovery. Hutchinson: London, beschrieben. Siehe auch: Popper, K. (1979): Objective Knowledge: An Evolutionary Approach. Oxford University Press: Oxford, UK.

55 Huntington, H. P. (2000): Using Traditional Ecological Knowledge in Science: Methods and Applications. In: *Ecological Applications*, 10 (5), 1270–1274. Vgl. auch meinen Aufsatz: Renn, O. (2010): The Contribution of Different Types of Knowledge Towards Understanding, Sharing and Communicating Risk Concepts. In: Catalan Journal of Communication and Cultural Studies, 2 (2): 177–195.

aus Beobachtung und kulturabhängiger Deutung darstellt und damit auch relativ zu ihrer Entstehungsgeschichte zu sehen ist, so ist sie doch zu dem Zeitpunkt, an dem sie den Stand des Wissens wiedergibt, prinzipiell besser geeignet, als Richtschnur für die Beurteilung von generalisierbaren Sachverhalten zu dienen als jede andere Form des Wissens.[56]

Der Philosoph Jürgen Mittelstraß hat diese Einsicht in einer Rede vor der Humboldt-Universität mit folgenden Worten beschrieben:[57]

> Die wissenschaftliche Vorgehensweise hat uns „vor einem falschen Relativismus bewahrt. Dass eine Theorie ihre Deutung in der Regel nicht festlegt, bedeutet nicht, dass jede Deutung, sei sie eine wissenschaftliche oder eine philosophische Deutung, gleich gut wäre".

Bei aller Ablehnung des Relativismus ist aber gleichzeitig zu betonen, das Wissenschaft bei komplexen und stochastischen Wissensbeständen keine eindeutigen Antworten geben kann, selbst wenn sie es wollte oder man ihr alle Forschungsmittel dieser Welt zur Verfügung stellen würde. Es verbleiben immer Unsicherheiten und mehrdeutige Interpretationsmöglichkeiten.

Wir haben dieses Kapitel begonnen mit der Frage: Gibt es alternative Fakten? Und unsere Antwort lautet nun: Ja und Nein. Wenn mit diesem Begriff alternative Wahrheitsansprüche und unterschiedliche Auffassungen über die Realität gemeint sind, dann ist die Antwort: Ja. Wenn aber damit eine Pluralität von objektiver Wahrheit zum Ausdruck kommen soll, dann ist die Antwort: Nein. Wir sind in unserem Erkenntnisvermögen ständig konfrontiert mit unterschiedlichen Wahrheitsansprüchen, also Hypothesen über das, was wahr sein könnte. Aber wir können darauf vertrauen, dass sich unser Wissen sukzessiv dem Stand annähert, wie die Welt für uns real wirkt. Dabei finden wir oft nur eine Bandbreite von faktischen Wirkungen

56 Dazu grundlegend: What science has to say about policy choices results from investigations governed by systematic and rule-governed efforts that guard against self-deception—against believing something is true because one wants it to be. Because science is designed to be disinterested, if a policy question involves what are the "real" conditions or what will "probably" happen if one policy is implemented instead of another, science is generally a more dependable and defensible guide than informed hunches, analogies, or personal experience. Aus: National Research Council (2002): Using Science as Evidence in Public Policy. National Academies Press: Washington, D.C., doi:10.17226/13460.

57 Mittelstraß, J. (2001): Konstruktion und Deutung über Wissenschaft in einer Leonardo- und Leibniz-Welt. Festvortrag anlässlich der Verleihung der Ehrendoktorwürde am 31.1.2001 an der Humboldt-Universität Berlin. (Öffentliche Vorlesungen 110), S. 20.

vor, über die wir lediglich Aussagen zu ihrer Wahrscheinlichkeit machen können. Das verwirrt viele und gibt Anlass zu der Vermutung, die Wissenschaft wisse das auch nicht so genau, dann könne man auch gleich die eigene Meinung zum Maßstab des Wissens machen. Stochastische Aussagen sind kein Zeichen der Schwäche, sondern der Stärke wissenschaftlicher Erkenntnis.[58] Auch unsichere Aussagen aus der Wissenschaft durchlaufen eine stringente Überprüfung nach methodischer Zuverlässigkeit, theoretischer Stimmigkeit und inhaltlicher Gültigkeit (vor allem in den sogenannten peer review Prozessen, also Prüfverfahren durch andere Expertinnen und Experten unter Beibehaltung der Anonymität). Die Stochastik macht unser Wissen vielfältiger und facettenreicher, aber nicht ungenauer. Je besser es uns gelingt, die Bandbreite der möglichen Folgen eines auslösenden Ereignisses zu bestimmen, desto mehr können wir darauf vertrauen, dass die sich darauf aufbauenden Handlungsoptionen (es kann dann nicht nur eine geben) als relevante Orientierungen für ein zweckgerichtetes Handeln erweisen. Gleichzeitig bedeutet Stochastik aber auch, dass wir die bequeme Sichtweise, wir müssten nur A tun, um B zu erhalten gegen eine wesentlich kompliziertere Sichtweise eintauschen müssen. Wir haben immer mehrere Handlungsmöglichkeiten, die alle mit unterschiedlichen Wahrscheinlichkeiten und Unsicherheiten positive wie negative Auswirkungen zeitigen werden. Dazu benötigen wir eine *Kultur der Abwägung,* eine Kultur, die Konflikte aushält und ausgewogene und für alle Betroffenen faire Entscheidungen über die Wahl der Handlungsoptionen trifft. Was gar nicht hilft, ist die Schaffung oder Erfindung von uns gerade genehmen alternativen Fakten.

58 Vgl. Wiesenthal H. (2018) Rationalität und Unsicherheit in der Zweiten Moderne (2009). In: Derselbe: Rationalität und Organisation 1. Wirtschaft + Gesellschaft. Springer VS: Wiesbaden, S. 201–221. Zur Abkehr von hierarchisch und deterministisch strukturierten Modellen siehe: Parkhurst, A. G. und Abeysinghe, S. (2016): What constitutes "good" evidence for public health and social policy making? From Hierarchies to Appropriateness. Social Epistemology, 1: 1–15, doi:10.1080/02691728.2016.1172365.

# Teil II:

# Die Empfänger von Botschaften: Verunsichert im Post-Erfahrungs-Dschungel

## Gedankenanker Plausibilität

Frühjahr 2018: Der CDU Kreisverband einer württembergischen Landgemeinde hat zu einer Podiumsdiskussion zum Thema „Klimawandel" eingeladen. Auf dem Podium findet man den örtlichen Bundestagskandidaten, den Vorsitzenden des Energieausschusses aus dem Landtag, den Chefredakteur der örtlichen Tageszeitung sowie einen ausgewiesenen Risikoexperten; in dem Fall war ich das. Keiner der Diskutanten auf dem Podium stellt den durch Menschen verursachten Klimawandel infrage, aber im Publikum rumort es. Nach den üblichen Eingangsreden der Podiumsteilnehmer kommen die ersten Fragen aus dem Publikum. Die erste Bürgerin will vom Podium wissen, ob es denn wirklich zutreffe, dass sie mit jeder Autofahrt zum Klimawandel beitrage. Mit ihrem Kleinwagen könne sie doch gar nicht so viel bewirken, dass dies globale Auswirkungen auf alle haben könne. Geduldig erklärt ihr der Bundestagsabgeordnete, dass auch Kleinvieh Mist mache und viele winzige Emissionen in der Masse gesehen große Auswirkungen haben können. Man merkt der Fragestellerin an, dass sie nicht ganz mit der Antwort zufrieden ist. Dann platzt es aus ihr heraus: „Sie können doch nicht ernsthaft behaupten, dass meine Autofahrt zu dieser Veranstaltung hier einen Beitrag zur Überschwemmung in Bangladesch leisten könne". Dies ist dann für mich das Zeichen, ihr die Probleme komplexer Wechselwirkungen und stochastischer Zusammenhänge näherzubringen. Das ist im Rahmen einer abendlichen Podiumsdiskussion mit Bier und Brezeln keine einfache Aufgabe.

Nach einigen weiteren Fragen zum Thema Energieverbrauch und Klimawandel meldet sich ein älterer Herr in der letzten Reihe. Er ist sehr aufgebracht und schleudert seine Worte mit Vehemenz gegen das gesamte Podium. „Was Sie hier sagen, kann doch alles nicht stimmen! Jeder mit einem gesunden Menschenverstand kann sich doch ausmalen, dass eine Erhöhung des $CO_2$ Gehaltes in der Atmosphäre von 0,04 % auf schlimmstenfalls 0,08 %, also nicht mal um ein Zehntel Prozent, wohl kaum solche dramatischen Auswirkungen auf das Klima auslösen könnte, wie immer behauptet." Zudem seien die viel gepriesenen erneuerbaren Energien gar nicht erneuerbar und sollten lieber als additive Energien bezeichnet werden. Alles andere wäre völlig unplausibel. Nach einer weiteren Tirade über die Unfähigkeit der Energiepolitiker, simple physikalische Wahrheiten anzuerkennen, verlässt er die Versammlung unter Protest. Beim Herausgehen wendet er sich nochmal ans Publikum: „Hier werden doch die gleichen Lügen verbreitet wie überall in der Presse. Das höre ich mir nicht länger an!" Die restlichen Zuhörer wissen nicht so recht, wie sie auf diesen Ausbruch reagieren sollen. Immerhin ist der renitente Diskutant promovierter Physiker und seit Jahren ein loyales Mitglied der CDU. Aber nach dem Beschluss der Partei, nicht weiter auf Kernenergie zu setzen, hadert er mit seinen Parteifreundinnen und -freunden.

Nach der Sitzung klagt der Kreisvorsitzende mir sein Leid. Auch er würde ja die Energie- und Klimapolitik der Bundesregierung voll mittragen, aber sie an das Wahlvolk zu vermitteln, sei eine echte Herausforderung. Hier bräuchte er sehr viel mehr Unterstützung durch Wissenschaftler und Energieexperten. „Das mit dem gesunden Menschenverstand ist ja gar nicht so an den Haaren herbeigezogen", meinte er zögerlich, als er mich am Hotel absetzte, „Ich habe auch meine großen Schwierigkeiten damit, den Leuten hier die Gefährdung durch den Klimawandel plausibel nahezubringen." Der heiße Sommer 2018 stand noch bevor.

Das Schlüsselwort in dieser Geschichte heißt *Plausibilität.* Plausibel erscheint uns alles, was intuitiv einen Sinn ergibt.[1] Es ist beispielsweise in-

---

1 Es gibt interessanterweise wenig Literatur zum Begriff der Plausibilität, obwohl er im Alltag eine wichtige Rolle spielt. Eine grundlegende Abhandlung zum Begriff und seiner Verwendung siehe: Böhnert, M. und Reszke, P. (2015): Linguistisch-philosophische Untersuchungen zu Plausibilität: Über kommunikative Grundmuster bei der Entstehung von wissenschaftlichen Tatsachen. In: J. Engelschalt und A. Maibaum (Hrsg.): Auf der Suche nach den Tatsachen: Proceedings der 1. Tagung des Nachwuchsnetzwerks „INSIST". SSOAR 2015, S. 40–67, (PID): http://nbn-resolving.de/urn:nbn:de:0168-ssoar-455901. Bezogen auf Plausibilität in der Wissenschaft gibt es narrative

tuitiv leicht nachzuvollziehen, dass bei einer Erhöhung der Leukämierate in der Umgebung von Kernkraftwerken offenkundig deren Strahlung als Ursache infrage kommt. Als zweite Komponente kommt die *Glaubwürdigkeit* der Informationsquellen hinzu. Sie hängt wiederum stark davon ab, inwieweit wir mit diesen Quellen eine „reine" Absicht verbinden (also keine Manipulationsabsicht), inwieweit diese Quellen kompatibel sind mit unserem Weltbild und wie integer wir sie einschätzen, das eigene Wissen lückenlos weiterzugeben.[2] Plausibilität und Glaubwürdigkeit sind damit die entscheidenden Variablen, nach denen wir unsere eigenen kausalen Modelle zusammenstellen und in einen übergeordneten Sinnzusammenhang bringen. Auf beide Begriffe wollen wir im Folgenden näher eingehen.

## Mechanismen der Beurteilung nach Plausibilität

Bleiben wir hier zunächst bei Plausibilität. Was plausibel erscheint, ist stark davon geprägt, inwieweit Ereignisse oder Handlungen in einem engen örtlichen oder zeitlichen Rahmen aufeinander folgen und sich in der beobachteten Reihenfolge auch wiederholen.[3] Dass diese Charakterisierung nicht ausreicht, um den Anspruch auf eine kausale Beziehung einzulösen, kann man schon daran erkennen, dass zwar auf den Herbst immer der Winter folgt, aber niemand ernsthaft behaupten wird, der Herbst sei die Ursache für den Winter. Bei einfachen Sachverhalten wie dem Wechsel der Jahreszeiten ist dieser Fehlschluss schnell zu erkennen.

Bei komplexen Phänomenen ist diese Gleichsetzung von Folge und Verursachung viel weniger offenkundig. So erscheint es uns intuitiv völlig naheliegend, dass die Giftigkeit eines Stoffes mit der Höhe der Dosis zunimmt. Je mehr ich etwa Alkohol trinke, desto schlimmer der Kater am nächsten

(Stimmigkeit einer Erzählung), formale (Übereinstimmung mit logischen Postulaten) und psychologische (nachvollziehbar durch Alltagserfahrung) Ansätze zur Plausibilität. Siehe hier: Scheele, R. (2019): Applause for Scenarios?! An Exploratory Study of 'Plausibility' as Judgment Criterion of Scenario Recipients. Dissertation an der Universität Stuttgart. Stuttgart, S. 47ff. Selin, C. and Pereira, A. G. (2013): Pursuing Plausibility. International Journal for Foresight and Innovation Policy, 9(2/3/4):93–109. Oder: Abbott, P. H. (2002): The Cambridge Introduction to Narrative. Cambridge: Cambridge University Press, S. 42ff.

2 Earle, T. C. und Cvetkovich, G. T. (1999): Social Trust and Culture in Risk Management. In. G. T. Cvetkovich und R. Löfstedt (Hrsg.): Social Trust and the Management of Risk. Earthscan: London, S. 9–21.

3 Dies wird in der Literatur häufig als „global or local fit" bezeichnet: Siehe Nickerson, R. S. (2008): Aspects of Rationality. Reflections on What It Means to be Rational and Whether We Are. Taylor and Francis: New York, S. 274ff.

Morgen. Das gilt in der Tat für die meisten toxischen Substanzen, aber beispielsweise nicht für Nanopartikel.[4] Dort ist die Dosis gerade nicht die entscheidende Größe für die gesundheitliche Wirkung, sondern die Struktur der Oberfläche, mit der sich Nanopartikel an die Rezeptoren im Körper andocken können. Nanopartikel heißen ja auch so, weil sie extrem klein sind. Interessanterweise verändern Stoffe, deren gesundheitliche Wirkungen man sehr gut kennt, ihre Eigenschaften, wenn sie in nanoskalierter Größe vorliegen und als Nanopartikel eingenommen werden. Sie sind dann so winzig, dass sie zum Beispiel die (wie ein Sieb agierenden) Membranen der Zellen durchlaufen und auch die Blut-Gehirn-Schranke überwinden können. Lägen sie in größeren Abmessungen vor (etwa im Mikrobereich), würden sie von den Membranen abgehalten werden.

Ein besonders eindrucksvolles und wissenschaftshistorisch gut belegtes Beispiel ist die Hexenverfolgung im späten Mittelalter und der beginnenden Neuzeit. Der Harvard-Wissenschaftler William Clark konnte aufzeigen, dass die Hexenverbrennung im engen Zusammenhang mit dem Auftreten von sogenanntem Mutterkorn im Getreide steht.[5] Der Mutterkornpilz ist ein Parasit, der sich während der Gras- und Getreideblüte an der Ähre festsetzt. Er entwickelt sich bis zur Reife zu einem 4 cm langen und etwa 3 mm breiten, blauschwarzen, kornähnlichen Gebilde. Die Vergiftung beginnt mit Kribbeln in Fingern und Zehen, der Vergiftete leidet unter Durchfällen, Pupillenerweiterung und Durstgefühl. Da die Giftstoffe auf das Muskelgewebe wirken, kommt es zu starken Krämpfen und Lähmungen. Der Patient wird von heißen und kalten Schauern überfallen und muss unter starken Nervenstörungen leiden, die in Wahnsinnsanfällen gipfeln.

Von dem Jahr 943 ist überliefert, dass im frühen Herbst 40.000 Menschen in Limoge in Frankreich starben, nachdem sich dort die Seuche in aller Zerstörungskraft zeigte: „Schreiend, jammernd und sich krümmend brachen Menschen auf der Straße zusammen. Manche standen von ihren Tischen auf und rollten wie Räder durchs Zimmer, andere fielen hin und schäumten in epileptischen Krämpfen. Noch andere erbrachen sich und

4 Shatkin, J. A. (2013): Defining Risk Assessment and How It Is Used for Environmental Protection, and Its Potential Risk for Managing Nanotechnology Risk. In: dieselbe (Hrsg.): Nanotechnology. Health and Environmental Risks, CRC Press, Taylor und Francis: Boca Raton, S. 54.

5 Clark, W. C. (1978): Witches, Floods and Wonder Drugs: Historical Perspectives on Risk Management. In: R. C. Schwing und W. A. Albers (Hrsg.): Societal Risk Assessment: How Safe Is Safe Enough? Plenum: New York, S. 287–311.

zeigten plötzliche Zeichen des Wahnsinns. Von diesen schrien viele: „Feuer ... ich verbrenne!"[6]

Weil damals noch niemand die Zusammenhänge kannte, suchten die verzweifelten Menschen nach einem plausiblen Auslöser. Dieser Auslöser war schnell gefunden: Es konnte nur der Teufel sein, der hier seine feurigen Spiele trieb und vor allem Frauen heimsuchte. Denn gleichzeitig mit dem Auftreten des Mutterkorns erlebten die Menschen weitere Infektionskrankheiten und Naturkatastrophen. Wenn also diese von der Krankheit befallenen Frauen zu Wahnvorstellungen neigten und gleichzeitig ein Unglück nach dem anderen hereinbrach, dann konnte das kein Zufall sein. Diese Frauen standen „eindeutig" mit dem Teufel im Bunde. Die Art, mit der die Gesellschaft damals Risikomanagement betrieb, ist aus der Geschichte bekannt: Die vermeintlichen Hexen wurden verbrannt. Vorher wurde ihnen unter Folter ein Geständnis abgewürgt. Mit dem Geständnis wurde es dann noch plausibler, dass die Hypothese vom Einfluss des Teufels wahr sein musste. Übrigens fielen nicht nur Frauen dem Hexenglauben zum Opfer. Um 1700 wurden in dem Dörfchen Salem in Massachusetts 22 junge Männer hingerichtet, als viele Mädchen, darunter die Pfarrerstochter des Dorfes, an der Seuche erkrankt waren. Die damit verbundenen Anfälle von Wahnsinn galten als Teufelswerk und die betroffenen Frauen (gelegentlich auch Männer) als leibhaftige Gehilfen des Satans.[7]

Wir alle beurteilen also den Wahrheitsgehalt von Aussagen, die wir nicht direkt durch Erfahrung überprüfen können, auf der Basis von Plausibilität. Wie stimmig erscheinen uns Aussagen von Personen, die eine Beschreibung der Wirklichkeit vornehmen oder eine kausale Vermutung über Wirkungszusammenhänge äußern? Etwa über den Zusammenhang von Hexen und Krankheiten. Wann erscheinen sie uns plausibel, wann nicht? Tagtäglich sind wir darauf angewiesen, Behauptungen, die für uns oder unser Leben wichtig erscheinen, auf ihren Wahrheitsgehalt zu überprüfen. Bei komplexen Phänomenen fehlt uns häufig dazu die eigene Erfahrung. Niemand von uns hat je das Ozonloch über unsere Atmosphäre gesehen, gefühlt oder erfahren. Ob es existiert oder nicht, dieses Urteil können wir nur auf der Ba-

6 Zitiert nach: Peetz, H. (1983): Leben ohne Chemie? Streifzüge durch eine faszinierende Wissenschaft. Meyster: München, S. 74.

7 Ebenda, S. 75.

sis von Plausibilität oder Vertrauen in andere Personen und Institutionen treffen.

Was Plausibilität ist, können wir nur schwer in Worte fassen. Ich unterscheide drei Komponenten von Plausibilität: die *formale Konsistenz, die narrative Stimmigkeit und der Nachvollzug aus der Alltagserfahrung.*[8] Mit formaler Konsistenz ist schlichtweg gemeint, dass Aussagen sich nicht widersprechen dürfen und den allgemein anerkannten Regeln der Logik folgen.[9] Bei Kriminalfilmen oder Romanen kann es immer wieder vorkommen, dass sich der Fortgang der Handlung nicht konsistent aus den jeweils vorangegangenen Handlungssträngen ergibt. Das können formale Fehler sein wie falsche Berechnungen oder aber auch logische Inkonsistenzen wie fehlerhafte Rückschlüsse auf der Basis der vorliegenden Informationen. Wenn zum Beispiel der Kommissar auf dem Weg zum Tatort seinen Assistenten fragt, mit welcher Waffe „sie" denn umgebracht wurde, obwohl er noch gar nicht wissen konnte, dass das Opfer weiblich ist, dann liegt eine solche Inkonsistenz vor. Besonders gute Krimis täuschen oft Inkonsistenzen vor, die sich dann aber im Verlauf der Geschichte konsistent auflösen. Das erhöht die Spannung.

Die zweite Form der Plausibilität, die narrative Stimmigkeit, ist dagegen wesentlich schwerer zu erfassen. Sie stellt so etwas wie ein unsichtbares Skript dar, nach dem wir einen Handlungsablauf als plausibel einstufen.[10] Solche unsichtbaren Skripte können archetypische Erzählmuster widerspiegeln, wie der soziale Aufstieg eines einfachen Akteurs zum Volkshelden und dessen Abstieg oder Fall ausgelöst durch Hybris und Selbstüberschätzung (Heldenmythos).[11] Viele Drehbücher von Filmen folgen bewusst oder unbe-

8 Diese drei Komponenten sind in dieser Form nicht der Literatur entnommen. Es gibt eine Vielzahl von Taxonomien und Kategorisierungen von Plausibilität. Eine Übersicht mit Fokus auf Plausibilität als Lernerfahrung findet sich in: Lombardi, D., Nussbaum, E. M. und Sinatra, G. M. (2015): Plausibility Judgments in Conceptual Change and Epistemic Cognition. Educational Psychologist, 51(1):35–56. Grundlegend zum narrativen Ansatz siehe Abbott (2002), a. a. O. Eine weitere Differenzierung von Plausibilität (deskriptiv, normativ, Paarung etc.) findet sich in: Winko, S. (2015): Zur Plausibilität als Beurteilungskriterium literaturwissenschaftlicher Interpretationen. In: A. Albrecht; L. Danneberg; O. Krämer und C. Spoerhase (Hrsg.): Theorien, Methoden und Praktiken des Interpretierens. De Gruyter: Berlin, ohne Seitenangaben. https://books.google.de/books?id=6gdfCAAAQBAJ&printsec=frontcover&hl=de#v=onepage&q&f=false (abgerufen am 30.10.2018).

9 Dieser Ansatz wird vor allem von "Rescher, N. (1976): Plausible Reasoning: An Introduction to the Theory and Practice of Plausibilistic Inference. Van Gorcum: Amsterdam" verfolgt.

10 Abbott spricht in diesem Zusammenhang von Masterplots. Siehe Abbott (2002), a. a. O., S. 42.

11 „Narrative thus must contain a setting or context, a plot, characters consisting of three general categories (heroes, villains, and victims), and a moral of the story, in this case a policy solution". Aus: Arnold, A. (2018): Climate Change and Story Telling: Narratives and Meaning in Environmental Communication. Palgrave: London. S. 71. Sie-

wusst solchen unsichtbaren Skripten, die so etwas wie eine verlässliche, in Maßen voraussehbare Handlungslogik offenbaren.

Die dritte Form der Plausibilität bezieht sich auf die Erfahrung im Alltag. Hier kommt es auf den Wiedererkennungswert von Handlungsmustern oder Erklärungen an.[12] Wenn beispielsweise in einem Roman eine bis dahin als besonders schüchtern beschriebene Person in einer Versammlung eine mitreißende Rede hält, dann ist dies zwar formal konsistent, aber höchst unplausibel im Sinne der eigenen Alltagserfahrung.

Was für Romane und andere fiktive Formen der Darstellung gilt, lässt sich auch in Grenzen auf wissenschaftliche Aussagen übertragen. Während die formale Konsistenz bei wissenschaftlichen Aussagen in der Regel durch andere fachlich versierte Personen überprüft werden kann, sind die narrative Stimmigkeit und die Nachvollziehbarkeit durch Alltagserfahrung durchaus problematische Gradmesser zur Beurteilung der Güte einer wissenschaftlichen Aussage und damit auch ihrer Glaubwürdigkeit.[13] Gerade bei komplexen und stochastischen Aussagen ist das Alltagswissen um plausible Zusammenhänge ein schlechter Ratgeber.

Leide ich etwa unter Kopfschmerzen, so frage ich mich, was ich gestern in meinem Umfeld erlebt habe, das diese Kopfschmerzen hätte auslösen können. Weiter zurückliegende oder weit entfernte Ereignisse werde ich dagegen kaum als mögliche Auslöser in Betracht ziehen. Ein kausaler Zusammenhang erscheint uns immer dann plausibel, wenn wir von einer örtlichen oder zeitlichen Nähe zwischen Auslöser und Wirkung ausgehen können.[14] Nicht umsonst spricht man in der Umgangssprache von „weit hergeholt", wenn man die Kausalität einer Ursache-Wirkungsbeziehung infrage stellt.

he auch: Jones, M. D. und McBeth, M. K. (2010): A Narrative Policy Framework: Clear Enough to be Wrong? The Policy Studies Journal, 38(2):329–353.

12 Vor allem geht es um die Wiedererkennung von dem, was als normal und erwartbar gilt. Siehe: Nahari, G., Glicksohn, J. und Nachson, I. (2010): Credibility Judgments of Narratives: Language, Plausibility, and Absorption. American Journal of Psychology, 123(3):319–335. Dazu gehlört aber auch eine Prise Überraschung. "(...) plausibility has always been determined in a dialectical fashion, both by our anticipation of narrative closure and completion and by literature's capacity to surprise us and to disrupt that closure (...)" Aus: McClanahan, A. (2009): Future's Shock: Plausibility, Preemption, and The Fiction of 9/11. Symploke, 17(1-2):41–62, hier S. 59.

13 Siehe die Kombination von mathematischer Logik und narrativer Stimmigkeit in: Ramírez, R. und Selin, C. (2014): Plausibility and Probability in Scenario Planning. In: Foresight, 16 (1): 54–74.

14 Die Bindung der Kausalität an zeitliche und örtliche Nähe ist von allem von David Hume postuliert worden und hat sich im intuitiven Verständnis von Kausalität durchgesetzt. Siehe: Hume, D. (1993): Eine Untersuchung über den menschlichen Verstand. (Übersetzt von Raoul Richter, hrsg. von Jens Kulenkampff). 12. Auflage. Meiner: Hamburg 1993, S. 93ff.

Nun ist es aber gerade das Kennzeichen komplexer Wirkungszusammenhänge, dass weit entfernte und zeitlich oft mit großem Abstand auftretende Ereignisse die zu erklärenden Zusammenhänge treffender erfassen als eher naheliegende Erklärungen aus dem eigenen Umfeld. Die Aussage der besagten Teilnehmerin an der Podiumsdiskussion macht dies sehr deutlich: In der Tat ist es intuitiv schwer nachzuvollziehen, dass eine Autofahrt in Württemberg zu Überschwemmungen in dem mehr als 6.000 km entfernten Bangladesch führen könnte. Das erscheint „weit hergeholt". Selbst wenn man den Wissenschaftlern vertraut, dass sie diese Zusammenhänge richtig und wahrheitsgemäß erfasst und beschrieben haben, bleibt ein mulmiges Gefühl der Unstimmigkeit. Man muss es wohl glauben, aber so richtig glauben kann man es dann trotzdem nicht. Es bleibt der Zweifel. Unsere Intuition hat noch nicht den Anschluss an die linguistische, komplexe und stochastische Wende in der Wissenschaft gefunden. Das macht es besonders schwer, den neueren Aussagen der Wissenschaft zu vertrauen und deren Wahrheitsgehalt anzuerkennen.

Es sind im Wesentlichen drei Mechanismen, die Plausibilität bei den Empfängern von Informationen bewirken: a) der Grad, zu denen die Information einfache und nicht komplexe Erklärungen bietet; b) die Bezugnahme auf mehrere Quellen, die aus der Perspektive des Individuums glaubwürdig sind, und c) die Vermeidung von hypothetischen oder vagen Argumentationssträngen.[15] Um dieses Spannungsverhältnis zwischen wissenschaftlichen Aussagen und intuitiven Einstufungen der dort enthaltenen Informationen nach Plausibilität noch etwas näher zu beleuchten, werde ich in den nächsten Unterkapiteln die gängigen Prozesse bei der Aufnahme, Bewertung und Interpretation von Informationen beschreiben. Die Frage lautet: Wie nehmen die meisten Menschen Informationen auf, verarbeiten diese und ziehen daraus Rückschlüsse für sich und ihr Leben?

15 Aus: Connell, L. und Keane, M.T. (2006): A Model of Plausibility. Cognitive Science, 30:95–120, hier S. 99.

## Prozesse der Informationsaufnahme und -verarbeitung

Der Prozess der Aufnahme von Informationen über die uns umgebende Realität beginnt mit der Aufnahme von physischen Signalen durch unsere Sinnesorgane oder von Kommunikationsangeboten durch andere. Diese Angebote an direkten Sinneseindrücken und kommunikativen Informationen trommeln täglich in nahezu unendlicher Zahl und Form auf unsere Sinnesorgane ein. Obgleich es keine verlässlichen Zahlen dafür gibt, wie viele Informationen tagtäglich auf uns einprasseln und wie viele wir davon unbewusst oder bewusst aufnehmen, so kann man doch davon ausgehen, dass mehr als 99 % aller Signale, denen wir im Verlauf eines Tages ausgesetzt sind, schlichtweg ignoriert werden.[16] Davon wird lediglich ein Bruchteil in unserem Kurzzeitgedächtnis abgespeichert, und davon wiederum nur ein Bruchteil langfristig behalten.[17]

Aus der Einsicht heraus, dass Menschen die meisten Sinneseindrücke ignorieren und die Überzahl der Kommunikationsangebote bewusst oder unbewusst ausschlagen, ergibt sich die naheliegende Frage, wie Menschen die Signale auswählen, denen sie Beachtung schenken. Die beiden Sozialpsychologinnen Alice Eagly und Shelly Chaiken haben diese Frage auf zwei einfache Aspekte reduziert: Gelegenheit (ability) und Motivation (motivation).[18] Zunächst einmal müssen uns diese Signale physisch erreichen und zwar so, dass wir in ihnen eine Bedeutung zuschreiben (können). Eine bloße Geräuschkulisse wird in der Regel zu keiner Zuschreibung von Bedeutungen führen. Gelegenheit bedeutet also: Die Signale erreichen uns physisch, werden zumindest kurzfristig in unserem Gehirn gespeichert und im Falle der bewussten Aufnahme mit einer bestimmten Bedeutung versehen.

Nach welchen Selektionsregeln wählen wir aber die Inhalte aus? Hier spielt der zweite Aspekt, die Motivation, eine große Rolle. Die Antwort ist

16 Lefrancois, G. R. (1994): Psychologie des Lernens. Springer: Berlin und Heidelberg, S. 160ff. Zu den Formen der selektiven Wahrnehmung und ihrer Bestimmungsgrößen vgl. den Überblicksartikel in: Driver, J. (2001): A Selective Review of Selective Attention Research from the Past Century. In: British Journal of Psychology, 92: 53–78.

17 Geuter, U. (2005): Erinnern und Vergessen. In: R. Oehler; V. Bernius, und K.-H. Wellmann (Hrsg.): Was kann Psychologie? Wer wir sind und was wir sein können. Beltz: Weinheim und Basel, S. 48–55.

18 Eagly, A. H. und Chaiken, S. (1984): Cognitive Theories of Persuasion. In: Advances in Experimental Social Psychology, 17: 268-359. Später wurde zu diesen beiden noch der Begriff Opportunity hinzugefügt (siehe den MOA Ansatz in: Andrews, J. C. (1988): Motivation, Ability, and Opportunity to Process Information: Conceptual and Experimental Manipulation Issues. In: NA – Advances in Consumer Research 15: 219–225). Meines Erachtens ist opportunity aber schon im Begriff ability ausgedrückt. So habe ich den Begriff ability auch oben übersetzt.

zunächst verblüffend einfach: Wir selektieren und speichern die Angebote an Informationen und Sinneseindrücken danach, wie wichtig sie uns für die gerade ablaufende Situation und für unser Leben insgesamt erscheinen. Wichtig ist vor allem das, was uns hilft, uns in unserer Umwelt zurecht zu finden und aus unserer Sicht bessere Entscheidungen zu treffen. Trotz des unbestreitbar subjektiven Charakters der Zuschreibung von Wichtigkeit lassen sich vier generelle Kriterien für diesen Auswahlprozess angeben:[19]

a) Orientierung: Um uns in der Welt zurechtzufinden, brauchen wir Informationen über die uns umgebende Wirklichkeit und Einsichten in sinngebende Ablaufprozesse, welche die Vergangenheit, Gegenwart und Zukunft miteinander verknüpfen. Wir müssen wissen, was wir von den anderen zu erwarten haben und was die anderen von uns erwarten. Damit erwerben wir Wissen, das uns mit unserer natürlichen und sozialen Umwelt und ihren Gesetzmäßigkeiten vertraut macht. Wir wollen Gewissheit über das, was wir als neue Eindrücke und Einsichten erfahren können.

b) *Selbstwirksamkeit:* Wir benötigen Informationen, die uns helfen, Handlungen auszuführen. Darunter fallen: Optionen erkennen, Folgen von Optionen abschätzen, Wünschbarkeit dieser Folgen bestimmen und den eigenen Handlungsspielraum erkennen.

c) *Nutzen (Risiko, Schaden):* Bei allen Informationen ist uns wichtig zu erfahren, ob sie uns selber oder anderen, die uns nahestehen, etwas nützen oder von Schaden bewahren. Sie müssen also unseren Interessen dienen. Wir hören eher hin, wenn jemand behauptet, diese Information wäre für unser Wohlergehen nützlich, als wenn jemand uns über eine Sachlage aufklären will. Ohne Informationen über den Nutzen bzw. die Risiken, die mit einer Handlungsoption verbunden sind, können wir auch schwer die Wünschbarkeit der vor uns liegenden Entscheidungsoptionen beurteilen.

d) *Identität:* Schließlich sind solche Informationen bedeutsam, die uns helfen, unsere eigene Rolle im sozialen Umfeld zu definieren und uns als ganzheitliches, integrales Wesen zu begreifen. Dazu gehören moralische

---

19 Eine ähnliche Zusammenstellung, wie ich sie oben vorgenommen habe, findet sich bei: Fiske, S.F. (2010): Social Beings. Core Motives in Social Psychology. 2. Auflage. John Wiley: New York, S. 89ff. Susan Fiske benennt die folgenden Grundmotive: Understanding (entspricht meiner Orientierung), Controlling (kommt dem Konzept der Selbstwirksamkeit nahe) und Self-Enhancing (Identitätsentfaltung). Seltsamerweise kommt bei ihr der Nutzen nicht vor, der zweifellos ein wichtiges Motiv darstellt.

Orientierungen ebenso wie persönliche Präferenzen und Vorlieben, ästhetische Eindrücke oder emotionale Bindungen. Alles, was uns hilft, unsere eigene Persönlichkeit stärker zur Entfaltung zu bringen, wird in der Regel die Selektionsfilter der Aufmerksamkeit durchlaufen.

Um Orientierungssicherheit zu erhalten, sammeln wir zunächst einmal Informationen ein, die uns durch unsere Sinnesorgane vermittelt werden. Allerdings dürfen wir dabei nicht vergessen, dass diese Organe nichts Anderes als physische Signale weiterleiten, die wir dann erst mit Bedeutungen belegen. Darauf hatte ich schon im ersten Teil hingewiesen. Da alle sinnlichen Wahrnehmungen auf Interpretation beruhen, können sie nicht von sich aus wahr oder falsch sein. Erst durch unser Handeln, durch gezielte Interventionen in unsere Umgebung und durch das Erkunden der Welt gemeinsam mit anderen werden aus einzelnen Deutungsmustern die kollektiv konstruierte und vermittelte Realität.[20]

Bei den traditionellen Gefährdungen aus der vorindustriellen Zeit war dieser Prozess vor allem durch Erfahrungslernen geprägt. Hatte man mehrfach von einem Lebensmittel Magenkrämpfe bekommen, dann ließ man es in Zukunft lieber links liegen. Bei Unfällen war offenkundig, welche Ursache für das Missgeschick verantwortlich war, und bei Krankheiten und Epidemien lag die Ursache außerhalb der eigenen Handlungssphäre und konnte damit nur metaphysisch oder als Laune der Natur gedeutet werden.[21] Mit der Zunahme komplexer Modelle zur Ableitung naturwissenschaftlicher Erkenntnisse, mit der Abnahme der Gefährdungen, die offensichtlich und eindeutig klaren Auslösern zugeordnet werden konnten, und mit der Zunahme der örtlichen und zeitlichen Distanz zwischen den auslösenden Ereignissen und den erlebten Folgen ist die Unmittelbarkeit der Wahrnehmung von Ursachen und Wirkungen verloren gegangen.

---

20 Vgl. zur Rolle der Interventionen: Janich, P. (2012): Das Bild des Menschen in den Wissenschaften. In: P. Janich und R. Oerten (Hrsg.): Der Mensch zwischen Natur und Kultur. Philosophie und Psychologie im Dialog. Vandenhoeck und Ruprecht: Göttingen, S. 9–30, hier S. 13. Zur kollektiven Form der Sinnvermittlung: Berger, P. L. und Luckmann, T. (2012): Die gesellschaftliche Konstruktion der Wirklichkeit. 24. Auflage. Fischer: Frankfurt am Main, S. 144.

21 Wiedemann, P. M. (1993): Tabu, Sünde, Risiko: Veränderungen der gesellschaftlichen Wahrnehmung von Gefährdungen. In: Bayerische Rückversicherung (Hrsg.): Risiko ist ein Konstrukt. Kneesebeck: Hamburg, S. 43–67.

## Die Faustregeln der mentalen Orientierung

Die Angewiesenheit auf Informationen von Experten, deren Gültigkeit und Wahrheit wir selber nicht nachprüfen können, führt zu einer Reihe von psychologischen Mechanismen der Orientierungssuche. Psychologen haben diese eingehend untersucht. Fünf sind für das Thema Wahrnehmung von Informationen besonders aufschlussreich: die Faustregeln der *Verfügbarkeit*, der *Gedankenanker*, der *Repräsentativität*, der *Bestätigung* und der *affektiven (emotionalen) Aufladung*.[22]

Die Faustregel der *Verfügbarkeit* sagt aus, dass wir den Informationen vermehrt Glauben schenken, die direkt an gespeicherte Erinnerungen aus der Vergangenheit anknüpfen und die analog sind zu Informationen, an die wir schon immer glaubten. Nehmen wir das Thema: Lebensmittel. Die Faustregel der Verfügbarkeit würde nahelegen, dass wir uns eher an einen Fall von Verunreinigungen durch Pestizidrückstände oder Pflanzenschutzmittel wie Glyphosat erinnern, als an einen Fall, in dem jemand durch verschimmelte Marmelade Gesundheitsprobleme erfahren hat. Oft reicht nur ein einziger Fall aus, wenn er medienwirksam präsentiert wird, um die Angst der Menschen auf diesen Fall zu lenken. Diese Form der Konzentration auf Einzelfolgen kann man sehr gut bei Kriminalität und bei Terrorismus beobachten. Auch wenn in Deutschland durch Mord und Totschlag in den letzten zehn Jahren nur relativ wenige Todesopfer zu beklagen waren, so ist doch jeder Bericht über einen Mord Anlass für eine neue Welle öffentlicher Besorgnis und für bestimmte politische Kreise auch eine Chance, wieder mal schärfere Überwachungsmaßnahmen oder die Einführung der Todesstrafe zu fordern. Dabei gerät die statistische Verteilung der Fälle vor allem im Vergleich zu anderen Bedrohungen ins Hintertreffen. Dagegen weiß kaum jemand, dass in Deutschland pro Jahr mehr als 10.000 Patienten und Patientinnen in Krankenhäusern an mangelnder Hygiene sterben.[23]

Die Faustregel der *Gedankenanker* besagt, dass Menschen zur Bewertung von neuen Informationen oder zur Bewältigung von Aufgaben vor allem As-

---

22 Eine ausführliche Beschreibung der Faustregeln findet sich in Renn, O. (2014), a.a.O., S. 178ff sowie Breakwell, G.M. (2014): The Psychology of Risk. 2. Auflage. Cambridge University Press: Cambridge, S. 86ff. Im Rahmen von postfaktischer Gesellschaft siehe: McIntyre, L (2018): Post-Truth. MIT-Press: Cambridge, S. 43ff.

23 http://www.fr.de/wissen/gesundheit/tod-bringende-keime-keine-zeit-fuer-hygiene-in-krankenhaeusern-a-885878 (abgerufen am 13.8.2018).

soziationsketten verwenden, die sich schon in der Vergangenheit bewährt haben. Wenn ich weiß, dass mein Großvater trotz Tabakkonsum und Übergewicht 95 Jahre alt geworden ist, dann können mich alle statistischen Daten über die Lebensrisiken durch Rauchen und Übergewicht wenig beeindrucken. Persönliche Erlebnisse werden dann immer höher gewichtet als abstrakte statistische Verteilungen. Gerade bei unsicherem Wissen verlasse ich mich gerne auf solche Gedankenanker. Mit einem dunklen schwarzen Bart mag jemand beispielweise islamistische Gesinnung gedanklich verbinden und alle Männer mit dunklen Bärten als potenzielle Terroristen ausmachen.

Gedankenanker spielen in unserer Wahrnehmung eine wichtige Rolle.[24] Sie weisen darauf hin, dass wir bei den meisten Informationen, die wir von anderen erhalten, einen inneren Referenzwert besitzen, nach dem wir diese Informationen beurteilen. Ein Beispiel: Eine Konzentration von 1.000 mg pro Kubikmeter erscheint uns auf den ersten Blick sehr hoch, während die faktisch gleiche Angabe von 1 g oder sogar 0,001 kg pro Kubikmeter als sehr gering erscheint. Auch die Angaben über erhöhte Prozentwerte können leicht dazu führen, dass jemand aufgrund der Faustregel des Gedankenankers bestimmte Aussagen als wesentlich kritischer bzw. unkritischer wahrnimmt, als es der wirklichen Belastung entspricht.

Mit Hilfe von Gedankenankern kann man Wirkungen recht effektiv manipulieren. Will man beispielsweise bei einer Sammlung für einen guten Zweck möglichst hohe Spenden einsammeln, dann ist es ratsam, auf dem Antwortbogen für die Einzahlungen schon Standardvorgaben einzubauen.[25] Wenn man dann die Standardvorgaben 10, 100, 500, 1.000, 5.000 und 10.000 € vorgibt, wird sich jeder schäbig vorkommen, wenn er nur 10 € oder 50 € spendet. Würde man dagegen eine offene Skala vorgegeben, beginnend mit einem Euro, aber gerne auch mehr, würden die meisten eine Spende von 50 € schon als sehr großzügig empfinden. Populisten und Demagogen machen sich diesen Effekt häufig zu Nutze. Sie zählen beispielsweise auf, dass sich die Zahl der schweren Straftaten durch Flüchtlinge von 2015 auf 2016 um mehr als 50 % erhöht habe. Das klingt nach sehr viel! Wenn man aber weiß, dass im

24 Vgl. Kahneman, D. (2011): Thinking, Fast and Slow. Penguin Books: New York, S. 119–128. Dieses Buch des Nobelpreisträgers ist auch auf Deutsch erschienen. Kahneman, D. (2012): Schnelles und langsames Denken. Siedler: München.

25 Dieses Beispiel verdanke ich dem Buch von Thaler, R.H. und Sunstein, C.R. (2012): Nudge. Wie man kluge Entscheidungen anstößt. 2. Auflage. Ullstein: Berlin, hier vor allem S. 41.

Verlauf der Jahre 2015 und 2016 mehr als 1 Million neue Zuwanderer in Deutschland eingetroffen sind, ist eine 50-prozentige Erhöhung sogar weniger, als man statistisch erwarten würde. Dazu mehr in Teil III.

Die Faustregel der *Repräsentativität* umfasst alle gedanklichen Prozesse, aus Einzelbeobachtungen Schlüsse auf die Gesamtheit zu ziehen. Sind wir mit Informationen oder Beobachtungen konfrontiert, die verallgemeinerungsfähige Schlüsse nahelegen, dann nehmen wir es mit der Fallzahl nicht so genau. Wenn beispielsweise Herr Meyer zu Frau Müller flüstert, Frau Schmitz sei heimlich ihrem Gatten fremdgegangen, und Frau Müller erzählt dies, natürlich nur hinter vorgehaltener Hand weiter, an Herrn Faller und Frau Klose, dann gibt es schon drei Personen, die von dieser weltbewegenden Nachricht in Kenntnis gesetzt wurden. Wenn nun Herr Faller und Frau Klose unabhängig voneinander diese Botschaft an Herrn Renn weitergeben, so glaubt dieser natürlich, dass an dieser Nachricht etwas Wahres dran sein muss, da sie ja von zwei unabhängigen Quellen bestätigt worden ist. Dass beide Quellen wiederum auf die gleiche Ursprungsquelle zurückzuführen sind, ist ihm natürlich nicht bewusst. Auf diese Weise erlangen Behauptungen große Beweiskraft, obwohl die Unabhängigkeit der Quellen nur scheinbar vorliegt.[26] Solche Mechanismen der angeblichen Bestätigung durch mehrere Quellen finden wir auch im Journalismus und in der Politik, dann aber mit oft verheerenden Folgen. Vor allem bei Fake News wird die weite Verbreitung in unterschiedlichen Kanälen oft als Beleg für ihren Wahrheitsgehalt fehlgedeutet (Wiederholungseffekt).[27] Dabei schreiben die jeweiligen Portale nur alle von der gleichen (unseriösen) Quelle ab.

Die Faustregel der *Repräsentativität* ist dafür verantwortlich, dass wir häufig statistische Zahlen ignorieren und lieber auf Erfahrungswerte vertrauen, selbst wenn sie im Sinne der Statistik keineswegs repräsentativ sind.[28] Vor allem aber hat sie Auswirkungen auf die vermutete Kausalität. Wenn jemand direkt nach dem Verzehr von gespritzten Äpfeln Bauchschmerzen verspürt, wird er dies den Spritzmitteln anlasten. Dass dieselbe Person vorher fettes Fleisch und Unmengen von Kartoffelknödel zu sich genommen

26 Sunstein, C. (2002): Risk and Reason. Cambridge University Press: Cambridge, USA, S. 37. Vgl. dazu den klassischen Aufsatz: Kahneman, D. und Tversky, A. (1972): Subjective Probability: A Judgment of Representativeness. In: Cognitive Psychology, 2, S. 430–454.

27 McIntyre (2018), a. a. O., S. 44

28 Sunstein, C. (2002): Risk and Reason. Cambridge University Press: Cambridge, USA, S. 37.

hat, hat in diesem Fall keine Bedeutung. Der Bestsellerautor Hans Rosling hat in seinem Buch „Factfulness“ viele Beispiele gesammelt, wie wir aus unvollständigen oder emotional geladenen Informationen Verallgemeinerungen ableiten, die keinem statistischen Test standhalten.[29] So entstehen auch schnell Vorurteile oder rassistische Abwertungen, weil von einzelnen negativen Erlebnissen (die man oft nicht mal selbst erlebt, sondern nur aus Mitteilungen anderer übernommen hat) auf eine ganze Gruppe oder Population rückgefolgert wird. Ärgert man sich über die echte oder vermeintliche Dreistigkeit eines türkischen Gemüsehändlers, dann ist schnell das Urteil gefällt, dass alle Türken Gauner und Trickser seien.

Eine besonders wirksame Faustregel in Bezug auf die Bewertung von Wahrheitsansprüchen ist die Neigung, solche Aussagen als bestätigt anzusehen, die man aufgrund vorheriger Einstellungen oder Positionen als wünschenswert oder besonders einstellungsgetreu wahrnimmt.[30] Wir alle lieben unsere eigenen Überzeugungen und geben den Informationen mehr Glauben, die das bestätigen, was wir immer schon gedacht haben oder was wir uns wünschen, was wahr sein sollte. Menschen schenken eher solchen Informationen Glauben, die Inhalte ansprechen, die sie sich wünschen („Ich habe gleich gewusst, dass Kandidat A die bessere Politik macht.“) oder die sie vorhergesagt haben („Siehst Du, ich hatte doch recht!“). Eine experimentelle Bestätigung dieses Effekts stammt von den beiden US Forschern: Brendan Nyhen und Jason Reifler. Sie konnten nachweisen, dass vor allem konservative Wähler und Wählerinnen in den USA auch dann felsenfest an einstellungsgetreuen Informationen festhalten, wenn ihnen nachgewiesen wurde, dass die faktischen Grundlagen für diese Behauptungen nicht stimmen.[31] Die Wahrheit wird so lange verbogen, bis sie sich mit dem deckt, was wir gerne als wahr ansehen würden.

Die letzte Faustregel bezieht sich auf die *affektive Aufladung*.[32] Damit ist die emotionale Gerichtetheit einer Entscheidung angesprochen. Wenn

---

29 Rosling, H. (gemeinsam mit A. Rosling und O. Rosling) (2018): Factfulness. Wie wir lernen die Welt so zu sehen, wie sie wirklich ist. Ullstein: Berlin, S. 195ff.

30 Der sog. Confirmation Bias ist im Überblick gut beschrieben in: McIntyre (2018), a. a. O., S. 45ff.

31 Nyhan. B. und Reifler, J. (2010): When Corrections Fail: The Persistence of Political Misperceptions. Political Behavior, 32 (2): 303–330.

32 Slovic, P.; Finucane, M. L.; Peters, E. und MacGregor, D. (2004): Risk as Analysis and Risk as Feelings: Some Thoughts about Affect, Reason, Risk and Rationality. In: Risk Analysis, 24, 311–322. Einen guten Überblick findet man in: Breakwell. G. M. (2014): The Psychology of Risk. 2. Auflage. Cambridge University Press: Cambridge, UK, S. 109ff.

ich mit einem Lebensmittel positive Assoziationen verbinde (etwa Heimatgefühle bei nicht homogenisierten Milch- und Käseprodukten), dann finde ich tausend „rationale" Gründe, warum die damit verbundenen Gesundheitsgefahren auf mich nicht zutreffen. Affekt bedeutet emotionale Wärme oder Kälte und kann alle „rationalen" Argumente überschatten. Nicht umsonst nutzen Populisten und Demagogen gerne affektiv hoch geladene Formulierungen wie „Die da oben" und „Wir da unten", appellieren gerne an gemeinsame Werte wie Anstand, Treue und Sicherheit und berufen sich auf den gesunden Menschenverstand. All das trifft eine stark verbreitete Grundstimmung von verunsicherten Menschen, die nach emotionalem Halt und klaren Verhältnissen suchen.

Tabelle 1: Faustregeln der intuitiven Wahrnehmung (Überblick)

| Faustregel | Wirkungsweise |
|---|---|
| **Verfügbarkeit** | Eine Information wird überbewertet oder die darin enthaltene Aussage als wichtiger oder wahrscheinlicher eingestuft, je eher der Inhalt dieser Information mental verfügbar ist, d.h. bereits früher im Gedächtnis abgespeichert wurde. |
| **Gedankenanker** | Eine Information wird überbewertet oder die darin enthaltene Aussage als wichtiger oder wahrscheinlicher eingestuft, je mehr Anknüpfungspunkte an bereits im Gedächtnis verankerte Assoziationen mit dieser Information vorliegen. |
| **Repräsentationsschluss** | Informationen zu Häufigkeiten und Wahrscheinlichkeiten werden auch dann zu allgemeinen Schlussfolgerungen genutzt, wenn a) viel zu wenig Einzelfälle vorliegen, b) redundante Informationen als unabhängig voneinander gewertet werden sowie c) man von sich erwartet, dass man schnell und kompetent Schlüsse ziehen kann (ungerechtfertigte Sicherheit), und Informationen den schon eingenommenen Standpunkt verstärken (Status quo Erhalt). |
| **Bestätigungseffekt** | Eine Information wird um so eher als glaubwürdig und wahr eingestuft, je mehr sie bereits vorhandene Überzeugungen bestätigt oder als wünschenswert angesehen wird. |
| **Affekt-Heurismus** | Eine Information wird überbewertet oder die darin enthaltene Aussage als wichtiger oder wahrscheinlicher eingestuft, je mehr emotionale Anknüpfungspunkte mit dieser Information verbunden sind. |

**Quelle:** Modifizierte Darstellung nach Renn (2014)

Tabelle 1 vermittelt einen kurzen Überblick über die fünf wichtigen Faustregeln der intuitiven Wahrnehmung.[33] Faustregeln helfen uns, komplexe und widersprüchliche Informationen schnell und ohne größere innere Konflikte zu bearbeiten. Allerdings führen sie uns auch häufig genug in die Irre, weil sie komplexe Sachverhalte unsachgemäß vereinfachen und uns eine Sicherheit des eigenen Urteils vorgaukeln, die nach bestem Wissen aller Experten nicht gerechtfertigt ist.

## Nutzen, Selbstwirksamkeit und Identität

Die Steuerung durch diese Faustregeln bestimmt, wie wir Informationen aufnehmen und in sinnhafte Botschaften übersetzen. Implizit sind sie aber auch schon mit der subjektiven Bewertung der Botschaft verbunden. Was wir als nützlich und was als angenehm oder erwünscht empfinden, ist schon durch die Wirkung der Faustregeln mit angesprochen. Nehmen wir zunächst den *Nutzen:* Botschaften, von denen ich mir einen direkten Nutzen verspreche, dienen häufig als *Gedankenanker* für die Suche nach weiteren Informationen.[34] Interesse moderiert also unsere Suche nach Orientierung. Wenn ich rauche, suche ich nach Informationen, die das Risiko als gering und beherrschbar erscheinen lassen, während ich als Nichtraucher Informationen bevorzuge, die mir die Gewissheit vermitteln, dass ich mit diesem Verhalten ein hohes Gesundheits- und Lebensrisiko vermieden habe. Für alle Risiken, die mir von außen vorgegeben werden, bevorzuge ich das Motto „Better Safe than Sorry" (lieber auf der sicheren Seite sein!), während ich für die Risiken, die ich für mich selber gewählt habe, lieber das Motto wähle: Es trifft nur die anderen!

Die Faustregel der *Repräsentativität* steht wiederum in engem Zusammenhang mit dem Wunsch nach *Selbstwirksamkeit.* Um handeln zu können, muss ich relativ schnell Schlussfolgerungen ziehen, die ich aus anderen Situationen, die ich als ähnlich oder analog ansehe, gewonnen habe. Wenn ich jedes Mal an der Übertragbarkeit solcher Erfahrungen mit ähnlich gelagerten Situationen (Analogieschlüsse) zweifele und die Verallge-

33 Siehe hierzu auch Renn, O. (2014): Das Risikoparadox. Warum wir uns vor dem Falschen fürchten. Frankfurt a. M.: S. Fischer Verlag.

34 Brafman, O. und Brafman, R. (2008): Sway. The Irresistible Pull of Irrational Behavior. Crown: New York, S. 39.

meinerungsfähigkeit einzelner Erlebnisse und Kommunikationsangebote infrage stelle, bin ich entscheidungsunfähig. Von daher ist die Nutzung von Faustregeln bei der Bewältigung von Alltagsproblemen unumgänglich. Der Psychologe Gerd Gigerenzer weist zu Recht darauf hin, dass sich diese Faustregeln in der Evolution bewährt und bei vielen Alltagssituationen aber auch bei schwierigen Entscheidungssituationen, in denen hohe Unsicherheit herrscht, den komplizierten Modellen von Experten oft überlegen sind.[35] Aus meiner Sicht führen uns diese Faustregeln aber dann in die falsche Richtung, wenn sie für die Erfassung und Lösung *komplexer* Probleme angewandt werden.[36] Denn dafür sind diese Faustregeln gerade nicht geschaffen. Es geht bei ihnen um Schnelligkeit und eine rasche, eindeutige Entscheidungsfähigkeit. Im Konflikt zwischen Komplexität und Handlungsfähigkeit steht bei den Faustregeln die Handlungsfähigkeit im Vordergrund. Wenn wir beispielsweise lesen, dass es im Gemüse einen neuen Erreger gibt, durch den schon viele Menschen erkrankt sind, dann ist es naheliegend, auf Gemüse bei den eigenen Mahlzeiten zu verzichten. Es mag aber sein, dass die Lebensmittel, mit denen wir das Gemüse ersetzen, wesentlich höhere Lebensrisiken bergen als das möglicherweise nur leicht kontaminierte Gemüse. Das Risiko unausgewogener Ernährung ist wesentlich kritischer einzustufen als die relativ unwahrscheinliche Gefahr einer Ansteckung durch das verunreinigte Gemüse.

Die Faustregeln der *Bestätigung und des Affekts* sind wiederum im engen Zusammenhang mit der Ausbildung von *Identität* zu sehen.[37] Damit wir eine für uns einzigartige Identität entwickeln können, sind emotionale Assoziationen zu bestimmten Deutungsmustern und persönliche Präferenzen für das, was wir mögen, und das, was wir weniger mögen, unerlässlich. Sie definieren uns als Wesen mit unverkennbaren Vorlieben, Neigungen und affektiv geladenen Überzeugungen. Die Entwicklung dieser persönlichen Note, also die Herausbildung einer eigenen, unverkennbaren Duftmarke, ist das Ergebnis von vorgegebenen genetischen Anlagen sowie des Hineinwachsens in die uns umgebende Gesellschaft und Kultur (Sozialisation). Ob-

35 Gigerenzer, G. (2008): Bauchentscheidungen. Die Intelligenz des Unbewussten und die Macht der Intuition. Goldmann: München, S. 64ff.

36 Siehe dazu ausführlich: Kahneman, D. (2011): Thinking Fast and Slow. Penguin: London und New York, S. 50ff. und Silver, N. (2012): The Signal and The Noise. Penguin: New York, S. 142ff.

37 Kahneman (2011), a. a. O., S. 103ff.

wohl sich unser Selbstbild im Zeitverlauf wandelt und viele verschiedene Rollenmuster in sich vereint, haben wir dennoch das Gefühl der Kontinuität unseres eigenen Ichs, das wir pflegen und kultivieren. Dies führt dazu, dass wir bei der Auswahl von Informationen nur solche Signale auswählen, die unser Selbstwertgefühl als Individuum stärken und unser Selbstbild unterstützen.[38] Dabei geht es aber nicht nur um die eigene Identität, sondern auch um die soziale Anerkennung durch andere.

## Wahrnehmung als sozialer Prozess

Und damit sind wir schon bei einem weiteren zentralen Mechanismus, der für die Wahrnehmung und Bewertung von Informationen eine besondere Bedeutung hat, nämlich dem Einfluss von sozialen Bindungen. Als Gemeinschaftswesen ist der Mensch auf Beziehungen zu anderen Menschen angewiesen.[39] Das gilt nicht nur für die lebenslangen Lernphasen, in denen wir von anderen Menschen Wissen übernehmen und es auf unsere eigene Lebensführung anwenden. Es gilt auch für unser eigenes Selbstwertgefühl, dass wir von anderen geachtet, respektiert und geliebt werden. Soziale Anerkennung ist eine der wichtigsten Triebfedern für unsere Handlungen.[40] Insofern ist es für die meisten von uns auch besonders bedeutsam, nicht unangenehm aufzufallen und bis auf wenige Ausnahmen „im Strom" mit zu schwimmen. Auch die Rebellen und Nonkonformisten leben in der Regel nur in einzelnen Bereichen der Lebensführung abweichend von der Norm und suchen nach Bestätigung und Anerkennung in anderen Lebensbereichen. Oder sie haben Geborgenheit in einer Subkultur abweichenden Verhaltens gefunden, in der sie im Kleinen das wiederfinden, was sie in der großen Gesellschaft vermisst haben.[41]

38 Crocker, J. und Park, L. E. (2003): Seeking Self-Esteem: Construction, Maitenance and Protection of Self-Worth. In: M. R. Leary und J. P. Tangney (Hrsg.): Handbook of Self and Identitiy. Guilford Press: New York, S. 291–313.

39 Klassisch dazu: Homans, G. C. A. (1974): Social Behavior. Revised Edition. Harcourt-Brace: New York.

40 Vgl. dazu die grundlegenden Ausführungen bei Honneth, A. (2010): Das Ich im Wir. Studien zur Anerkennungstheorie. Suhrkamp: Frankfurt am Main, hier vor allem S. 261ff. Ebenfalls lesenswert: Honneth, A. (2003): Kampf um Anerkennung. Zur moralischen Grammatik sozialer Konflikte. Suhrkamp: Frankfurt am Main.

41 Lamnek, S. (2007): Theorien abweichenden Verhaltens. Band 1: Klassische Theorien. 8. Auflage. Fink, UTB Taschenbuch: München, hier vor allem, S. 152ff.

Wie stark der Konformitätsdruck durch andere wirken kann, lässt sich an einem einfachen Experiment aufzeigen.[42] Dieses Experiment führe ich gerne in meiner Vorlesung „Risikowahrnehmung“ durch. Während einer Vorlesung, bei der das Thema „optische Täuschung“ behandelt wird, schicke ich einen der Studierenden mitten in der Stunde zum Hausmeister, um neue Kreide zu holen oder etwas Anderes zu besorgen, das für den Studierenden plausibel erscheint. In der Zeit, in der der Student oder die Studentin den Vorlesungsraum verlassen hat, male ich einige Striche an die Tafel, die offenkundig unterschiedlich groß sind. Bild 4 gibt dieses Tafelbild als Schemazeichnung wieder.

**Bild 4: Tafelbild für das Konformitätsexperiment nach Salomon Ash: Der letzte Strich ist eindeutiger länger als die anderen**

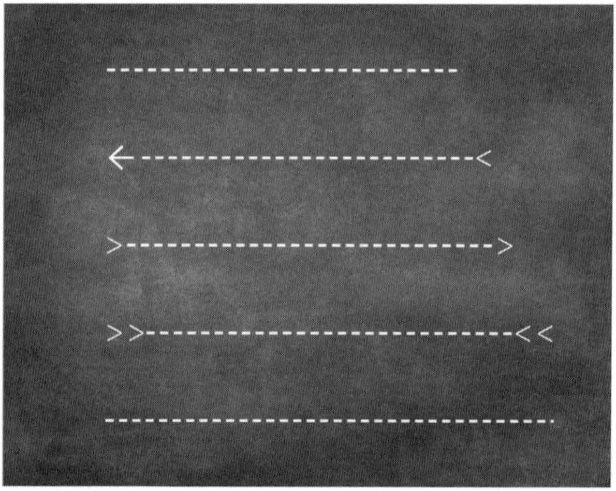

**Quelle:** modifiziert nach Renn 2014

42 Dieses Experiment wurde in ähnlicher Form entworfen und erstmals durchgeführt von: Asch, S. E. (1951): Effects of Group Pressure on the Modification and Distortion of Judgments. In: H. Guetzkow (Hrsg.): Groups, Leadership and Men. Carnegie Press: Pittsburgh, USA, S. 177–190. Siehe auch Rosling (2018), a. a. O., S. 26.

Wie man aus Bild 4 eindeutig erkennen kann, ist der erste Strich um einiges kürzer als der letzte Strich auf der Tafel. Dann bitte ich alle Studierenden auf meine Frage, welcher Strich der längere ist, schlichtweg die Verhältnisse zu verdrehen. Sie sollen den kürzeren als den längeren und den längeren als den kürzeren ausgeben. Sobald der Student mit der Kreide zurückkommt, wiederhole ich für ihn einige wichtige Anhaltspunkte für optische Täuschungen. Dann weise ich auf die Striche auf der Tafel hin und frage in die Vorlesungsrunde hinein, ob der erste Strich kürzer oder länger sei als der letzte Strich. Wie abgesprochen, bezeichnen alle Studierenden, die aufgezeigt haben, den kürzeren Strich als den längeren und umgekehrt. Zum Schluss nehme ich den Studierenden an die Reihe, der die Klasse verlassen musste, um die Kreide zu holen. In der Regel sieht man ihm den Stress im Gesicht an. Mit großer Verwunderung hat er die falschen Urteile aller anderen Studierenden vernommen. Gleichzeitig weiß er, dass es bei dieser Vorlesung um optische Täuschungen geht. Obwohl er genau sehen kann, dass die Striche unterschiedlich lang sind, gibt er nach einigem Zögern die gleiche Antwort wie die anderen Studierenden. Nach vielen Versuchen, die ich mit hunderten von Studierenden über die Jahre unternommen habe, sind es rund acht von zehn Studierenden, die sich der Mehrheitsmeinung unterwerfen, obwohl ihnen ihre Sinneswahrnehmung eindeutig das Gegenteil nahelegt. Interessanterweise fällt dieser Prozentsatz auf unter die Hälfte (drei von zehn), wenn nur einer von den anderen Studierenden die richtige Antwort gibt. Dann hat man zumindest einen Verbündeten, mit dem man gegen den Rest der Welt antreten kann.

Dieser Versuch ist ein guter Beleg dafür, dass wir bei Urteilen, bei denen wir uns selbst unsicher fühlen, auf die Urteile anderer Menschen, denen wir vertrauen, setzen. Dieses stellt einerseits eine durchaus erfolgversprechende Strategie dar, wenn man den Eindruck hat, dass die anderen mehr wissen als man selbst, und andererseits erfüllt es ein psychisches Bedürfnis, dazu zu gehören und nicht als Außenseiter zu gelten. Man möchte in der Mitte der Mitmenschen gut aufgehoben sein.

## Schlüsselwort: Kognitive Dissonanz

Als Sozialwesen haben wir den Wunsch, mit uns selbst und den anderen, denen wir nahestehen, im Einklang zu sein. Dieses Bestreben, bezeichnet man als Konsonanz. Erleben wir das Gegenteil, nämlich Dissonanz, streben wir danach, diese aufkommenden Widersprüche zwischen unseren eigenen Deutungen und den Deutungen anderer zu ignorieren, abzuwehren oder herunterzuspielen. In der Sozialpsychologie wird diese Neigung mit dem Begriff „Reduktion der kognitiven Dissonanz" belegt.[43]

Kognitive Dissonanz tritt dann auf, wenn wir mit Informationen oder Erfahrungen konfrontiert werden, die unsere bisherigen Überzeugungen infrage stellen. Statt diesen dissonanten Informationen auf den Grund zu gehen und uns nach bestem Wissen und Gewissen zu prüfen, welche der konkurrierenden Deutungsmuster möglicherweise eine bessere Erklärung für das, was uns noch erklärungsbedürftig erscheint, bieten könnten, sorgt die Reduktion der kognitiven Dissonanz dafür, dass wir diesen stressigen und aufwändigen Überprüfungsversuch erst gar nicht vornehmen. Stattdessen haben wir eine Reihe von Ausweichmanövern entwickelt, die es uns erleichtern, an unserer ursprünglichen Überzeugung festzuhalten (siehe Tabelle 2).[44]

Das erste Ausweichmanöver heißt schlichtweg ignorieren. Da wir ohnehin sehr viel mehr Informationen ausgesetzt sind, als wir physisch verarbeiten können, wir also gezwungen sind, aus der Unzahl der Informationen eine Auswahl treffen zu müssen, können wir uns auch gleich die Informationen herauspicken, die uns den Stress der kognitiven Dissonanz ersparen. Wir bevorzugen also die Informationen, die unsere Einstellungen und Überzeugungen verstärken. Informationstheoretisch ist dieses Verhalten wenig rational, weil wir dann redundante Informationen aufnehmen, aus denen wir nichts Neues mehr lernen können. Offenkundig ist es aber

43 Diese Theorie gehört zu den wirkmächtigsten in der Sozialpsychologie. Sie geht auf den Psychologen Leon Festinger zurück: Festinger, L. (1957): A Theory of Cognitive Dissonance. Stanford University Press: Stanford, USA. Vgl. auch: Beckmann, J. (1984): Kognitive Dissonanz – eine handlungstheoretische Perspektive. Springer: Berlin. Eine populärwissenschaftliche Beschreibung der Kognitiven Dissonanz findet sich in dem Buch: Tavris, C. und Aronson, E. (2010): Ich habe recht, auch wenn ich mich irre: Warum wir fragwürdige Überzeugungen, schlechte Entscheidungen und verletzendes Handeln rechtfertigen. Riemann Verlag: München 2010, hier S. 25ff.

44 Die Strategien der Abwehr, der Anpassung der Informationen an unsere Voreinstellungen (wir meinen ja eigentlich das gleiche), des Herunterspielens der Relevanz der Dissonanz und der Isolierung des Widerspruchs als Ausnahme von der Regel sind experimentell gut beschrieben in: Ahluwalia, R (2000): Psychological Processes Underlying Resistance to Persuasion. In: Journal of Consumer Research, 27: 217–232.

Tabelle 2: Ausgewählte Mechanismen der Reduktion von kognitiver Dissonanz

| Bezeichnung | Erklärung |
|---|---|
| Ignorieren | Unsere Selektions- und Aufmerksamkeitsfilter lassen erst gar keine Informationen passieren, die unsere vorgefassten Positionen und Einstellungen gefährden könnten. |
| Abwehr | Unsere Aufmerksamkeitsfilter lassen nicht zu, dass Informationen im Gedächtnis abgespeichert werden, die unsere vorgefassten Positionen und Einstellungen gefährden könnten. |
| Unterstützung | Wir suchen aktiv nach Informationen, die unsere vorgefassten Positionen und Einstellungen unterstützen und dafür Belege aufführen. |
| Relativierung der Glaubwürdigkeit | Die Quelle für dissonante Informationen wird entweder in ihrer Glaubwürdigkeit herabgestuft oder in ihrer Kompetenz für den Inhalt dieser Informationen infrage gestellt. |

**Quelle:** Modifizierte Darstellung nach Renn (2014)

für unsere Identität und für unser Selbstwertgefühl wichtiger, bestimmte Überzeugungen über lange Zeit durchzuhalten, selbst wenn sie einer objektiven Überprüfung nicht standhalten, als andauernd unsere Meinungen auf den Prüfstand zu stellen und selbstkritisch und voller Skepsis die eigenen Überzeugungen infrage zu stellen.[45]

Eng verbunden mit der selektiven Wahrnehmung ist das zweite Ausweichmanöver: Verleugnung oder Abwehr:[46] Was wir nicht wahrnehmen wollen, blenden wir einfach aus. Schon Kleinkinder haben die Angewohnheit, sich die Hand vor die Augen zu halten, wenn sie etwas Beängstigendes sehen. Dadurch wird die Gefahr nicht geringer (im Gegenteil), aber diese Abwehr hilft einem, Eindrücke auszuklammern, die das Gefühl von Unbehagen auslösen.

Das dritte Ausweichmanöver besteht darin, ganz bewusst nur nach solchen Informationen Ausschau zu halten, die eine unter Druck geratene

45 Diese Einsicht verdanken wir der Self-Affirmation Theorie. Siehe dazu: Steele, C. (1988): The Psychology of Self-Affirmation: Sustaining the Integrity of the Self. In: L. Berkowitz (Hrsg.): Advances in Experimental Social Psychology, Band 21. Academic Press: San Diego, USA, S. 181–227.

46 Lazarus, R. S. (1983): The Costs and Benefits of Denial. In: S. Breznitz (Hrsg.): The Denial of Stress. International Universities Press: Madison, USA, S. 1–36.

Überzeugung unterstützen.[47] Dieses Ausweichmanöver haben viele Leserinnen und Leser dieses Buches sicherlich alle schon selbst erlebt. Wenn Sie beispielsweise ein Fahrzeug gekauft haben, das in der Fachpresse keine gute Kritik bekommen hat, dann springen Ihnen beim Durchblättern einer Illustrierten (etwa beim Friseur) Anzeigen für dieses Fahrzeug direkt ins Auge, selbst wenn Sie Anzeigen im Normalfall beflissentlich überlesen. Meist sind Sie sogar motiviert, den Text der Anzeige Wort für Wort durchzulesen, um sich noch einmal rückzuversichern, dass Sie trotz allem die richtige Auswahl getroffen haben. Gleichfalls werden Sie plötzlich genau diese Fahrzeugmarke immer wieder im Straßenverkehr bemerken, obwohl Sie vor dem Kauf kein einziges Mal auf diesen Wagentyp geachtet hatten. Jetzt aber, wo Sie diesen Wagen selber fahren und unsicher sind, ob Sie die richtige Wahl getroffen haben, erfreut es Sie, dass offenkundig viele andere die gleiche Wahl getroffen haben. Sie wissen jetzt: Ich bin nicht der Einzige auf dieser Welt, der diesen Wagen erworben hat. Schließlich werden Sie versuchen, Bekannte und Freunde, die sich ebenfalls für dieses Auto entschieden haben, anzurufen und sie nach ihren Eindrücken zu befragen. Dies ist allerdings ein etwas riskantes Unterfangen, weil diese Personen möglicherweise schlechte Erfahrungen mit dem Wagen gemacht haben und das auch nicht für sich behalten wollen. Auch im politischen Verhalten kennen wir diesen Mechanismus der Rückversicherung. Hat jemand beispielsweise die AfD gewählt, neigt diese Person dazu, die Informationen besonders zu beachten, die Themen der AfD aufgreifen: zunehmende Kriminalität, Überfremdung, Auswüchse der Globalisierung.

Zu guter Letzt gibt es noch das vierte Ausweichmanöver: Herabstufung der Glaubwürdigkeit der Informanten.[48] Trifft man also auf einen Freund, der sich lautstark über das von Ihnen gerade gekaufte Auto beschwert oder sich kopfschüttelnd über Ihren Flirt mit der AfD aufregt, dann kann man immer noch die Ausrede benutzen, dass dieser Freund immer über alles nörgelt und er letztlich keine Ahnung habe, wovon er spricht. Diesen Mechanismus finden wir auch häufig bei Informationsquellen über Gesundheitsgefahren. Wenn ich von jemandem Informationen erhalte, dass eine meiner

47 McGuire, W. J. und Papaoeorois, D. (1961): The Relative Efficacy of Various Types of Prior Belief Defense in Producing Immunity Against Persuasion. In: Journal of Abnormal and Social Psychology, 62: 327–337.

48 Aronson, E.; Turner, J. und Carlsmith, J. M.; Merrill, C. J. (1963): Communicator Credibility and Communication Discrepancies as Determinants of Opinion Change. In: Journal of Abnormal and Social Psychology, 67: 31–36.

Gewohnheiten gesundheitsschädlich ist, schalte ich auf den Skepsis-Modus und frage gezielt danach, von welcher Quelle diese Information stammt. Dann werde ich besonders kritisch sein, was die Unabhängigkeit und Kompetenz dieser Quelle betrifft. Bestätigt sie dagegen eine meiner Gewohnheiten, dann werde ich alles tun, um mögliche Zweifel an der Glaubwürdigkeit der Quelle zu zerstreuen.

Wenn wir mit Informationen konfrontiert werden, die offenkundig unsere Vorstellungen und Vorlieben infrage stellen können, helfen uns die Mechanismen der kognitiven Dissonanzreduktion, diese inneren Konflikte aufzulösen und unser Selbstbild erneut zu stärken. Die aktive Suche nach Bestätigung für unsere liebgewonnenen Einstellungen und Vorlieben führt zu einer Reihe von wichtigen Konsequenzen, die unser Kernthema zum Verhältnis von Wissenschaft, Politik und Öffentlichkeit direkt berühren.

Zum Ersten wähle ich mir aus den tausenden von Informationen, die tagtäglich über wichtige gesellschaftliche Themen vermittelt werden, nur diejenigen aus, die meine bisher schon gefestigten Überzeugungen unterstützen.[49] Vorrangig suche ich also Informationsquellen auf und nehme deren Informationsangebote in Anspruch, von denen ich überzeugt bin, dass sie meine Überzeugungen teilen. Häufig fällt man dann auf eine der schon beschriebenen Fehldeutungen hinein, dass nämlich von einer Ursprungsquelle viele Duplikate in andere, scheinbar unabhängige Quellen eingesickert sind, die uns eine mehrfache Absicherung der Informationen suggerieren. In unserer Welt der Überflutung an Informationen und Kommunikationsangeboten findet man leider für jede noch so abwegige Vermutung über Ursache und Wirkungsbeziehungen irgendeine Bestätigung oder einen Beleg (vor allem im Internet). Da man bei komplexen Sachverhalten den Wahrheitsgehalt nicht selber nachprüfen kann, reicht es einem oft aus, dass es solche Nachweise irgendwo gibt, gleichgültig wie überzeugend sie im engeren wissenschaftlichen Sinne sein mögen.

Zum Zweiten neigen wir dazu, all diejenigen Informationsangebote, die nicht mit unserer Meinung übereinstimmen, als weniger glaubwürdig einzustufen, weil die Quellen angeblich nicht vertrauenswürdig sind. Auch hier können wir den Inhalt der jeweiligen Aussagen in der Regel nicht nachprüfen, sondern wir sind darauf angewiesen, die Glaubwürdigkeit anhand von

49 Das deckt sich auch mit dem weiter oben beschriebenen Bestätigungseffekt.

Plausibilitäten zu beurteilen. Wichtig sind dabei: die vermutete Interessenabhängigkeit des jeweiligen Informanten, die vermutete Aufrichtigkeit der Person oder der Institution, die diese Information herausgibt, sowie deren vermutete Kompetenz.[50] Wenn wir beispielsweise felsenfest davon überzeugt sind, dass Pestizidrückstände in unseren Lebensmitteln für einen Großteil der Krebserkrankungen Deutschlands verantwortlich sind, dann werden wir gegenteilige Informationen als unglaubwürdig einstufen. Personen, die uns das Gegenteil belegen wollen, müssen entweder von der Industrie bestochen, in ihrem Fachgebiet inkompetent oder völlig losgelöst von der Realität in ihrem Elfenbeinturm Forschungen betrieben haben. Mit diesen Etikettierungen können wir relativ schnell und einfach missliebige Verunsicherungen des eigenen Standpunktes abwehren.

Diese Mechanismen der Reduktion kognitiver Dissonanz lassen sich auch in die Sprache der Psychoanalyse übersetzen.[51] Dann sprechen wir von Verdrängung, Verleugnung oder Projektion.[52] Häufig verdrängen wir Informationen im innerpsychischen Zusammenhang, die unsere Überzeugungen ins Wanken bringen könnten, indem wir sie schlichtweg aus unserem Erfahrungsschatz ausblenden und unsere Selektion der Signale so einrichten, dass gegenteilige Informationen erst gar nicht empfangen werden. Vor allem werden solche Erfahrungen und Gedankengänge aus unserem Bewusstsein verdrängt, die zu traumatischen Erinnerungen führen könnten. Zwar gibt es hier eine deutliche Verbindung zwischen der Verursachung des Traumas und den damit verbundenen Gefühlen, dennoch können Situationen, die dem ursprünglichen traumatischen Ereignis nur ähnlich sind, als so beängstigend wahrgenommen werden, dass sie über den Mechanismus der Spaltung im Bewusstsein abgesondert und sogar von der eigenen Identität abgetrennt werden. Verleugnen wir Informationen, dann stufen wir sie als irrelevant oder nicht passend ein, obwohl sie faktisch hoch relevant sind. So können wir beispielsweise nicht wahrhaben wollen, dass Rauchen Krebs erzeugen kann, weil diese Studien ja angeblich etwas ganz Anderes messen. Bei der Projektion schieben wir unsere eigenen unbewussten

50 Breakwell, G.M. (2014): The Psychology of Risk. 2. Auflage. Cambridge University Press: Cambridge, UK, S. 140f.

51 Für diesen Hinweis bin ich meiner Frau Regina Renn dankbar, da sie als Psychoanalytikerin tagtäglich mit Phänomenen wie diesen zu tun hat.

52 Vgl. Freud, S. (1989): Die Psychologie des Unbewussten. Studienausgabe Band 3. Aufsätze: Die Verneinung (1925) und die Ichabspaltung im Abwehrvorgang (1940). Fischer: Frankfurt am Main.

Schuldgefühle und Ängste auf externe Objekte oder Sündenböcke, die stellvertretend für unsere ungelösten Konflikte symbolisch zur Verantwortung gezogen werden, obwohl keine direkte kausale Beziehung besteht. Hier bieten sich anonyme Sündenböcke wie die Technik, die Wirtschaft, die Banken oder die Politik an.

Gleichgültig ob wir das Vokabular der Faustregeln, der sozialpsychologischen Theorie der kognitiven Dissonanz oder das individualpsychologische Instrumentarium der Psychoanalyse heranziehen, es werden ähnliche Phänomene für uns greifbar beschrieben. Wenn wir einmal eine bestimmte Überzeugung verinnerlicht haben, versuchen wir alles, diese Überzeugungen auch gegen jede Evidenz des Gegenteils aufrechtzuerhalten. In der Regel ist es kaum möglich, durch Kommunikation über den Sachverhalt diesen Teufelskreis zu überwinden. Die einzige Chance, die ich für realistisch und vielversprechend halte, ist die *Selbstbeobachtung.*[53] Wenn ich weiß, dass ich zur kognitiven Dissonanzreduktion neige (und das tun wir alle), dann kann ich selbstkritischer und offener an neue Informationen herangehen, weil ich mir meiner eigenen Schwächen besser bewusst bin.

## Spezialfall: Risiken für Umwelt und Gesundheit

Besonders anfällig für die Wirksamkeit der Faustregeln und die kognitive Dissonanzreduktion sind Informationen, die mögliche künftige Bedrohungen für Leben, Gesundheit und Umwelt betreffen. Hier sind wir besonders sensibel und gleichzeitig auch selten ausreichend genug informiert, um aus eigenem Wissen die Zuverlässigkeit von Informationen beurteilen zu können. Im Bereich von Lebens-, Umwelt-, und Gesundheitsrisiken kommen zusätzliche Muster der Wahrnehmung ins Spiel.

Vor allem spielen die Begleitumstände der Risikoübernahme eine wichtige Rolle.[54] Kann ich die Höhe des Risikos selber steuern? Habe ich das Ri-

53 Für Gerhard Hüther entspricht dies der höchsten Stufe auf der Stufenleiter der Wahrnehmung. Vgl. Hüther, G. (2001): Bedienungsanleitung für ein menschliches Gehirn. Vadenhoeck und Ruprecht: Göttingen, S. 115f. Viele weitere Hinweise, wie man besser mit kognitiver Dissonanz umgehen kann, finden sich in dem Buch „Factfulness" von Hans Rosling (2018), Ullstein: Berlin. Am Ende eines jeden Kapitels beschreibt der Autor, wie man sich vor falschen Schlüssen hüten kann.

54 Slovic, P. (1992): Perception of Risk: Reflections on the Psychometric Paradigm. In: S. Krimsky und D. Golding (Hrsg.): Social Theories of Risk. Praeger: Westport and London, S. 153–178.

siko selbst gewählt oder ist es mir von anderen aufgezwungen worden? Führt das Risiko zu besonders schrecklichen Folgen, wenn es tatsächlich zum Schadenseintritt kommt? Sind wir bereits an diese Risikoquelle gewöhnt und glauben, damit angemessen umgehen zu können? Ist die Risikoquelle künstlichen oder natürlichen Ursprungs? Dies sind nur einige der Merkmale, die bei der Bewertung von Risiken eine wichtige Rolle spielen. Auch die Frage der gerechten Verteilung von Risiko und Nutzen auf unterschiedliche Personengruppen ist für viele Menschen ein wichtiger Anhaltspunkt, um die Höhe der Risiken, aber vor allem ihre Akzeptabilität zu beurteilen.[55] Da es sehr viele dieser qualitativen Bewertungsmechanismen gibt, haben sich im Verlaufe der kulturellen Evolution semantische Muster der Wahrnehmung und Bewertung von Risiken herausgebildet.[56] Unter diesen semantischen Mustern fällt vor allem das Muster der schleichenden Gefahr auf, da es sich auf viele der aktuellen Debatten um Gesundheits- und Lebensrisiken bezieht.

Risiken, die unter dieses semantische Muster fallen, zeichnen sich dadurch aus, dass sie von uns nicht sinnlich wahrgenommen werden können, dass häufig zwischen Auslöser und Wirkung eine lange Zeit vergeht, dass komplexe Strukturen der Ursache-Wirkungskette vorliegen und dass wir bei der Beurteilung dieser Risiken auf Informationen durch Dritte angewiesen sind. Beispiele für diese Verwendung dieses Risikobegriffs findet man bei der Bewältigung von Risiken des Finanzmarktes, vom Menschen verursachten Klimaveränderungen, von diffusen Umweltbelastungen oder von genetischen Manipulationen von Pflanzen und Tieren. Die Wahrnehmung dieser Risiken ist eng mit dem Bedürfnis verknüpft, für scheinbar unerklärliche Folgen (z. B. Krebserkrankungen von Kindern, gehäuftes Auftreten von Allergien in bestimmten Regionen, Waldsterben, etc.) eindeutige Ursachen ausfindig zu machen.

Das Besondere an den schleichenden Risiken besteht nun darin, dass es auch für diejenigen, für die das jeweilige Thema eine zentrale Bedeutung hat, keine oder nur wenige Möglichkeiten gibt, die Argumente im Einzel-

---

55 Rayner S. und Cantor R. (1987): How Fair Is Safe Enough? The Cultural Approach to Societal Technology Choice. In: Risk Analysis, 7: 3–13.

56 Überblick in: Renn, O. (2002): Die subjektive Wahrnehmung technischer Risiken. In: R. Hölscher und R. Elfgen (Hrsg.): Herausforderung Risikomanagement. Identifikation, Bewertung und Steuerung industrieller Risiken. Gabler: Wiesbaden, S. 73–90.

nen nachzuprüfen und eine auf Evidenz basierte Abwägung zu treffen.[57] Die beiden Sozialpsychologen Richard Petty und John Cacioppo haben bei ihren Untersuchungen zu Einstellungen und Einstellungsänderung festgestellt, dass die meisten Menschen entweder nach einer zentralen oder peripheren Vorgehensweise Urteile über Risiken fällen.[58] Wenn ihnen das Thema besonders wichtig ist, verfolgen sie die zentrale Route, wenn ihnen das Thema weniger wichtig ist, die periphere. Zwei Merkmale kennzeichnen die zentralen Route: die Auseinandersetzung mit den Inhalten von Informationsangeboten und eine möglichst rationale Abwägung der jeweiligen Argumente für oder gegen eine bestimmte Sichtweise der Dinge. Bei der peripheren Route werden dagegen äußere Merkmale der Zuschreibung von Glaubwürdigkeit benutzt, um zwischen widersprechenden Argumenten eine schnelle Auswahl zu treffen. Bei komplexen Risiken, die man selber aus Erfahrung nicht beurteilen kann, versagt aber die zentrale Route, weil man den Wahrheitsgehalt der einzelnen Argumente nicht überprüfen kann. Dann ist man auf periphere Merkmale angewiesen, um die Glaubwürdigkeit von Argumenten einzustufen. Da diese peripheren Merkmale meist nur zufällig mit dem Wahrheitsgehalt der entsprechenden Aussagen in Verbindung stehen, ist es dann mehr oder weniger auch vom Zufall abhängig, welche Argumentationskette einen größeren Eindruck bei den Rezipienten hinterlässt.

## Auswege aus der Wahrnehmungsfalle

Der zweite Teil dieses Buches beschäftigte sich mit der Frage, welche Informationen wir für plausibel halten und als glaubwürdig einstufen und nach welchen Kriterien und Mechanismen wir diese Urteile fällen. Zentrale Kriterien sind dabei die kognitive Vergewisserung über die Relevanz der auf uns einprasselnden Informationen, die wahrgenommene Kosten-Nutzen-Bilanz, der wahrgenommene Einfluss auf die Selbstwirksamkeit und das Potenzial für emotionale Identifikation. Alle vier Kriterien sind stark von Faustregeln der Informationsverarbeitung geprägt und werden durch die

57 Renn, O. (2008): Risk Governance. Coping with Uncertainty in a Complex World. Earthscan: London, S. 233ff.

58 Petty, R. E. und Cacioppo, J. T. (1986): The Elaboration Likelihood Model of Persuasion. In: L. Berkowitz (Hrsg.): Advances in Experimental Social Psychology, Band 19. Academic Press: San Diego, S. 123–205.

Überprüfung der Inhalte auf mögliche kognitive Dissonanzen gefiltert und modifiziert.

Um es klar zu sagen: Wir wissen heute sehr viel über den Zustand der Welt und den damit verbundenen Bedrohungen.[59] Mit den Hilfsmitteln der wissenschaftlichen Methoden der Stochastik können wir auch unsichere und scheinbar willkürliche Ereignisse und Prozesse charakterisieren. Diese neuen Methoden können zwar keine Gewissheiten und eindeutig beschreibbaren Ursache-Wirkungsketten aufzeigen, aber sie geben uns wichtige Einblicke in die relativen Gefährdungen und vermitteln uns verwertbare Erkenntnisse über die Wahrscheinlichkeiten ihrer Verursachung. Das ist zwar weniger als wir gerne hätten, aber alles andere als pure Beliebigkeit, wie es häufig dargestellt wird. Sich über die möglichen Gefährdungen und Bedrohungen unseres Lebens und unserer Lebensweisen sachlich zu informieren und dabei die Fallstricke bei der Wahrnehmung und Bewertung von Informationen und Botschaften zu kennen, ist ein wichtiger Schritt, um zu adäquaten und realitätsnahen Einsichten über die Gefährdung unserer Person und unserer Gesellschaft zu gelangen.

Ganz im Sinne dieses Zieles hat die von Bundeskanzlerin Merkel eingesetzte Ethikkommission 2011 nach dem Tsunami und der dadurch ausgelösten Reaktorkatastrophe in Fukushima eine Dialogplattform gefordert, auf der die Bürgerinnen und Bürger anschaulich und nachvollziehbar mit den Risiken der verschiedenen Energiesysteme vertraut gemacht werden sollen.[60] Bewusst steht dabei das Wort Dialog im Vordergrund, weil es um einen selbstbestimmten Bildungsprozess gehen soll und nicht um eine Informationskampagne. Dialoge, die diesen Begriff verdienen, basieren auf dem Prozess der Selbstbeobachtung und der kritischen Rückversicherung, ob wir bei unseren Schlussfolgerungen einem der berichteten Verzerrungseffekte zum Opfer gefallen sind. Er trägt mit dazu bei, unser eigenes Leben nach bestem Wissen und im Einklang mit unseren Werten und Präferenzen zu gestalten sowie Verantwortung in unserer Gesellschaft zu übernehmen. Die Bewusstwerdung über unsere eigenen Mechanismen der Urteilsbildung

59 Dazu die Überblicke in: Proske, D. (2004): Katalog der Risiken. Risiken und ihre Darstellung. 3. Auflage. Eigenverlag: Dresden. Sowie: Ropeik, D. und Gray, G. (2002): Risk: A Practical Guide for Deciding What's Really Safe and What's Really Dangerous in the World Around You. Mariner Books: New York. Siehe auch die beiden Bestseller zu diesem Thema: Rosling, H. (2018), a. a. O. sowie Pinker, S. (2018): Aufklärung jetzt: Für Vernunft, Wissenschaft, Humanismus und Fortschritt. S. Fisher: Frankfurt am Main, vor allem S. 408 ff.

60 Ethik-Kommission (2011): Deutschlands Energiewende. Ein Gemeinschaftswerk für die Zukunft. Endbericht. Berlin.

ertüchtigt uns, in der täglichen Lebenspraxis mit den Herausforderungen komplexer Risiken im Alltag und in unserer Umgebung besser fertig zu werden. Das Muster ständiger Selbstbeobachtung passt auch zu einer selbstkritischen Haltung und verhilft uns nicht nur zu besseren Einsichten, sondern auch zu einem insgesamt risikoärmeren und gelingenden Leben.

# Teil III:

# Wem kann man noch trauen: Die Post-Glaubwürdigkeitsfalle

## Verspieltes Vertrauen

Freitagabend, 22:30 Uhr: Talk-Show in einem der öffentlich rechtlichen Sender. Das Thema an diesem Abend: Glyphosat. Zur Erinnerung: Glyphosat ist ein in Europa und der Welt häufig eingesetztes Pflanzenschutzmittel, das von Monsanto hergestellt wird und durch die Fusion von Bayer und Monsanto nun auch in den Fokus der deutschen Kritik geraten ist. Es ist ein heftiger Streit darüber entbrannt, ob Glyphosat krebserregend für den Menschen und mit verantwortlich für das Insektensterben ist.[1] Vor allem die Frage nach den Gesundheitsauswirkungen steht im Mittelpunkt der Talkshow. Eingeladen sind eine Vertreterin der Umweltorganisation Greenpeace (Frau Dr. Petra Meier), ein Vertreter des Verbandes der chemischen Industrie (Herr Dr. Klaus Printz), eine Expertin des Berliner Instituts für Risikobewertung (Frau Prof. Sarah Jungheins) sowie der Schauspieler Oskar Klein. Hier ein kurzer Ausschnitt aus der Debatte:

1 Siehe Fußnote: 45. Einen populären Überblick gibt: https://www.swr.de/wissen/glyphosat-faktencheck/-/id=253126/did=20514698/nid=253126/45z6by/index.html (abgerufen am 30.10.2018). Um sich selbst ein Bild zu machen, hier einige Stellungnahmen der beteiligten Gruppen: die Bayer AG (https://www.hier-sind-die-fakten.de/de/glyphosat.aspx/?utm_source=google&utm_medium=sea&utm_campaign=hsdf_flight3&utm_term=glyphosat_broad&utm_content=glyphosat); das Bundesinstitut für Risikobewertung, Berlin: https://www.bfr.bund.de/de/fragen_und_antworten_zur_bewertung_des_gesundheitlichen_risikos_von__glyphosat-127823.html; sowie Greenpeace: https://www.greenpeace.de/themen/landwirtschaft/pestizide/schadensbegrenzung. Eine wissenschaftlichen Überblick vermittelt: Van Bruggen, A. H. C.; He, M. M.; Shin, K.; Mai, V.; Jeong, K. C., Finckh, M. R. und Morris, J. G. Jr. (2018): Environmental and Health Effects of the Herbicide Glyphosate. Science of the Total Environment, 616–617: 255–268.

Petra Meier: Es ist für mich völlig unverständlich, wie die Bundesregierung der EU-weiten Verlängerung der Zulassung für ein Pflanzenschutzmittel zustimmt, das im Verdacht steht, bei den Konsumentinnen und Konsumenten Krebs auszulösen. Das kann in Deutschland niemand nachvollziehen. Ich auch nicht!

Klaus Printz: Aber das stimmt doch gar nicht, Frau Meier, wir haben seit Jahrzehnten Erfahrungen mit Glyphosat sammeln können. Die Rückstände, die beim ordnungsgemäßen Gebrauch des Pflanzenschutzmittels auf den Pflanzen und erst recht auf den verarbeiteten Lebensmitteln verbleiben, sind derart gering, dass davon keinerlei Gesundheitsgefahren ausgehen. Obwohl Sie es besser wissen, täuschen Sie mit Ihrer Panikmache die Öffentlichkeit!

Petra Meier: Wer hier die Öffentlichkeit mehr belügt, lasse ich mal bewusst offen. Aber Sie können doch nicht leugnen, dass die Inhaltsstoffe von Glyphosat in toxischen Experimenten Krebs ausgelöst haben. Das haben die US-Gerichte gerade noch vor aller Welt eindrucksvoll bezeugt. Ich kann hier Dutzende von wissenschaftlichen Expertisen vorlegen, die alle eine krebserzeugende Wirkung nachweisen.

Sarah Jungheins: Ich glaube, hier werden zwei Dinge durcheinandergebracht: die mögliche krebserzeugende Wirkung eines Stoffes und die Dosis-Wirkungs-Beziehung dieses Stoffes auf den Menschen. Wir als Regulationsbehörde haben die Aufgabe, die gesundheitliche Wirkung der tatsächlichen Belastung, der sogenannten Exposition, auf die menschliche Gesundheit einzuschätzen und zu bewerten. Das Risiko, durch Nahrungsmittelaufnahme von pflanzlichen Produkten, die mit Glyphosat behandelt wurden, Krebs zu erhalten, ist zwar nicht null, aber so extrem unwahrscheinlich, dass wir uns für eine Zulassung ausgesprochen haben. Das Risiko liegt absolut im akzeptablen Bereich.

Oskar Klein: Da bleibt einem ja die Spucke weg! Sie, Frau Jungheins haben gerade mal so zwischen den Zeilen zugegeben, dass man von Glyphosat Krebs bekommen kann. Und dann erdreisten Sie sich noch, uns hier mit Unschuldsaugen mitzuteilen, dies sei völlig akzeptabel?

Petra Meier: Vielen Dank, Herr Klein, damit liegen Sie genau auf unserer Linie. Wenn etwas auch nur im Verdacht steht, krebsauslösend zu sein, hat es bei unseren Pflanzen und Lebensmitteln nichts zu suchen.

Klaus Printz: Ihr Wort in Gottes Ohr! Wenn wir nach diesem Grundsatz vorgehen würden, müssten wir auch Brokkoli und Möhren verbieten. In beiden Gemüsesorten gibt es natürliche Substanzen, die bei entsprechender Dosis Krebs auslösen sein können. Soll die Bundesregierung jetzt Brokkoli und Möhren verbieten! Wo kommen wir denn dahin? Das ist doch völlig absurd.

Sarah Jungheins: Jetzt übertreiben Sie es aber auch, Herr Printz. In der Tat gibt es genügend natürliche Stoffe, die wir als krebserregend identifiziert haben. Im Grunde genommen macht die Unterscheidung zwischen natürlichen und chemischen Stoffen überhaupt keinen Sinn. Das erhöht nur die Verwirrung. Wenn wir verantwortlich als Aufsichtsbehörde handeln wollen, müssen wir nicht nur das Gefahrenpotenzial, als die mögliche Gefährdung durch eine Substanz, sondern auch die jeweilige Dosis und deren Wirkung mit in unsere Überlegungen aufnehmen. Das ist wie beim Wein: Ein Glas Wein am Abend kann durchaus der Gesundheit förderlich sein, fünf Gläser sind dagegen in jedem Falle gesundheitsschädlich.

Oskar Klein: Ja, das kann ich verstehen. Ich schenke mir auch gerne mal ein Glas Rotwein am Abend ein. Aber mit dem Pflanzenschutzmittel ist das wohl was völlig Anderes. Das braucht doch niemand. Wenn wir alle ökologischen Landbau betreiben, könnten wir doch getrost auf alle Pflanzenschutzmittel verzichten.

Sarah Jungheins: Natürlich macht es keinen Sinn, eine Chemikalie zuzulassen, die keinen Nutzen für die Gesellschaft bringt. Aber nach wie vor kommen mehr als 85% aller Lebensmittel in Deutschland aus dem konventionellen Anbau. Da geht es nicht ohne Pflanzenschutzmittel. Die relativ günstigen Preise für Lebensmittel in Deutschland sind auf diese Form der Landwirtschaft zurückzuführen. Es gibt also durchaus einen Nutzen beim Einsatz der...

Petra Meier: Nutzen für wen? Doch nur für die Agrarindustrie und die großräumige Landwirtschaft. Weder die Verbraucher noch die Kleinbauern haben etwas von diesen giftigen Chemikalien.

Klaus Printz: Das darf doch nicht wahr sein! Glyphosat als Gift zu bezeichnen ist schlichtweg falsch. Jetzt täuschen Sie schon wieder die Öffentlichkeit. Ich möchte nochmals wiederholen: Bei ordnungsgemäßer Dosierung, wie das bei uns in Deutschland der Fall ist, kommt es nur zu minimalen Rückständen in Boden, Pflanzen und erst recht in den Nahrungsmitteln. Von diesen Rückständen geht überhaupt keine, ich wiederhole überhaupt keine Gesundheitsgefahr für den Menschen aus.

Oskar Klein: Ich bin jetzt völlig verwirrt. Ist nun Glyphosat gesundheitsgefährdend oder nicht? Ich will ein klares „Ja" oder „Nein". Sie sind hier die Experten auf dem Podium und ich erwarte von Ihnen eine deutliche Antwort. Bitte kein „einerseits – andererseits" oder „es kommt darauf an". Für mich als Verbraucher gibt es nur eine Frage: Kann ich das Zeug essen, ohne dass ich befürchten muss, krank zu werden, oder kann ich es nicht?

Diese Mitschrift der Talkshow zu Glyphosat ist fiktiv. Auch die Namen sind erfunden. Dennoch habe ich eine Reihe von Talkshows miterlebt und zum Teil auch daran selbst teilgenommen, die so ähnlich abgelaufen sind. Der Gesprächsablauf lässt sich ziemlich einfach charakterisieren: Die eine Partei besteht darauf, dass die zur Diskussion stehende Bedrohung, wie in diesem Fall das Pflanzenschutzmittel Glyphosat, so dramatisch ist, dass der Staat unbedingt eingreifen sollte. Die andere Partei ist dagegen der Meinung, dass die Bedrohung entweder gar nicht bestehe oder aber als so geringfügig einzustufen sei, dass eine staatliche Maßnahme zur Risikoverminderung völlig entbehrlich sei. Die Vertreter der staatlichen Regulierungsbehörden werden in solchen Gesprächen nicht müde zu betonen, dass Gefährdungen niemals ausgeschlossen seien, sie aber die Grenzwerte so festgelegt hätten, dass die verbleibenden Risiken für die Gesellschaft akzeptabel seien. Meist kommt dann noch eine betroffene Person zu Wort, die den verwirrten Konsumenten bzw. die verwirrte Konsumentin verkörpert und sich gerne in die Opferrolle eines Geschehens begibt, das sie als undurchschaubar und interessengeleitet entlarven will. Mit dieser Personenkonstellation kann dann das Gesprächsdrama seinen Lauf nehmen.

Der Schlüsselbegriff in solchen Auseinandersetzungen ist Glaubwürdigkeit.[2] Als Zuschauer der Talkshow bin ich nicht in der Lage, aus eigener Erfahrung feststellen zu können, welche Behauptung der streitenden Podiumsteilnehmer sachlich stimmen und welche nicht. Kaum einer hat ein Labor im Keller, in dem er die Wirkung von Glyphosat auf Ratten oder Mäuse systematisch erkunden könnte. Auch fehlt den meisten Zuschauerinnen und Zuschauern die Möglichkeit, sich in Fachzeitschriften kundig zu machen und die entsprechenden Nachweise zu überprüfen. Und ein Blick ins Internet zeigt zudem, dass die ganze Palette der möglichen und sich meist widersprechenden Aussagen zur Gesundheitsgefährdung dort vertreten ist. Wem also können wir, und wem sollen wir bei solchen Streitfragen vertrauen?

Im Folgenden geht es daher um die Ressource „Glaubwürdigkeit". Immer mehr Zusammenhänge, die unser Alltagsleben mitbestimmen, sind unserer eigenen sinnlichen Wahrnehmung oder Erfahrung nicht direkt zugänglich. Ob beispielsweise in unseren Lebensmitteln Rückstände von Glyphosat vorhanden sind und ob diese unsere Gesundheit gefährden, kann ich weder schmecken, noch riechen, noch sehen. Ich bin hier auf Informationen durch Dritte angewiesen. Wie ich in einem solchen Falle Glaubwürdigkeit an die sich streitenden Akteure verteile und welche Informationen ich eher als vertrauenswürdig oder unglaubwürdig einstufe, behandeln die folgenden Kapitel.

## Glaubwürdigkeit und Vertrauen – sensible Ressourcen

Was verstehen wir unter Glaubwürdigkeit? Wir bezeichnen eine Person oder eine Institution als glaubwürdig, wenn die Informationen, die wir von dort erhalten, nach bestem Wissen und Gewissen des Absenders wahr (den Tat-

2 Einen guten Überblick über den Bedeutungsinhalt von Glaubwürdigkeit und Vertrauen findet sich in: Offe, C. (2001): Wie können wir unseren Mitbürgern vertrauen? In: M. Hartmann und C. Offe (Hrsg.): Vertrauen. Die Grundlage des sozialen Zusammenhalts. Campus: Frankfurt am Main, S. 241–296. Im Zusammenhang von Wissenschaft und Akzeptanz: Grünberg, P. (2013): Glaubwürdigkeit, Vertrauen und Akzeptanz. In: G. Bentele, R. Bohse, U. Hitschfeld und F.Krebber (Hrsg.): Akzeptanz in der Medien- und Protestgesellschaft – Zur Debatte um Legitimation, öffentliches Vertrauen, Transparenz und Partizipation. Springer VS: Wiesbaden, S. 25–39. Aus der sozialpsychologischen Literatur sei der Aufsatz empfohlen: Nahari, G., Glicksohn, J. und Nachson, I. 2010. Credibility Judgments of Narratives: Language, Plausibility, and Absorption. American Journal of Psychology, 123(3):319–335.

sachen entsprechend) und wahrhaftig (die eigene Intention nicht verfälschend) sind. Eine glaubwürdige Quelle lügt nicht, verheimlich nichts und bemüht sich, alle relevanten Aspekte und Standpunkte in die eigene Urteilsbildung und Kommunikation einzubeziehen.[3] Glaubwürdigkeit ist eine wichtige Komponente von Vertrauen. Einer Person oder einer Institution zu vertrauen heißt ihr zuzugestehen, dass sie das jeweils Richtige und Sinnvolle tut, auch wenn man die Beweggründe nicht im Einzelnen nachempfinden oder nachprüfen kann.[4] Über die Glaubwürdigkeit hinaus ist es vor allem die Zuverlässigkeit, dass die jeweilige Institution ihre Aufgabe im Sinne des vorgegebenen Auftrages ordnungsgemäß erfüllt, ein weiterer wesentlicher Bestandteil von Vertrauen. Dies wird häufig mit dem Fachwort *„Performanz"* bezeichnet.[5] Glaubwürdigkeit ist an Offenheit, Transparenz und Ehrlichkeit gebunden; Performanz an Kompetenz, Fairness und Engagement. Dazu kommt noch die Geradlinigkeit, die für beide Komponenten von Bedeutung ist. Diese sieben Kriterien sind in Tabelle 3 aufgeführt und erklärt.[6]

Vertrauen basiert auf allen diesen Bestandteilen, wobei die Nichterfüllung einer Eigenschaft durch hohe Werte bei den anderen Eigenschaften bis zu einem gewissen Grade ausgeglichen werden kann. Wenn Objektivität oder Unvoreingenommenheit unmöglich zu erreichen sind, können die Fairness der Botschaft und der Glaube an die gute Absicht der Informationsquelle als Ersatz dienen. Auch kann Kompetenz durch Aufrichtigkeit zum Teil ersetzt werden und umgekehrt. Geradlinigkeit ist nicht immer dringend erforderlich, um Vertrauen zu gewinnen, aber andauernde Widersprüche zerstören die allgemeinen Erwartungen und Rollenmodelle für Verhaltensreaktionen.[7]

---

3 Siehe dazu: Dernbach B. und Meyer M. (2005): Einleitung: Vertrauen und Glaubwürdigkeit. In: B. Dernbach und M. Meyer (Hrsg.): Vertrauen und Glaubwürdigkeit. Wiesbaden: VS Verlag für Sozialwissenschaften, S. 11–25, hier vor allem S. 11 und 12.

4 „Vertrauen besteht, wenn ein Mensch (als Repräsentant einer Institution oder als Mitglied einer sozialen Gruppe) bei einem anderen Menschen (als Repräsentanten einer Institution oder als Mitglied einer anderen sozialen Gruppe) Übereinstimmung mit seinen Zielen und Erwartungen feststellt, ohne alle Informationen zu kennen, die dieser andere Mensch hat". Aus: Daxner, M. (2011): Vertrauen. Ein Kommentar. In: Denkwerkstatt „Politik und Vertrauen": Die Rolle von Vertrauen in Politik, Wirtschaft und sozialen Netzwerken. Berlin: Friedrich Ebert Stiftung, S. 35.

5 Williams, J. T. (1985): Systemic Influences on Political Trust: The Importance of Perceived Institutional Performance. In: Political Methodology, 11 (1/2): 125–142.

6 Renn, O. und Levine, D. (1991): Credibility and Trust in Risk Communication. In: R. E. Kasperson (Hrsg.): Communicating Risks to the Public: International Perspectives. Kluwer: Dordrecht, S. 175–218, hier S. 179–180.

7 Bentele, G. (1998): Vertrauen/Glaubwürdigkeit. In: O. Jarren; U. Sarcinelli und U. Saxer (Hrsg.): Politische Kommunikation in der demokratischen Gesellschaft. Wiesbaden: VS Verlag für Sozialwissenschaften, S. 305–311, hier S. 306.

Tabelle 3: Kriterien zur Zuschreibung von Vertrauenswürdigkeit

| Kriterien | Beschreibung |
|---|---|
| Wahrgenommene Kompetenz | Grad der fachlichen Expertise zur Erfüllung des institutionellen Auftrags |
| Unvoreingenommenheit | Keine Parteilichkeit zugunsten eines partikulären Interesses |
| Fairness | Anerkennung und angemessene Darstellung aller relevanten Standpunkte |
| Geradlinigkeit | Vorhersehbarkeit von Argumenten und Verhaltensweisen, die auf der Erfahrung mit vorangegangenen Kommunikationsbemühungen basiert |
| Aufrichtigkeit | Ehrlichkeit und Offenheit |
| Empathie | Mitgefühl mit den potenziellen Opfern eines Schadens |
| Engagement | Deutliche Zeichen für Entschlossenheit und „Guten Willen" bei der Erfüllung der eigenen Aufgaben |

**Quelle:** eigene Darstellung

In der Vergangenheit, vor allem vor der industriellen Revolution, waren die meisten Einsichten der Menschen durch persönliche Erfahrungen und Praktiken geprägt. Die meisten Menschen lebten in bäuerlichen Betrieben und lernten die Regeln der Landwirtschaft durch praktische Mitarbeit. Natürlich gab es auch damals Wissensbereiche, die den meisten Menschen nicht unmittelbar eingängig waren, wie etwa Medizin oder Architektur, aber der überwiegende Anteil des eigenen Lebens war durch Erfahrungswissen geprägt. Diese Zeiten sind definitiv vorbei. Das meiste, was wir heute wissen, erfahren wir aus zweiter Hand.[8]

Heute sind Menschen auf Informationen durch Andere angewiesen. Sie können nicht aus eigener Erfahrung mögliche Bedrohungen einschätzen, die unter Umständen ihr Leben, ihre Gesundheit oder ihr Wohlergehen betreffen. Ob sich im Trinkwasser ein gefährlicher Rückstand eines Pestizids befindet,

8 „Den Insassen der Wissensgesellschaft falle es deutlich schwerer als früher, Erfahrungen zu sammeln: Der Einzelne hat zwar jede Menge Erlebnisse, aber es gelingt ihm nicht mehr, diese Erlebnisse in Erfahrungen zu verwandeln, in eine kohärente ‚Erzählung' des eigenen Lebens. Doch ohne einen festen Erfahrungskern reagieren die Menschen nur noch reflexhaft und situativ – und eben nicht mehr ‚klug aus Erfahrung'. Was dann an Lebenserfahrung noch übrig bleibt, das droht durch technische Entwicklungen und Innovationen rasend schnell entwertet zu werden. Das Subjekt der Erfahrung sieht plötzlich „sehr alt" aus". Aus: Assheuer, T. (2012): Worauf ist noch Verlass? ZEIT Online, 3. Mai 2012. http://www.zeit.de/2012/19/PS-Erfahrung-Philosophie (abgerufen am 30.10.2018).

ob die Stickstoffoxidbelastung in der Umgebungsluft höher ist als erlaubt, ob im Lebensmittel gefährliche Konservierungsstoffe enthalten sind und ob wir einer radioaktiven Strahlung ausgesetzt sind, können wir mit Hilfe unserer eigenen Sinneswahrnehmungen nicht beantworten. Von daher müssen wir die Deutungen von anderen, dafür spezialisierten Personen oder Institutionen einholen, die uns vor diesen Gefahren warnen können. Bei all diesen Fragen müssen wir uns auf eine große Bandbreite von Antworten gefasst machen. Zum Teil liegt das daran, dass in der stochastischen Analyse von Risiken eindeutige Antworten nicht zu erwarten sind (nur Bandbreiten mit Wahrscheinlichkeiten). Zum Teil liegt es aber auch an den Vermittlern der Botschaften, vor allem durch die Medien. Journalisten neigen dazu, alle vorhandenen Urteile über eine Gefährdung nebeneinanderzustellen und ohne Prüfung auf deren wissenschaftliche Verlässlichkeit an die Medienkonsumenten weiterzuleiten.[9] Somit stehen wir alle vor der Herausforderung, eine Fülle von möglichen Antworten auf die Fragen zu den Risiken unserer Zeit zu erhalten, die in der Regel von „völlig harmlos“ bis zu „höchst gefährlich“ reichen.

Da wir die Gültigkeit nicht selber nachprüfen können, sind wir darauf angewiesen, die unterschiedlichen Quellen für die Risikoeinschätzungen nach ihrer Glaubwürdigkeit und Plausibilität zu beurteilen. Plausibilität, das haben wir schon erfahren, ist nicht immer der beste Ratgeber. Also verbleibt Glaubwürdigkeit als Bezugspunkt. Die Angewiesenheit auf Glaubwürdigkeit hat die Deutsche Physikalische Gesellschaft in einer Pressemitteilung recht plastisch zum Ausdruck gebracht:[10]

> Da nicht jeder alles wissen kann, bleibt jedem Vertreter des „Restes der Menschheit“ nichts Anderes übrig, als zu glauben. Oder er *glaubt* eben nicht!
> Er muss den *Experten* trauen und vertrauen. Oder er *vertraut eben nicht!* Nachvollziehbare Erkenntnis – den ursprünglichen Grundgedanken der Aufklärung gibt es längst nicht mehr. Das angehäufte Wissen ist einfach nicht mehr vom Einzelnen erfass- und überschaubar und auch nicht

9 Stocking, S.H. (1999): How Journalists Deal with Scientific Uncertainty. In: S.M. Friedman, S. Dunwoody und C.L. Rogers (Hrsg.): Communicating Uncertainty. Media Coverage of New and Controversial Science. Lawrence Erlbaum: Mahwak, S. 23–41.

10 Aus einer Pressemitteilung der Deutschen Physikalischen Gesellschaft vom 17.05.2001. Zitiert nach: http://www.neundorf.de/Kritik/Gesellsch/gesellsch.html (abgerufen am 13.8.2018).

mehr objektiv zu bewerten. Deshalb verbleibt beim Laien eine Wissenslücke, die durch Vertrauen, Misstrauen und/oder Skepsis – ausgefüllt wird (Kursiv im Original).

Bei der Vergabe von Glaubwürdigkeit haben wir drei Optionen: Wir können aus der Palette des breiten Angebots einer der Informationsquellen Glaubwürdigkeit schenken und nehmen dann deren Interpretation des Sachverhaltes als wahr an. Je nachdem wie diese Interpretation ausfällt, werden wir dazu neigen, die Information zu beherzigen oder nicht. In unserer fiktiven Fernsehdiskussion könnte das die Vertreterin von Greenpeace oder der Vertreter der Industrie sein. Oder lieber doch die Expertin für Risikobewertung?

Die zweite Option ist generelles Misstrauen gegenüber allen. In diesem Falle ist eine Orientierung schwierig, weil ich aus diesem prinzipiellen Entzug von Glaubwürdigkeit keine Handlungsalternativen ableiten kann. In dieser Situation neigen die meisten von uns dazu, das in der Botschaft angesprochene Risiko ganz zu vermeiden oder die entsprechende Risikoquelle zu verbannen.[11] Wir wollen dann Null-Risiko! Das ist auch nachvollziehbar, denn wenn ich niemandem traue, dann ist für mich das Risiko einfach nicht abschätzbar. Dann möchte ich es auch nicht eingehen. Eine hundertprozentige Ablehnung eines für mich nicht einschätzbaren Risikos heißt aber nicht automatisch, dass diese Person niemals andere Risiken, die sie als vertraut einschätzt, eingehen würde. So kann es durchaus sein, dass bei einer Podiumsdiskussion jemand mit Vehemenz für ein völliges Verbot von genetisch veränderten Pflanzen eintritt, aber gleichzeitig Bier trinkt, raucht und seinen Sportwagen, mit dem er so richtig gerne durch die Gegend braust, draußen vor der Tür geparkt hat. Dieses scheinbar paradoxe Verhalten findet aber darin eine plausible Erklärung, dass die entsprechende Person die Risiken des Rauchens, Trinkens und schnellen Fahrens glaubt übersehen und einschätzen zu können, während sie die Risiken der Gentechnik als undurchschaubar und nicht vorhersehbar einstuft.

Die dritte Option ist, nach Anzeichen dafür zu suchen, welcher Informationsquelle man das meiste Vertrauen schenken kann. Da man den Inhalt der jeweiligen Aussagen nicht beurteilen kann, lässt sich die Glaubwürdigkeit nur an sogenannten peripheren Merkmalen ablesen, die wir schon bei der Be-

---

11 Garner, D. (2009): Risk. The Science and Politics of Fear. Virgin Books: London, S. 290f.

handlung der Plausibilität von Argumenten im letzten Teil kennen gelernt haben.[12] Zur Erinnerung: Periphere Merkmale sind Aspekte, die mit der Informationsquelle assoziativ verbunden werden, und die einem indirekt Aufschluss darüber geben, ob die Quelle als glaubwürdig einzustufen ist oder nicht. Solche Merkmale können sein: vermutete Interessengebundenheit, rhetorische Fähigkeiten, sympathisches Auftreten, Anknüpfung an mir vertraute Lebensverhältnisse oder Wertvorstellungen, aber auch so triviale Dinge wie Kleidung, Gestik und Aussehen. Tabelle 4 vermittelt einen schematischen Überblick über diese möglichen Anhaltspunkte, um Glaubwürdigkeit zu bestimmen.

Viele dieser peripheren Merkmale sind professionellen Kommunikationsberatern durchaus bekannt. Sie trimmen ihre Klienten darauf hin, möglichst viele Merkmale zugeschriebener Glaubwürdigkeit auszustrahlen. Das Problem ist aber, dass die Zuschreibung von Glaubwürdigkeit aufgrund peripherer Merkmale nur selten mit dem Wahrheitsgehalt der damit verbundenen Aussagen übereinstimmt. Von daher sollte man sehr vorsichtig sein, wenn man Glaubwürdigkeit aus nicht themenbezogenen Verhaltensweisen ableitet und sich dabei von Äußerlichkeiten leiten lässt, die wenig Beziehung zu den Argumenten für oder gegen die jeweilige Bedrohung haben.

Es gibt also drei Optionen, auf Informationen über Botschaften zu reagieren, für deren Beurteilung wir keine eigenen Erfahrungswerte besitzen: a) wir halten keine Quelle für glaubwürdig; b) wir halten die Quelle für glaubwürdig, der wir in besonderem Maße unser Vertrauen schenken und c) wir sprechen Glaubwürdigkeit mal der einen oder der anderen Quelle zu, je nach Vorliegen der peripheren Merkmale.

Alle drei Reaktionsweisen sind in unserer Gesellschaft immer wieder anzutreffen. Zum einen gibt es Menschen, die aufgrund tiefgreifender Beziehungen ein unerschütterliches Vertrauen in bestimmte Gruppen und Institutionen haben. Sie sind vielleicht seit langem Mitglied einer Gewerkschaft

12 Der Ansatz der peripheren Urteilsbildung geht auf das sogenannte „Elaboration-Likelihood Modell" von Petty und Cacioppo zurück, die Urteilsbildungsprozesse nach zwei Routen unterscheiden: den zentralen Ansatz und den peripheren Ansatz. Diese beiden Routen hatten wir schon weiter oben angeschnitten. Grundlegend dazu: Petty, R. E. und Cacioppo, E. (1986): The Elaboration Likelihood Model of Persuasion. In: Advances in Experimental Social Psychology, 19: 123–205. Speziell zu den peripheren Merkmalen siehe: Chaiken, S. (1980): Heuristic versus Systematic Information Processing and the Use of Source versus Attribute Cues in Persuasion. In: Journal of Personality and Social Psychology, 39:752–766; sowie: Pham, M. T. (1996): Cue Representation and Selection Effects of Arousal on Persuasion. In: Journal of Consumer Research, 22: 373–387.

Tabelle 4: Periphere Merkmale zur Beurteilung der Glaubwürdigkeit

| Grundlegende Einflussfaktoren | | |
|---|---|---|
| **Sender** | **Inhalte** | **Übermittler** |
| ▪ Zeitgeist | ▪ Grad der gesellschaftlichen Umstrittenheit | ▪ Reputation des Übermittlers |
| ▪ Konjunktur für hohe oder niedrige Glaubwürdigkeit | ▪ Konkurrenz um Aufmerksamkeit | ▪ Medienpluralität |
| **Spezielle Einflussfaktoren** | | |
| Reputation | Länge der Botschaft | Wahrgenommene Unabhängigkeit |
| Sozialer Respekt | Zahl der Argumente | Zufriedenheit mit Berichterstattung in der Vergangenheit |
| Formale Symbole für Kompetenz | Übereinstimmung mit eigenen Werten und Einstellungen | Soziales Prestige des Mediums |
| Persönliche Attraktivität | Attraktivität der Aufmachung | Attraktivität des Mediums |

**Quelle:** Modifizierte Darstellung nach Renn (2014)

und nehmen das als glaubwürdig auf, was als offizielle Verlautbarung der Gewerkschaft kommuniziert wird. Dadurch erleben sie selten kognitive Dissonanzen, weil sie nur ihren eigenen Bezugsgruppen und sonst niemandem vertrauen.[13] Der prozentuale Anteil der Personen mit einer hohen Loyalität zu einer Bezugsgruppe geht seit Jahren stetig zurück, das kann man zum Beispiel an der zunehmenden Zahl von Wechselwählerinnen und -wählern ablesen.[14] Möglicherweise steigt aber an den Rändern der Gesellschaft die

13 Siehe: Endreß, M. (2001): Vertrauen und Vertrautheit – Phänomenologisch-anthropologische Grundlegung. In: M. Hartmann und C. Offe (Hrsg.): Vertrauen. Die Grundlage des sozialen Zusammenhalts. Campus: Frankfurt am Main, S. 161–203, hier 164.

14 „In den westlichen Bundesländern ist eher eine allmähliche Abschwächung und teilweise sogar eine Auflösung längerfristiger Parteibindungen zu beobachten. Zum einen hat sich bei einem Teil der Wählerinnen und Wähler zunehmend eine distanziertere Haltung gegenüber den Parteien herausgebildet. Zum anderen hat sich aber auch die Angebotsstruktur geändert. Das Aufkommen neuer Parteien und Koalitionsoptionen hat fast zwangsläufig zu einer Umorientierung auf dem Wählermarkt geführt. Traditionelle Loyalitäten, wie sie sich besonders in der Frühphase der Bundesrepublik Deutschland ausgebildet hatten, verlieren damit tendenziell ihren bislang beherrschenden Einfluss auf die Wahlentscheidung". Aus: Korte, C.-R. (2009): Parteienbindung und Kandidatenorientierung, Bundeszentrale für politische Aufklärung, http://www.bpb.de/politik/wahlen/bundestagswahlen/62629/parteibindung-und-kandidaten (abgerufen am 30.10.2018). Aktueller dazu: Kern, A. (2017): Identifikation mit politischen Parteien und Demokratiezufriedenheit: Eine Längsschnittanalyse zum Einfluss von Parteiidentifikation in Deutschland. In: PVS Politische Vierteljahresschrift, 58 (1): 51–76.

Loyalität zu bestimmten – meist ideologisch oder weltanschaulich festgelegten – Positionen wieder an. Populisten greifen bewusst auf die Verunsicherung durch fehlende Loyalitäten zu den herkömmlichen Institutionen wie Wissenschaft, Politik oder Behörden zurück und versprechen Geborgenheit und Sicherheit, wenn man sich ihnen nur anvertrauen würde.[15]

Dieser Gruppe entgegengesetzt ist der Personenkreis, der niemandem mehr vertraut. Diese Gruppe gewinnt mehr und mehr an Zulauf. Sie versammeln verunsicherte bis zynisch eingestellte Menschen, die das Grundvertrauen in Gruppen und Institutionen der Wissensvermittlung verloren haben und nur noch Spott und Verachtung für die scheinbar gemeinwohlorientierten Institutionen übrig haben. Die Folge ist die uns allen vertraute Politikverdrossenheit.[16] Interessanterweise ist es gerade diese Gruppe, die gegenüber radikalen politischen Parolen und populistischen Versprechungen häufig anfällig wird, mit der Konsequenz, dass sie dann wieder in die Gruppe der Loyalen einmündet.

Die überwiegende Anzahl der Menschen verfolgt aber die dritte Option und verteilt Glaubwürdigkeit je nach Situation, Kontext und der selektiven Aufnahme von peripheren Merkmalen. Genau diese Flexibilität in der Zuschreibung von Glaubwürdigkeit bringt gleichzeitig eine andauernde Verunsicherung für die Menschen mit sich. Sie erleben fortwährend Situationen von kognitiver Dissonanz, weil die gerade wirksamen peripheren Merkmale nicht immer den Informationsinhalten Glaubwürdigkeit verleihen, die unsere Meinung bestätigen. In diesem Fall kommen die uns schon bekannten Instrumente der Reduktion von Dissonanz ins Spiel. Auftretende Dissonanzen werden dadurch aufgelöst, dass man im Zweifel denen Glauben schenkt, die das bestätigen, was man ohnehin glaubt.

Dennoch wächst gerade bei diesem dritten Personenkreis trotz allem Bestreben nach Selbstvergewisserung das Gefühl der Verunsicherung. Geht man nach den peripheren Merkmalen, da kann es durchaus sein, dass bei der ersten Talkshow die sympathische Sprecherin der chemischen Industrie am glaubwürdigsten erscheint, während bei der zweiten Talkshow die entsprechende Vertreterin der Industrie überhaupt keinen glaubwürdigen Ein-

15 Siehe Milbardt, B. (2018): Über autoritäre Haltungen in ‚postfaktischen' Zeiten. Barbara Budrich: Opladen und Berlin, S. 206.

16 Fuchs, D. (2002): Politikverdrossenheit. In: M. Greiffenhagen und S. Greiffenhagen (Hrsg.): Handwörterbuch der politischen Kultur der Bundesrepublik Deutschland. 2. Auflage. Westdeutscher Verlag: Wiesbaden, S. 338–343.

druck hinterlässt, und ihr Gegner von der Umweltschutzorganisation wesentlich vertrauenswürdiger auftritt. Und dieses Karussell kann sich dann immer wieder in beide Richtungen drehen. Die Folge einer solchen vagabundierenden Zuteilung von Glaubwürdigkeit an die jeweils eine oder andere Partei ist wachsende Verunsicherung über das, was wirklich stimmt. Wenn es sich dabei um Bedrohungen handelt, die auch für einen selbst relevant sein können, erwächst aus der Verunsicherung Angst[17]. Wenn die einen sagen, Flüchtlinge seien zum großen Teil potenzielle Verbrecher, und die anderen sagen, sie seien überwiegend leidgeprüfte Opfer von Vertreibung und Bürgerkrieg, dann sind die meisten Menschen zwischen diesen Extremen hin und her gerissen. Je weniger man aus eigener Erfahrung beide Behauptungen nachprüfen kann, also selber mit Flüchtlingen in Berührung kommt, desto mehr wachsen Verunsicherung und Angst. Nur so ist nachzuvollziehen, dass in den Gegenden, in denen prozentual die wenigsten Flüchtlinge untergekommen sind, die subjektiven Angstgefühle und Ablehnungsraten am stärksten ausgeprägt sind.[18]

Die Evolution der menschlichen Gesellschaft ist davon geprägt, dass unsichere Situationen, bei denen man die Gefahr erahnt, sie aber nicht sinnlich oder kommunikativ erfassen kann, ein hohes Maß an Angstgefühlen auslösen.[19] Angst sendet wichtige Signale aus, um kritische Situationen zu erkennen und entsprechende Gegenmaßnahmen auszulösen. Menschen, die

---

17 Zur Beziehung von Verunsicherung und Angst siehe: Rosling (2018), a. a. O., S. 127ff.

18 „Nur noch 41 Prozent der Deutschen befürworten den Zuzug von Flüchtlingen vor dem Hintergrund des demografischen Wandels. 59 Prozent lehnen ihn ab. (...) Die Zustimmung im Osten der Republik fällt mit 36 Prozent schwächer aus als im Westen mit 42 Prozent. (....) Auch mit der These, dass Deutschland ein Einwanderungsland ist, identifizieren sich immer weniger Menschen. 61 Prozent stimmten zu, 2015 waren es noch 65 Prozent gewesen. Es gibt deutliche regionale Unterschiede. Im Osten lehnen das knapp 49 Prozent ab, im Westen mit 37 Prozent etwas mehr als ein Drittel." Aus: http://www.zeit.de/gesellschaft/2016-11/asylpolitik-fluechtlinge-fremdenfeindlichkeit-deutschland (abgerufen am 15.8.2018). Die Bundesländer, in denen der Zuzug von Flüchtlingen besonders abgelehnt wird, haben prozentual die wenigsten Flüchtlinge. So leben in Sachsen-Anhalt 48 %, in Sachsen 47 %, in Brandenburg 38 %, in Thüringen 26 % und in Mecklenburg-Vorpommern 10 % weniger Flüchtlinge als es nach der Einwohnerzahl proportional erforderlich wäre. „Nur ganz wenige Länder liegen annähernd exakt im Soll (Bremen, Hessen, Schleswig-Holstein). Bayern, wo die meisten Flüchtlinge die deutsche Grenze erstmals betreten, hat seit Anfang September mehr als doppelt so viele Flüchtlinge aufgenommen, als es der Königsteiner Schlüssel vorsieht. Die Mehrheit der Länder verfehlt jedoch die Verteilungsvorgaben. Baden-Württemberg, Brandenburg, Niedersachsen, Rheinland-Pfalz, Sachsen-Anhalt und Sachsen liegen deutlich darunter. Auch Berlin, NRW und Thüringen nehmen zu wenig Zuwanderer auf." Aus: http://www.n-tv.de/politik/Zehn-Laender-nehmen-zu-wenig-Fluechtlinge-article16116326.html (abgerufen am 15.8.2018).

19 Gigerenzer, G: (2013): Risiko. Wie man die richtigen Entscheidungen trifft. Bertelsmann: München, S.94f.

keine Angst verspüren, leben nicht lange.[20] Dennoch kann Angst in der heutigen Zeit falsche Signale setzen, weil sie über periphere Merkmale der Zuschreibung von Glaubwürdigkeit ausgelöst wird.

## Angst als Warnsignal

In der Frühzeit der menschlichen Entwicklung war es unter den Lebensbedingungen der offenen Steppe entscheidend, blitzschnell auf Gefahrensituationen angemessen zu reagieren. Sobald unser Gehirn eine vor uns auftauchende Gefahr bemerkt, reagiert es mit drei fest verankerten Reaktionsmustern: Kampf, Flucht oder Totstellen.[21] Was dann physiologisch abläuft, beschreiben Mediziner folgendermaßen:

> Der menschliche Körper reagiert auf Stresssituationen nach eingefahrenen Schemata wie vor Millionen Jahren, als unsere Vorfahren noch Jäger und Sammler waren. Flucht, Kampf und Sich-Tot-Stellen sind die Grundreaktionsmuster. Der Organismus mobilisiert kurzfristig sämtliche Reserven. Stresshormone werden freigesetzt. Sie engagieren Energiereserven wie Zucker und Fett, erhöhen den Blutdruck und die Pulsfrequenz, beschleunigen die Atmung. Die Muskulatur wird auf Leistung eingestellt. Anspannung ist die Folge, die ein Hauptindikator von Stress ist. Andere Funktionen werden heruntergefahren wie die Immunabwehr, die Verdauung und Sexualfunktionen. Dies geht einher mit einer Drosselung der körpereigenen regenerativen Funktionen.[22]

Man kann sich dieses Repertoire an Reaktionen bildhaft veranschaulichen, wenn man sich die Situation einer plötzlichen Begegnung zwischen einem unserer Vorfahren und einem Löwen in der Steppe vor Augen führt. In der Situation einer akuten Bedrohung hatte diese Person keine Zeit – und es wäre auch nicht sehr sinnvoll gewesen –, eine Wahrscheinlichkeitsanalyse

---

20 Badelow, B. (2013): Das Angstbuch. Woher Ängste kommen und wie man sie bekämpft. 10. Auflage. Rowohlt: Reinbek bei Hamburg, S. 29f.

21 Vgl. dazu: Marks, I. und Nesse, R. (1994): Fear and Fitness: An Evolutionary Analysis of Anxiety Disorders. In: Ethology and Sociobiology, 15: 247–261. Siehe auch Gigerenzer (2013), a. a. O., S. 94ff.

22 Aus: http://www.fairness-stiftung.de/Stress.htm (abgerufen am 30.10.2018).

zu machen, ob der Löwe vielleicht noch Hunger hat oder nicht.[23] Das wäre dann wahrscheinlich ihr letzter Gedanke gewesen. In diesem Gefahrenmoment stehen der bedrohten Person nur drei Möglichkeiten offen: a) zu fliehen in der Hoffnung, schneller zu sein als der Löwe; b) auf die eigene Stärke zu setzen, um es mit dem Löwen aufnehmen zu können; oder c) sich tot zu stellen, um den Löwen zu täuschen. Wenn wir uns totstellen, muss dies aber sehr schnell geschehen, denn der Löwe wird jede Bewegung von uns als Indiz sehen, dass wir noch leben und er kein Aas, das er normalerweise verschmäht, vor sich liegen hat. Aus diesem Grund ist der Totstellreflex derjenige, der gehirnphysiologisch als erstes ausgelöst wird.[24]

Das kennen wir alle aus dem Alltagsleben, wenn vor unser Auto ein Ball auf die Straße rollt und wir eine sogenannte Schrecksekunde erleben, bis wir den Fuß auf die Bremse setzen. Solche Reflexe treten auch dann auf, wenn wir uns beispielsweise im Dunkeln aufhalten und plötzlich ein Geräusch hören. Dann erstarren wir vor Angst. Haben wir den ersten Schrecken überwunden, also den Todstellreflex willentlich übergangen, dann müssen wir innerhalb weniger Sekunden zur Flucht oder zum Kampf bereit sein, weil unsere Überlebenschancen großenteils von der Schnelligkeit unserer Reaktion auf die Gefahrenlage abhängen.

Bis heute haben sich Teile dieser basalen Reaktionsweisen gehalten. Sie lassen sich sogar mittels der Gehirntomografie bei bildgebenden Verfahren nachweisen. Wenn man Menschen während einer Aufnahme im Tomografen bedrohliche Bilder zeigt, reagieren die unterschiedlichen Gehirnzentren für Erstarrung oder Bewegung (Flucht oder Kampf) je nach auslösendem Bild.[25] Unser Gehirn ist also immer noch auf die drei Grundmuster hin ausgerichtet.

---

23 Logische Vorgänge und Abwägungen brauchen Zeit. In Situationen, in denen diese Zeit nicht zur Verfügung steht, reagieren wir mit Reflexen, die nicht durch das Großhirn, sondern durch das Kleinhirn gesteuert werden. Aus: Rühl, S. (2012): Posttraumatische Belastungsstörungen. www.praxis.ruehlfey.de/dokumente/PTBS.pdf (abgerufen am 30.10.2018).

24 „The sequence, originally described by Gray begins with what ethologists call "the freeze response" or "freezing," (...) This initial freeze response is the "stop, look, and listen" action tendency associated with fear. (...) This initial freeze response is followed by attempts to flee, then by attempts to fight; in that order." Aus: Bracha, S. (2004): Freeze, Flight, Fight, Fright, Faint: Adaptionist Perspectives on the Acute Stress Response Spectrum. In: CNS Spectrum, 9 (9): 679–685, hier S. 679. Siehe auch: Gray, J.A und McNaughton, N. (2007): The Neuropsychology of Anxiety. Oxford University Press. New York, hier S. 94ff.

25 Rauch, S.L., Whalen, P.J., Shin, L.M., et al. (2000): Exaggerated Amygdala Response to Masked Facial Stimuli in Post-traumatic Stress Disorder: A Functional MRI Study. In: Biological Psychiatry, 4: 769–776. Die Versuchsreihe war vor allem darauf ausgerichtet, die Wirksamkeit von Interventionen zu testen, nicht den Reflex nachzuweisen.

Damit hier keine Missverständnisse auftreten: Wir werden nicht als Kampf- oder als Fluchttypen geboren.[26] Vieles deutet darauf hin, dass es nicht nur von Persönlichkeitsmerkmalen, sondern mehr noch von situativen Bedingungen abhängt, ob wir eher zur Flucht oder eher zum Kampf neigen. Der Totstellreflex ist in jedem Falle als erstes immer im Spiel und führt häufig dazu, dass wir Gefahren, denen wir nicht direkt begegnen können oder wollen, lieber verleugnen oder abwehren, als sich ihnen zu stellen.

Diese Grundmuster der Wahrnehmung haben sich in der kulturellen Evolution zunehmend mit kulturellen Reaktionsmustern angereichert. Neben den allgemeinen Faustregeln (Verfügbarkeit, Gedankenanker, Repräsentativität, Bestätigung und affektive Geladenheit) und den Mechanismen der Dissonanzreduktion, die wir in den vorherigen Kapiteln kennen gelernt haben, treten situationsspezifische Merkmale hinzu. Und damit sind wir wieder bei den peripheren Merkmalen und der Verteilung von Glaubwürdigkeit.

Für den Menschen in der Savanne war es überlebenswichtig, Situationen richtig einzustufen. Denn das Überleben hing weitgehend davon ab, dass man in Bruchteilen von Sekunden entscheiden musste, ob Totstellen, Flucht oder Kampf die beste Lösung ist. War jedoch die Situation undurchsichtig und unklar, stieg die Wahrscheinlichkeit, dass man intuitiv die falsche Lösung wählen würde. Von daher erzeugt Unsicherheit erhöhten Stress, der wiederum direkt mit der Auslösung von Angst in Verbindung steht.

Dieser Mechanismus ist auch heute noch virulent. Wenn wir uns Bedrohungen ausgesetzt fühlen, deren Ausmaß oder Wahrscheinlichkeit des Eintreffens uns unklar erscheinen, oder wenn wir widersprüchliche Informationen aus der Umwelt dazu erhalten, wächst in uns der Grad der Verunsicherung und damit der Angst.[27] Wie in den frühen Tagen der Menschheit, konkurrieren dann drei spontane Reaktionsmuster miteinander: Totstellen (auf heute übertragen heißt das: Ignorieren oder Verneinen), Fliehen (den möglichen Bedrohungen ausweichen) oder Kämpfen (gegen die Urheber der Bedrohung Stellung beziehen). Da wir in unsicheren Situatio-

26 Hatzelmann, E. (2003): Keine Macht dem Stress. 3. Auflage. Koch und Humboldt: Höfen, S. 19.

27 „Die Welt erscheint derzeit aus den Fugen. Ökologische Bedrohungen, Finanzkrisen, das willkürliche Aufkündigen internationaler Kooperationen und Verträge, flackernde Verletzungen des Völkerrechts, der islamistische Terrorismus mit Auswüchsen nicht mehr für möglich gehaltene wahrscheinliche Gewalt, millionenfaches Flüchtlingselend – ein Klima der Verunsicherung untergräbt auch wohlhabenden Ländern Lebensgefühle von Ausgeglichenheit und Zukunftsoptimismus". Aus: Conzen, P. (2017): Die bedrängte Seele: Identitätsprobleme in Zeiten der Verunsicherung. Kohlhammer: Stuttgart, S. 8.

nen schwer entscheiden können, welche der drei Strategien im gegebenen Fall besonders angemessen ist, wachsen sowohl der emotionale Druck als auch der damit verbundene kognitive Stress. Beides mündet dann in ein Gefühl von Beklemmung und Angst.[28]

Angst lähmt, meint der Volksmund. Da die primäre Reaktion auf unmittelbare Bedrohungen der Totstellreflex ist, neigen viele Menschen dazu, die mögliche Gefahr auszublenden oder sie zu verneinen. Andere fühlen sich dazu berufen, jetzt mit besonderem Engagement gegen die Gefahr anzutreten (Kampf) oder alles zu tun, um der Gefahr zu entgehen (Flucht). Wichtig ist dabei: Nicht die wahrgenommene Bedrohlichkeit oder die Höhe des wahrgenommenen Risikos bestimmt die Stärke der Reaktion, sondern der Grad der Verunsicherung und damit der Angst.

Dies lässt sich wieder am Beispiel des Pflanzenschutzmittels Glyphosat veranschaulichen. Nach der Talkshow werden viele sagen: „Solche Talkshows tue ich mir nicht mehr an. Wenn ich nur das Wort Glyphosat höre, schalte ich ab. Ich kann daran ohnehin nichts ändern". Häufig geht diese Haltung einher mit einer zunehmenden Verdrossenheit in die verantwortlichen Akteure. „Wenn die es nicht mal wissen, dann Gnade uns Gott!" Andere werden das beim Discounter gekaufte Gemüse wegwerfen und dann beim Biomarkt einkaufen. „Egal wie gefährlich das Zeug ist, ich will es in keinem Falle in meinen Lebensmitteln haben. Das bin ich mir und meiner Familie schuldig". Und schließlich wieder andere werden ihre Angst in Wut ummünzen und einen erbosten Leserbrief an die Zeitung schicken oder sich bei einer Internet-Petition gegen Glyphosat beteiligen. „Wenn wir Bürgerinnen und Bürger uns nicht wehren, machen die da oben mit uns, was sie wollen. Aber nicht mit mir!"

Dieses Beispiel zeigt: Vertrauen nimmt eine Schlüsselrolle in der Frage des gesellschaftlichen Umgangs mit Informationen vor allem über Bedrohungen und Risiken ein. Unsere arbeitsteilige Gesellschaft ist mehr denn je auf gegenseitiges Vertrauen angewiesen. Es gibt nur noch wenige Lebensbereiche, bei denen wir aus eigener Erfahrung oder mithilfe unserer Sinnes-

28 Die Verbindung von kognitiver Verunsicherung über das, was gilt, und das Aufkeimen von Angst und Beklemmung ist bereits bei Aristoteles und anderen griechischen Philosophen Gegenstand der Analyse. Wenn Selbstverständliches wegbricht, wird Angst frei. Dazu in mehr Detail: Angehrn, E. (2017): Angst als Grundproblem der Philosophie. In: S. Micali und T. Fuchs (Hrsg.): Angst: Philosophische, psychopathologische und psychoanalytische Zugänge. 2. Auflage. Karl Alber: Freiburg, S. 11–27, hier S. 16.

organe komplexe Zusammenhänge, vor allem Bedrohungen oder Risiken, selber erfassen bzw. nachprüfen können. Wir können Glyphosat in Lebensmitteln weder schmecken, noch riechen, noch sehen. Ob dort gefährliche Rückstände vorhanden sind, erfahren wir durch Dritte. Unser Vertrauen in diese Dritten entscheidet darüber, wie wir auf diese echten oder vermeintlichen Bedrohungen reagieren. Je mehr Bezugsgruppen sich bei der Einstufung von Bedrohungen widersprechen und je weniger wir selber Erfahrung mit dieser Bedrohung haben, desto mehr fühlen wir uns verunsichert. Dieses Unbehagen mündet häufig in Beklemmung und Angstgefühlen. Die Situation lässt sich schwer einordnen, und wir finden keinen Gedankenanker, der uns hilft, eine angemessene Reaktion zu finden.

In diesem Dilemma erfolgen zwei typische Reaktionsweisen: Zum einen wächst mit dem Grad der Verunsicherung die emotionale Aufladung des Themas, und zwar weitgehend unabhängig davon, wie hoch und wie schwerwiegend die jeweilige Bedrohung durch Fachleute eingeschätzt wird. Zum anderen fallen wir auf die drei basalen Reaktionsmuster zurück: Kampf, Flucht oder Totstellen. Egal welche der drei Reaktionsmuster wir wählen, die emotionale Aufladung sorgt dafür, dass wir das gewählte Reaktionsmuster mit besonderer Intensität und Konsequenz ausführen. Gerade weil hier eine hohe emotionale Gebundenheit vorliegt, wirken sich die mentalen Faustregeln und die Vermeidung der kognitiven Dissonanz besonders stark aus. Widerspruch wird nicht geduldet!

## Die Flüchtlingskrise: Die Spirale von Vertrauensentzug, Angst und Wutbürgertum

Die Verbindung zwischen dem Entzug von Vertrauen, einer zunehmenden Verunsicherung über die tatsächliche Bedrohung und die Ausbreitung von Wut und sogar Hass lässt sich besonders deutlich am Thema Kriminalität und Flüchtlinge nachzeichnen. Die in den Jahren 2015 und 2016 erfolgte Immigration von über 1 Million Flüchtlinge vor allem aus muslimischen Staaten hat die politische Kultur in Deutschland nachhaltig geprägt.[29] Die

29 Im Jahre 2015 waren es 890.000 und im Jahre 2016 waren es 280.000 Flüchtlinge siehe: http://www.sueddeutsche.de/politik/asylbewerberzahlen-fuer-zahl-der-fluechtlinge-in-deutschland-extrem-gesunken-1.3328336 (abgefragt am 30.10.2018).

Reaktionen der Bevölkerung schwankten zwischen einer nahezu euphorischen Willkommenskultur bis hin zu kriminellen Abwehrhandlungen gegen Asylantenheime und tatkräftigen Übergriffe gegen Asylbewerber oder andere Ausländer.

Im Mittelpunkt der öffentlichen Debatte stand dabei vor allem die Frage, inwieweit Ausländer in Deutschland, vor allem aber Asylbewerber, mehr Straftaten verüben als deutsche Bürgerinnen und Bürger. Daran angeschlossen war die Befürchtung, dass mit der Einwanderungswelle auch Terroristen und Terroristinnen nach Deutschland gelangen könnten. Schließlich mündete die Auseinandersetzung in die grundlegende Frage nach der Grenze der Integrationsfähigkeit einer Gesellschaft. Wann ist diese Grenze erreicht, und wie soll man diese Grenze politisch und rechtlich durchsetzen?

Ähnlich wie bei den oben genannten Debatten um Umweltbelastungen zeigte sich auch in der öffentlichen Auseinandersetzung um die Flüchtlingspolitik ein Muster von Verunsicherung und angstbesessenen Abwehrreaktionen. Fakten wurden je nach Interessenlage verschwiegen, aufgebauscht oder verzerrt. Dadurch konnte kein Raum für eine offene Diskussion entstehen, bei der alle Fakten ausgetauscht und diese mit den eigenen Werten abgeglichen wurden. In nahezu allen Talkshows wurden die unterschiedlichen Positionen mit Vehemenz vertreten. Dabei wurde immer wieder auch auf statistische Daten und wissenschaftliche Belege zurückgegriffen. Das Problem war nur: Jede Seite hatte offenkundig ihre eigenen Statistiker und ihre eigenen Datenquellen. Von daher fand die Verunsicherung täglich neue Nahrung: Je größer die Verwirrung über die wahren Konsequenzen der Einwanderung, desto emotionaler wurde die Debatte geführt. Gleichzeitig kam es auch zu einer Polarisierung der beiden Lager: Diejenigen, die sich vehement für die liberale Einwanderungspolitik einsetzten, stilisierten die Einwanderer zu gutmütigen Opfern, die selber dem Terrorismus entflohen waren und nichts lieber täten, als hier in Deutschland friedlich und angepasst zum Bruttosozialprodukt beizutragen. Die entgegengesetzte Position verwies dagegen auf eine angeblich höhere Kriminalitätsrate der Einwanderer und auf die bewusste Einschleusung von Terroristen, die zynisch die liberale Einwanderungspraxis in Deutschland ausnutzen würden. Besonders drastisch aus der Sicht der Einwanderungsgegner waren die Übergriffe auf Frauen während der Kölner Silvesternacht 2015/2016. Vor allem in den sozialen Medien wurden junge Araber pauschal als Vergewaltiger und kriminelle Elemente gebrandmarkt.

Diese Reaktionsweisen auf die Flüchtlingsproblematik sind leicht in das Schema Kampf, Flucht und Totstellen einzuordnen. Für eine, wenn auch eher kleine Gruppe der Bevölkerung war das Thema Flüchtlinge kein Thema. Diese Gruppe teilte die Auffassung, dass es wichtigere Themen in der Politik gebe als die Flüchtlingsfrage und dass viele gesellschaftliche Gruppen und Parteien mit der Fokussierung auf Flüchtlinge von den wahren Problemen der Gesellschaft ablenken wollten. Die beiden anderen Reaktionsmuster waren dagegen wesentlich häufiger vertreten: Diejenigen, die ihren Ausweg in der Flucht sahen, versuchten alles, um eine Ansiedlung von Asylbewerbern in ihrer Umgebung zu verhindern. Diejenigen, die zum Kampf bereit waren, engagierten sich in Bürgerinitiativen und neuen politischen Bewegungen, um den aus ihrer Meinung ungezügelten Flüchtlingsstrom einzudämmen und Asylbewerber so schnell wie möglich abzuschieben. Auch auf der Pro-Flüchtlingsseite gab es durchaus ähnliche Reaktionsmuster: Viele, die sich für eine liberale Einwanderungspolitik vehement einsetzten, gingen großzügig über die statistischen Zahlen hinweg und stilisierten die Asylbewerber zu Märtyrern, die der Verfolgung im Heimatland entronnen waren und nunmehr einer weiteren Verfolgung hier in Europa ausgesetzt seien. Beide Seiten warfen sich gegenseitig vor, Fake News zu produzieren und weiterzuleiten.[30] Wer auch immer sich in dieser polarisierten Debatte öffentlich zu Wort meldete, konnte sicher sein, ein hohes Maß an Empörung bis hin zum „shit storm“ in den sozialen Medien auszulösen.

An dieser Stelle erscheint mir wichtig, auf den „wahren“ Sachverhalt hinzuweisen. Werden Asylbewerber wirklich häufiger straffällig als deutsche Bürgerinnen und Bürger? Sind die schweren Straftaten aufgrund eines höheren Ausländeranteils in Deutschland angestiegen? Diese Fragen erscheinen auf den ersten Blick leicht zu beantworten. Die alljährlich publizierte Kriminalstatistik des Bundes weist genaue Zahlen darüber auf, welche Straftaten in Deutschland verübt werden und von wem. Auf den zweiten Blick

30 Die Wochenzeitschrift Die ZEIT hat eine Landkarte mit 400 aufgedeckten Falschmeldungen über Flüchtlinge veröffentlicht (K. Schwarz: Im Netz der Lügen, Die Zeit vom 22.11.2016). http://www.zeit.de/politik/deutschland/2016-11/fake-news-deutschland-geruechte-hoaxmap. (abgerufen am 30.10.2018).Umgekehrt gibt es auch Vorwürfe der rechten Presse gegen Fake News. Siehe z. B. http://info-direkt.eu/2017/05/21/fakenews-taussende-fluechtlinge-gerettet/ (abgerufen am 30.10.2018).

ist die Sachlage jedoch wesentlich schwieriger. Das liegt zum einen daran, dass die statistischen Daten nicht genau auf die Personenkreise zugeschnitten sind, die in der Debatte um Ausländerkriminalität oder Straftaten von Asylbewerber im Mittelpunkt stehen. Hier müssen also häufig Analogieschlüsse, d.h. Schätzungen aufgrund anderer Angaben, die zuverlässiger sind und indirekte Rückschlüsse auf die Ausländerkriminalität zulassen, getroffen werden. Zum anderen reicht es auch nicht aus, einfach die Zahl der kriminellen Täter zu zählen und dann zu vergleichen, wie viele Personen aus der einen und aus der anderen Gruppe straffällig geworden sind. Die Zusammensetzung der jeweiligen Gruppen ist sehr unterschiedlich. Jugendliche und Personen mit niedrigem Einkommen oder ohne Beschäftigung sind wesentlich häufiger straffällig, was Gewaltverbrechen anbetrifft, als ältere Menschen und Personen mit höherem Einkommen. Wenn also unter den Ausländern mehr Jugendliche und mehr Personen mit geringerem Einkommen sind, muss man fairerweise diese auch mit der gleichen Gruppierung innerhalb der deutschen Bevölkerung vergleichen. Erst dann vergleicht man Äpfel mit Äpfeln und nicht Äpfel mit Birnen. Schließlich muss man auch alle Straftaten ausschließen, die nur die eine oder nur die andere Gruppe ausüben kann. So macht es keinen Sinn, ausländerspezifische Straftaten, wie etwa den Verstoß gegen das Bleiberecht, in den Vergleich einzubeziehen.[31]

Wie also sieht unter diesen Bedingungen die Sachlage in Deutschland aus? Die Zahl der in Deutschland lebenden Ausländer lag nach Angaben des Ausländerzentralregisters 2015 bei 9,1 Millionen Menschen, 2016 bei 10,01 und 2017 bei 10,6 Mio Menschen.[32] Der Anteil der in Deutschland lebenden Bevölkerung mit Migrationshintergrund beträgt 19,3 Millionen (2017), das sind rund 24 % der Bevölkerung.[33] Tabelle 5a zeigt den Anteil der tatverdächtigen Ausländer (Personen, die aus dem Ausland stammen und keinen deutschen Pass besitzen) an schweren Straftaten von 2010 bis 2017. Sie wird durch Tabelle 5b ergänzt, die den Anteil nichtdeutscher Tatverdächtiger bei Vergewaltigung und sexueller Nötigung/Übergriffe im Jahr 2017 aufweist. Aufgrund einer Änderung im Sexualstrafrecht im Jahr 2016

31 Weitere Gründe für die Schwierigkeit des Vergleichs findet sich in: http://www.strafrecht-wi.de/auslaenderkriminalitaet/.

32 https://www.destatis.de/DE/Publikationen/Thematisch/Bevoelkerung/MigrationIntegration/AuslaendBevoelkerung2010200177004.pdf?__blob=publicationFile.

33 http://www.bpb.de/nachschlagen/zahlen-und-fakten/soziale-situation-in-deutschland/61646/migrationshintergrund-i (abgerufen am 30.10.2018).

Tabelle 5a: Anteil nichtdeutscher Tatverdächtiger an allen Tatverdächtigen bei ausgewählten Delikten im Zeitraum von 2010 bis 2017

| Straftaten | | 2010 | 2011 | 2012 | 2013 | 2014 | 2015 | 2016 | 2017 |
|---|---|---|---|---|---|---|---|---|---|
| **Mord und Totschlag** (SZ 010000+020000) oder (SZ 892500) | **Insgesamt** | 2.706 | 2.665 | 2.565 | 2.617 | 2.714* | 2.492* | 2.775* | 2.689* |
| | **Davon Nichtdeutsche** | 773 | 737 | 743 | 767 | 853* | 900* | 1.137* | 1.140* |
| | **Anteil an insgesamt in %** | 28,6 | 27,7 | 29,0 | 29,3 | 31,4* | 36,1* | 41,0* | 42,4* |
| **Vergewaltigung und sexuelle Nötigung** (SZ 111000) | **Insgesamt** | 6.675 | 6.484 | 6.776 | 6.277 | 6.162 | 5.896 | 6.476 | - ** |
| | **Davon Nichtdeutsche** | 1.883 | 1.831 | 1.983 | 1.755 | 1.911 | 1.952 | 2.512 | - ** |
| | **Anteil an insgesamt in %** | 28,2 | 28,2 | 29,3 | 28,0 | 31,0 | 33,1 | 38,8 | - ** |
| **Raubdelikte** (SZ 210000) | **Insgesamt** | 32.790 | 32.219 | 31.674 | 30.650 | 29.435 | 28.662 | 28.120 | 26.948 |
| | **Davon Nichtdeutsche** | 9.605 | 9.507 | 9.695 | 9.915 | 10.085 | 11.018 | 11.525 | 10.860 |
| | **Anteil an insgesamt in %** | 29,3 | 29,5 | 30,6 | 32,3 | 34,3 | 38,4 | 41,0 | 40,3 |
| **Gefährliche und schwere Körperverletzung** (SZ 222000) | **Insgesamt** | 159.119 | 153.302 | 147.184 | 138.170 | 134.042 | 134.516 | 149.567 | 145.658 |
| | **Davon Nichtdeutsche:** | 36.914 | 36.603 | 36.032 | 35.546 | 37.108 | 43.355 | 56.252 | 54.993 |
| | **Anteil an insgesamt in %** | 23,2 | 23,9 | 24,5 | 25,7 | 27,7 | 32,2 | 37,6 | 37,8 |
| **Wohnungseinbruch-diebstahl** (SZ 435*00) | **Insgesamt** | 16.769 | 17.952 | 17.791 | 17.703 | 17.051 | 17.670 | 17.152 | 14.789 |
| | **Davon Nichtdeutsche:** | 4.019 | 4.691 | 5.125 | 5.497 | 6.052 | 7.096 | 7.296 | 6.114 |
| | **Anteil an insgesamt in %** | 24,0 | 26,1 | 28,8 | 31,1 | 35,5 | 40,2 | 42,5 | 41,3 |

Anmerkungen: * Die Zahlen beruhen auf den im Jahr 2014 neu eingeführten Schlüssel 892500 | ** Bis zum Jahr 2017 stützte sich der Schlüssel 111000 auf den §§ 177 Abs. 2, 3 und 4, 178 StGB. Aufgrund einer Änderung im Sexualstrafrecht im Jahr 2016, kam es im Berichtsjahr 2017 zu einer inhaltlichen Erweiterung des Schlüssels. Siehe hierzu Tabelle 3b.

**Quelle:** Bundeskriminalamt (Hrsg.) Polizeiliche Kriminalstatistik. 3. Spalte: PKS Jahrbuch 2010, S. 120, 180 | 4. Spalte: PKS Jahrbuch 2011, S. 125, 186
5. Spalte: PKS Jahrbuch 2012, S. 75, 175 | 6. Spalte: PKS Jahrbuch 2013, S. 76, 171 | 7. Spalte: PKS Jahrbuch 2014, S. 89, 208 | 8. Spalte: PKS Jahrbuch 2015 V.4.0, S. 98, 192
9. Spalte: PKS Bericht 2016 V.1.0, S. 75, 85, Tabelle 62 | 10.Spalte: PKS Bericht 2018 V2, S.11,13 | Eigene Darstellung.

Tabelle 5b: Anteil nichtdeutscher Tatverdächtiger an allen Tatverdächtigen bei Vergewaltigung und sexueller Nötigung/Übergriffe

| | 2017 | |
|---|---|---|
| | Vergewaltigung und sexuelle Nötigung/ Übergriffe (SZ 111000) | Vergewaltigung und sexuelle Nötigung/ Übergriffe (SZ 111000)* |
| Insgesamt | 9.414 | 6.258 |
| Davon Nichtdeutsche | 3.483 | 2.421 |
| Anteil an insgesamt in % | 37,0 | 38,7 |

Anmerkungen: * Ohne den 2017 neu eingeführten Schlüssel 111600 Sexuelle Übergriffe § 177 Abs. 1, 2, 3, 4, 7, 8 und 9 StGB

Quelle: PKS Bericht 2018, S.11, 32.

kam es 2017 zu einer inhaltlichen Änderung des Schlüssels, weshalb die Zahlen für 2017 hier nur bedingt mit den Vorjahren vergleichbar sind und im Folgenden gesondert dargestellt werden.

Bei einem Anteil von rund 23 % bis 42 % ist also der Ausländeranteil an den oben aufgeführten Straftaten höher, als es dem Anteil der Ausländer an der Gesamtbevölkerung entspricht. Ein Vergleich der tatsächlichen Kriminalitätsbelastung der nichtdeutschen Wohnbevölkerung mit der deutschen ist aber schon wegen des Dunkelfeldes der nicht ermittelten Täter in der Polizeilichen Kriminalstatistik kritisch. Ferner schließt die Bevölkerungsstatistik bestimmte Ausländergruppen, wie Personen ohne Aufenthaltserlaubnis, Touristen/Durchreisende, Besucher, Grenzpendler und Stationierungsstreitkräfte mit ein, die ebenfalls in der Kriminalstatistik als Tatverdächtige mitgezählt werden. Im Jahre 2017 gab es zum Beispiel 83,9 Millionen Übernachtungen von Ausländern.[34] Die Volkszählungen von 1979 und von 2011 haben gezeigt, dass auch die Daten der gemeldeten ausländischen Wohnbevölkerung (fortgeschriebene Bevölkerungsstatistik) sehr unzuverlässig sind. Von daher ist der Bezugsrahmen des Vergleichs problematisch: Denn nicht nur hier lebende Ausländer verüben Straftaten, sondern auch ausländische

34 https://www.destatis.de/DE/PresseService/Presse/Pressemitteilungen/2018/02/PD18_041_45412.html (abgerufen am 30.10.2018).

Banden, die nur wegen der Straftat nach Deutschland vorübergehend einreisen. Beispielweise sind 70% aller Taschendiebe Reisende aus anderen Ländern, die ihren Wohnsitz nicht in Deutschland haben.[35]

Die Kriminalitätsbelastung der Deutschen und Nichtdeutschen ist zudem aufgrund der unterschiedlichen strukturellen Zusammensetzung (Alters-, Geschlechts- und Sozialstruktur) nicht direkt vergleichbar.[36] Die sich in Deutschland aufhaltenden Personen ohne deutsche Staatsbürgerschaft sind im Vergleich zur deutschen Bevölkerung im Durchschnitt jünger und häufiger männlich. Sie leben eher in Großstädten, gehören zu einem größeren Anteil unteren Einkommens- und Bildungsschichten an und sind häufiger arbeitslos. Dies alles führt zu einem höheren Risiko, delinquent und damit als Tatverdächtige polizeiauffällig zu werden. Wenn man den Faktor soziale Lage statistisch herausrechnet, also die Kriminalitätsrate von in Deutschland wohnhaften Ausländern und Inländern nur jeweils innerhalb derselben Schicht vergleicht, dann sind in Deutschland wohnhafte Ausländer sogar insgesamt weniger kriminell.[37]

Wie sieht es nun mit den Asylbewerbern aus? Gibt es da mehr Straftaten als bei Deutschen? Es gibt leider keine Statistik, die sich nur auf die Straftaten von Asylbewerbern bezieht. Die Kriminalstatistik behandelt nur die Kategorie „Zuwanderer". Darunter wird folgende Gruppe verstanden:

> „Zuwanderer sind Personen, die als Angehörige eines Nicht-EU-Staates einzeln oder in Gruppen in das Bundesgebiet einreisen, um sich hier vorübergehend oder dauerhaft aufzuhalten. Tatverdächtige Zuwanderer im Sinne dieser Definition werden in der PKS mit Aufenthaltsstatus „Asylbewerber", „Duldung", „Kontingentflüchtling/Bürgerkriegsflüchtling" und „unerlaubter Aufenthalt" registriert. Tatverdächtige mit positiv abgeschlossenem Asylverfahren, die als „international/national Schutzberechtigte und Asylberechtigte" anerkannt sind, werden unter dem Sam-

35 Besonders hoch ist der Ausländeranteil bei Taschendiebstählen: Drei von vier Tatverdächtigen sind Ausländer. C. Herwartz: Wie kriminell sind Ausländer, NTV, 6. Juli 2016. http://www.n-tv.de/politik/Wie-kriminell-sind-Auslaender-article18133501.html. (abgerufen am 30.10.2018). Für Berlin wurde ein Ausländeranteil von 86,7% bei Taschendiebstählen registriert. Siehe: H. Sultau: Mehr Flüchtlinge, mehr Kriminalität. Die ZEIT, 21.3.2016. http://www.zeit.de/gesellschaft/zeitgeschehen/2016-03/fluechtlinge-kriminalitaet-auslaender-polizeiliche-kriminalstatistik (abgerufen am 30.10.2018).

36 http://www.strafrecht-wi.de/auslaenderkriminalitaet/ (abgerufen am 30.10.2018).

37 http://www.uni-siegen.de/phil/sozialwissenschaften/soziologie/mitarbeiter/geissler/ueberblick_1_08.pdf) (abgerufen am 30.10.2018).

melbegriff „sonstiger erlaubter Aufenthalt" erfasst. Über den Anteil der „international/national Schutzberechtigten und Asylberechtigten" an den „Sonstigen" liegen keine Erkenntnisse vor."[38]

Im Jahr 2016 gab es insgesamt 2.022.414 Tatverdächtige. Davon waren 616.230 ausländische Tatverdächtige. Im Vergleich zu 2015 mit 555.820 ausländischen Tatverdächtigen ergibt dies eine Zunahme von 10,9 %. Zuwanderer weisen hierbei mit 174.438 einen überdurchschnittlich hohen Anteil auf. Die Zahl der tatverdächtigen Zuwanderer ist damit um 52,7 % im Vergleich zu 2015 gestiegen. Ähnliches gilt für 2017: Von den 1.974.805 Tatverdächtigen waren 599.357 ausländische Tatverdächtige, und davon wiederum 167.268 tatverdächtige Zuwanderer.[39] Das klingt nach einer sehr hohen Zahl. Allerdings ist auch die Zahl der Zuwanderer drastisch gestiegen. Allein im Jahre 2015 kamen 2,1 Millionen Zuwanderer nach Deutschland, das entspricht einer Quote von 2,6 % der Gesamtbevölkerung.[40] Damit erhöhte sich die Zahl der Zuwanderer um das 4,5-fache, der Anteil an den Straftaten stieg aber 2015 nur um rund 46 % und 2016 um rund 53 %; das heißt: Die Zahl der Straftaten pro 100 Zuwanderer ging sogar zurück. Anzumerken ist zudem, dass ähnlich wie bei den Ausländern insgesamt 37,2 % der in den letzten zwei Jahren Zugewanderten der Alters- und Geschlechtsgruppe angehören, die eher anfällig sind, Straftaten zu begehen.[41] Zudem sind die meisten Gewaltopfer von Zuwanderern selbst Zuwanderer. Somit waren in Baden-Württemberg 87 % der Opfer einer von tatverdächtigen Zuwanderern verübten Körperverletzung ebenfalls Flüchtlinge.[42]

---

38 PKS 2015, S. 190.

39 PKS 2017, S. 25: Die Zahlen von 2016 und 2017 lassen sich aber nicht direkt vergleichen, weil sich der Schlüssel der Zuordnung geändert hat.

40 https://www.malteser.de/fileadmin/Files_sites/malteser_de_Relaunch/Angebote_und_Leistungen/Migrationsbericht/Kapitel1_Zuwanderung_nach_Deutschland__aus_Malteser_Migrationsbericht_2017_es.pdf (abgerufen am 30.10.2018).

41 Vgl. Klingst, M. und Venohr, S. (2017): Wie kriminell sind Flüchtlinge. Wochenzeitung Die ZEIT online, 19.4.2017, o. S., http://www.zeit.de/2017/17/kriminalitaet-fluechtlinge-zunahme-gewalttaten-statistik (abgerufen am 30.10.2018).

42 Ebenda.

Tabelle 6: Übersicht über Tatverdächtige: Anteil der Zuwanderer

| Tatverdächtige | Anzahl | | | Veränderung 2017 ggü. 2016 | | Veränderung 2016 ggü. 2015 | | Anteil an Tatverdächtige insgesamt | | |
|---|---|---|---|---|---|---|---|---|---|---|
| | 2017 | 2016 | 2015 | absolut | in % | absolut | in % | 2017 | 2016 | 2015 |
| **Tatverdächtige insgesamt** | **1.974.805** | **2.022.414** | **2.011.898** | **-47.609** | **-2,4** | **10.516** | **0,5** | **100,0** | **100,0** | **100,0** |
| ▪ männlich | 1.493.423 | 1.526.565 | 1.504.137 | -33.142 | -2,2 | 22.428 | 1,5 | 75,6 | 75,5 | 74,8 |
| ▪ weiblich | 481.382 | 495.849 | 507.761 | -14.467 | -2,9 | -11.912 | -2,3 | 24,4 | 24,5 | 25,2 |
| deutsche Tatverdächtige (insgesamt) | 1.375.448 | 1.406.184 | 1.456.078 | -30.736 | -2,2 | -49.894 | -3,4 | 69,6 | 69,5 | 72,4 |
| nichtdeutsche Tatverdächtige (insgesamt) | 599.357 | 616.230 | 555.820 | -16.873 | -2,7 | 60.410 | 10,9 | 30,4 | 30,5 | 27,6 |
| *darunter* | | | | | | | | | | |
| Zuwanderer* | 167.268 | 174.438 | 114.238 | -7.170 | -4,1 | 60.200 | 52,7 | 8,5 | 8,6 | 5,7 |

**Anmerkung:** * Aufgrund einer Änderung der Erfassungsmöglichkeiten für den Aufenthaltsanlass, gab im Berichtsjahr 2017 eine Erweiterung der Definition der Kategorie „Zuwanderer". Danach werden „international/national Schutzberechtigte und Asylberechtigte" die 2016 noch unter die Kategorie „Sonstige" aufgeführt wurden, 2017 in der Kategorie „Zuwanderer" erfasst. Aufgrund dieser Erweiterung ist ein Vergleich mit den Vorjahren nur eingeschränkt möglich (vgl. PKS 2018: 23).

**Quelle:** Bundeskriminalamt (Hrsg.) Polizeiliche Kriminalstatistik. PKS Bericht 2016, S. 10. I PKS Bericht V2 2018, S.82

Syrer bilden etwa die Hälfte der Zuwanderer. Dementsprechend sind sie auch stark in der Kriminalitätsstatistik vertreten. Von den 167.268 tatverdächtigen Zuwanderern waren 33.387 Syrer.[43] Dennoch begehen statistisch gesehen Syrer, Iraker und Afghanen seltener Straftaten als Zuwanderer aus den meisten anderen Staaten. Vor allem fallen Zuwanderer vom Balkan und Nordafrika durch Straftaten auf.[44]

Von den 2,1 Millionen Zuwanderern im Jahre 2015 haben insgesamt 114.238 Personen Straftaten (ohne ausländerspezifische Delikte) begangen. Das sind 5,4 % der Zuwanderer. Dabei ist zu beachten, dass allein 44.000 davon kleinere Diebstähle sind. Nimmt man die in der Öffentlichkeit besonders diskutierten schwerwiegenden Straftaten, dann haben 0,52 % der Zuwanderer gefährliche Körperverletzung, 0,074 % sexuelle Delikte und 0,014 % Straftaten gegen das Leben begangen.[45] Im Umkehrschluss bedeutet das: Rund 94 % aller Zuwanderer haben im Jahre 2015 keine Straftat (außer Verletzung von ausländerrechtlichen Bestimmungen) begangen, bei den schweren Verbrechen sind es sogar über 99 %.

Die Situation ist also keineswegs so einfach zu beurteilen, wie dies die beiden polarisierten Seiten der Debatte darstellen. Weder sind die eingewanderten Ausländer alle unschuldigen Opfer und integrationswillige Neubürgerinnen und -bürger in Deutschland, noch sind sie potentielle Verbrecher, Vergewaltiger oder Terroristen. Die weitaus überwiegende Zahl der Zuwanderer ist nicht straffällig geworden. Aber es ist auch eine Tatsache, dass die Anzahl der straffällig gewordenen Zuwanderer im Schnitt höher liegt als bei der deutschen Bevölkerung. Dies gilt aber nicht für Personen mit Migrationshintergrund in Deutschland insgesamt.

Für unsere Diskussion um Fake News geben diese Zahlen wichtige Aufschlüsse. Anders als bei dem Beispiel zu Beginn dieses Buches, wo es um die Zahl der beteiligten Zuschauerinnen und Zuschauer bei der Amtseinführung von US-Präsident Donald Trump ging, sind die statistischen Auswertungen zum Thema Kriminalität von Flüchtlingen keineswegs so eindeutig zu bewerten. Von daher kann man auf der Basis der Zahlen beides, eine Fortsetzung einer liberalen Flüchtlingspolitik (wenn die überwältigen-

43 PKS Bericht 2017, S. 26.

44 https://www.welt.de/politik/deutschland/article163918666/Zahl-der-tatverdaechtigen-Zuwanderer-steigt-um-52-7-Prozent.html, (abgerufen am 30.10.2018) sowie Klingst, M. und Venohr, S. (2017), a. a. O.

45 PKS Jahrbuch 2015, S. 92.

de Mehrheit gesetzestreue Einwanderer sind), aber auch eine restriktive Flüchtlingspolitik rechtfertigen (wenn man auf den bei einigen Straftaten höheren Prozentsatz straffällig gewordener Zuwanderer gegenüber der jeweiligen deutschen Vergleichsgruppe schaut). Allerdings hat sich die Debatte in den sozialen Medien weit von diesen moderaten Positionen entfernt. Vor allem bei den Gegnern der Flüchtlingspolitik wird ständig die Angst vor eingeschleusten Terroristen und Vergewaltigern geschürt. Jeder Einzelfall wird so dargestellt, als ob er typisch für die Gesamtheit der betroffenen Gruppe sei. Damit machen sich diese Meinungsbildner bewusst und manipulativ die Faustregeln der Gedankenanker und der Repräsentativität zunutze.

## Richtlinien für die post-Vertrauensgesellschaft

In der Moderne müssen sich Menschen mehr als je zuvor auf die Glaubwürdigkeit und Aufrichtigkeit derer verlassen, von denen sie Informationen über Zusammenhänge in einer immer komplexer werdenden Wirklichkeit erhalten.[46] Vertrauen in die Leistungsfähigkeit und Glaubwürdigkeit der wissenschaftlichen Informationsgeber und der institutionellen Übermittler von Wissen ist maßgebend für unsere Wahrnehmung komplexer und unserer Erfahrung meist nicht zugänglicher Zusammenhänge. Vertrauen in Institutionen, die im Auftrag der Gesellschaft sinnstiftende Wissensangebote verbreiten, kann zu einer Entlastung der erlebten Verunsicherung über das, was stimmt, und das, was nicht stimmt, führen. Umgekehrt kann Misstrauen Menschen dazu bringen, aufgrund der zunehmenden Verunsicherung Angst und Wut auszubilden und sich mehr und mehr in intuitiv einsichtigen, aber einer wirklichen Überprüfung nicht standhaltenden Gedankengebäuden zu verlieren.

Wie können wir denn als Nichtexperten zuverlässig beurteilen, ob diese Komponenten für Vertrauen und Glaubwürdigkeit erfüllt sind oder nicht?

*Zum Ersten können wir uns an dem orientieren, was häufig als Grundlage des Wissens dienen kann: die nüchternen Bilanzen der amtlichen Statistik.* Wir können die Leistungsfähigkeit der Institutionen, die für bestimm-

46 Siehe Offe, C. (2001): Wie können wir unseren Mitbürgern vertrauen? In: M. Hartmann und C. Offe (Hrsg.): Vertrauen. Die Grundlage des sozialen Zusammenhalts. Campus: Frankfurt am Main, S. 241–296, hier S. 293f.

te Funktionen oder Regelungen verantwortlich sind, anhand der amtlichen Statistik und anderer einschlägiger Quellen beurteilen.[47] Wenn wir aufgrund der dort aufgeführten Trendanalysen zum Schluss kommen, dass beispielsweise die jeweilige Institution die versprochenen Aufgaben, etwa für mehr Sicherheit zu sorgen, seit Jahren ständig besser erfüllt, dann kann man mit gutem Recht daraus schließen, dass hier ein kluges Management vorherrscht. Natürlich kann es immer wieder zu Schwankungen nach unten und oben kommen, aber der generelle Trend lässt sich recht zuverlässig über eine Reihe von Jahren nachvollziehen.

Ein gutes Beispiel dafür ist der Flugverkehr.[48] Obwohl die Zahl der Personen-Kilometer drastisch ansteigt, bleibt die Zahl der Flugopfer auf einem relativ geringen Niveau. Gleichzeitig erleben wir bei jedem neuen Flugzeugabsturz, wie sorgfältig und umfassend die Ursachen für den Unfall untersucht werden. Gibt es technische Störungen oder organisatorische Fehler, die für den Flugverkehr insgesamt von Bedeutung sind, werden in der Regel schnell und kompetent die jeweiligen Richtlinien und Regulierungen angepasst.

*Zum Zweiten sollte man sich vor allem bei Bedrohungen von Gesundheit und Leben (wie bei dem Glyphosat Beispiel) mit einem gehörigen Maß an Skepsis wappnen, wenn eine Belastung als „absolut harmlos" oder eine Technologie als „100 Prozent sicher" bezeichnet wird.*[49] Wie wir im Kapitel über stochastische Risiken gelernt haben, gibt es weder ein Nullrisiko, noch die absolute Sicherheit. Umgekehrt sollten wir auch immer dann misstrauisch sein, wenn Einzelereignisse herausgegriffen und diese dann als Beleg für die Höhe des Gesamtrisikos verallgemeinert werden. Wenn wir die Stochastik als Grundlage nehmen, werden wir Opfer nicht grundsätzlich vermeiden können, aber wir können deren Zahl reduzieren, zum Teil auch drastisch. So ging etwa die Zahl der tödlichen Unfälle während der Arbeitszeit von 4.893 im Jahre 1960 (nur Westdeutschland) auf 428 im Jahre 2016 (West- und Ostdeutschland) zurück.[50] Aus diesen Zahlen kann man ein-

47 Vgl. dazu auch die entsprechenden Befunde und Ratschläge bei Garner, D. (2009): Risk. The Science and Politics of Fear. Virgin Books: London, S. 119. Oder auch bei Rosling (2018), a. a. O. am Ende eines jeden Kapitels.

48 Zur Flugsicherheit siehe: Pompl, W. (2007): Luftverkehr. Eine ökonomische und politische Einführung. Springer: Heidelberg, S. 477ff.

49 Laut Gerd Gigerenzer ist die „Illusion der Gewissheit" einer der Schlüsselprobleme bei der Erfassung von stochastischen Phänomenen. Siehe Gigerenzer, G. (2012): Das Einmaleins der Skepsis. Über den richtigen Umgang mit Zahlen und Risiken. 9. Auflage. Bloomsbury: Berlin, S. 43.

50 https://de.statista.com/statistik/daten/studie/276002/umfrage/gemeldete-toedliche-arbeitsunfaelle-in-deutschland-seit-1986/ (abgerufen am 30.10.2018) sowie Renn, (2014), a. a. O., S. 184f.

wandfrei ablesen, dass der Schutz vor Unfällen am Arbeitsplatz in Deutschland ein sehr hohes Niveau erreicht hat, aber keinesfalls zu einem Nullrisiko geführt hat. Wer Nullrisiko verspricht, ist entweder mit der Stochastik nicht vertraut oder will uns bewusst hinters Licht führen.

*Zum Dritten sollten wir mit großer Aufmerksamkeit verfolgen, ob es bei den Informationen zum Thema Bedrohungen von Leben, Gesundheit und Umwelt um das Gefahrenpotenzial geht oder um das Risiko, durch diese Gefahr zu Schaden zu kommen.* Damit es überhaupt zu einem Schaden kommt, müssen zunächst einmal Schadenspotenziale vorliegen, diese müssen auf uns einwirken und dann in der notwendigen Menge oder Qualität wirksam in unseren Körper gelangen, um den entsprechenden Schaden auszulösen.[51] Beispielsweise führt ein krebserzeugender Stoff, der in einem Produkt eingeschlossen ist, nur dann zu einer Erkrankung, wenn der Stoff aus dem Produkt herausgelöst in den Körper eindringen kann und in einer so hohen Konzentration vorliegt, dass er auch krebsauslösend wirken kann. Bei vielen Stoffen kann man dafür allerdings nur eine Wahrscheinlichkeit angeben, ein Nullrisiko ist also nicht gegeben. Allein die Tatsache, dass ein Schadenspotenzial vorliegt, ist also noch kein hinreichender Grund, schärfere Maßnahmen zu fordern, es sei denn, es gibt Nachweise darüber, dass dieser Stoff in schädlichen Konzentrationen in die Umwelt und in unseren Körper gelangen kann.

*Zum Vierten kann man bei der Beobachtung der peripheren Merkmale einige wenige Merkmale herausgreifen, die zumindest Anhaltspunkte für Glaubwürdigkeit vermitteln.*[52] Wissenschaftliche Institutionen mit einer langen Tradition für unparteiische und kompetente Analysen sind sicherlich eher glaubwürdig als virtuelle Internet-Institute, die keiner externen Überprüfung unterliegen und deren interne Regeln der Qualitätsprüfung nicht offengelegt werden. Organisationen, die sich mit gesellschaftlich wichtigen Aufgaben befassen, sind umso eher zu trauen, je mehr Wert sie auf Transparenz, Vollständigkeit und Nachvollzug ihrer internen Prüfkriterien und Qualitätskontrolle legen.[53] Selbst wenn man die wissenschaftliche Vorgehensweise, die hinter einer Botschaft steht, nicht nachvollziehen kann und

---

51 Löfstedt, R. (2011): Risk versus Hazard. How to Regulate in the 21st Century. In: European Journal of Risk Regulation, 2: 149–168.

52 Siehe dazu auch: Offe (2001), a. a. O., S. 281.

53 Jenning, C. G. (2006): Quality and Value: The True Purpose of Peer Review. In: Nature, online-edition, doi:10.1038/nature05032 (abgerufen am 30.10.2018).

die Fachsprache der jeweiligen Wissenschaftler nicht versteht, so kann man doch häufig aus den institutionellen Regeln der Beweisführung und den Mechanismen der Qualitätskontrolle Rückschlüsse über die Vertrauenswürdigkeit von Quellen erhalten.

In den Situationen, in denen Sie selber Informationen an Dritte weitergeben müssen, ist es Ihre Aufgabe, eine Basis für Vertrauenswürdigkeit zu schaffen. Vertrauen kann man allerdings nicht schaffen, sondern nur die Grundbedingungen dafür erfüllen, damit es sich über die Zeit entwickelt.[54] Zweifellos gibt es zufällige Ereignisse, die niemand hat vorhersehen oder verhindern können, von daher sind alle Abweichungen von dem, was man vom jeweils anderen erwartet, begründungspflichtig. Vertrauen beruht auf Verlässlichkeit und wenn es zu Abweichungen kommt, sind Erklärungen wichtig und notwendig. Wenn man die Erfahrung macht, dass man sich über die Zeit auf jemanden verlassen kann und der auch für Fehler geradesteht, kann sich Vertrauen entwickeln.

Durch die stochastische Natur unserer Wissensbestände sind viele Gewissheiten brüchig geworden. Gerade deshalb ist eine vertrauensvolle Beziehung zwischen den beteiligten Akteuren, vor allem zwischen Wissenschaftlern, Journalisten und der Öffentlichkeit, so wichtig. Einzelne negative Ereignisse oder Abweichungen von dem, was als Wahrheit postuliert wird, können auf Fehlleistungen oder Unwissen hinweisen, müssen es aber nicht; gleichzeitig rufen sie schnell Misstrauen und Zweifel hervor. Der kleinste Fehler einer Behörde bei der Einschätzung eines Sachverhaltes kann ausreichen, um das empfindliche Vertrauensgleichgewicht zu zerstören. Der angeblich laxe Umgang mit der Sicherheit durch private Firmen oder das Verhalten von Regierungsbehörden war in den meisten Fällen der Auslöser dafür, dass einzelne Personen Initiative ergriffen haben, um sich beispielsweise in Bürgerinitiativen zu engagieren.[55] Je mehr Menschen glauben, dass Behörden oder Unternehmen nicht angemessen agieren und nicht wahrheitsgemäß kommunizieren, umso höher ist die Wahrscheinlichkeit, dass sie diesen Behörden ihr Vertrauen entziehen und politisch auf Ablösung oder Reform pochen. Es hat sich beispielsweise bei der Frage der Kernenergie-

54 Löfstedt, R. (2003): Risk Communication. Pitfalls and Promises. In: European Review, 11 (3):417–435.

55 Citrin, J. (1974): Comment: The Political Relevance of Trust in Government. In: The American Political Science Review, 68 (3): 973–988, hier 979.

nutzung gezeigt, dass die Gegnerschaft in gleichem Umfang gewachsen ist, wie das Misstrauen in die Genehmigungsbehörden gestiegen ist.[56]

Vertrauen aufzubauen und zu gewinnen ist eine vielschichtige Aufgabe, die nicht durch Patentrezepte oder mechanische Handlungsanweisungen erledigt werden kann. Die meisten Menschen haben ein gutes Sensorium für inszenierte Vertrauenswürdigkeit. Es gibt keine einfache Formel für das Entstehen von Vertrauen. Vertrauen wächst mit der Erfahrung der Vertrauenswürdigkeit. Niemand liest eine Broschüre, hört einen Vortrag oder nimmt an einem Gespräch teil, wenn der alleinige Zweck ist, Vertrauen in den Kommunikator aufzubauen. Vertrauen ist das sichtbare Ergebnis erfolgreicher und effektiver Kommunikation über Fragen und Probleme. Es gibt nur eine allgemeine Regel für das Entstehen von Vertrauen: *So zu handeln, dass die Erwartungen, die im Vertrauen zum Ausdruck kommen, über die Zeit hinweg erfüllt und dass auftretende Abweichungen plausibel und nachvollziehbar erklärt werden.* Information allein ist niemals ausreichend, um Vertrauen aufzubauen oder zu erhalten. Ohne die Erfahrbarkeit von Vertrauenswürdigkeit gibt es keine Atmosphäre, in der Vertrauen wachsen kann.

> „Vertrauen kann nicht gekauft werden, es kann nicht befohlen werden und es kann auch nicht gelernt oder gelehrt werden; wie wir es auch drehen und wenden, es braucht Zeit zum Entstehen und verlangt in der Regel nach wiederholter Begegnung. Dass wir mehr Vertrauen benötigen, mag ein positives Zeichen sein; es ist aber nicht ausgemacht, dass die gegenwärtigen gesellschaftlichen Entwicklungen (...) tatsächlich die Bedingungen schaffen, die nötig sind, damit das verlangte Vertrauen entstehen kann.“[57]

Mit diesem abschließenden Zitat von Martin Hartmann gelingt uns auch der Übergang von der Perspektive des einzelnen zu einer erweiterten Perspektive zur Nutzung der Medien, vor allem der neuen sozialen Medien.

---

56 Slovic, P., Flynn, J., Mertz, C. K, Poumadere, M. und Mays, C. (2000): Nuclear Power and the Public. A Comparative Study of of Risk Perception in the United States and France. In: O. Renn und B. Rohrmann (Hrsg.): Cross-Cultural Risk Perception: A Survey of Research Results. Kluwer: Dordrecht und Boston, S. 55–102, hier S. 88f; für Nukleare Endlager siehe: Flynn.J.; Burns, W.; Mertz, C.K. und Slovic, P. (1992): Trust as a Determinant of Opposition to a High-Level Radioactive Waste Repository: Analysis of a Structural Model. In: Risk Analysis, 12 (3): 417–429.

57 Hartmann, M. (2001): Einleitung. In: M. Hartmann und C. Offe (Hrsg.): Vertrauen. Die Grundlage des sozialen Zusammenhalts. Campus: Frankfurt am Main, S. 7–34, hier S. 34.

# Teil IV:

# Gefangen sein in Echoräumen: das Post-Informations-Dilemma

## Die Kunst der Selbstbespiegelung

> „So sehr Medien heute verbinden können, so sehr vermögen sie auch zu trennen. Das ist nichts Neues, erreicht aber eine neue Dimension. Tausenden gedruckten Publikationen allein in deutscher Sprache, Tendenz steigend, steht heute ein Vielfaches an spezialisierten Internetforen gegenüber, die Freunde seltener Blumen, Heilkünste oder Sexualpraktiken sortenrein bedienen. Diese Orte heißen Echoräume, weil Gleichgesinnte die eigene Auffassung wie ein Echo zurückbekommen.“[1]

Die Medienlandschaft hat sich verändert. Zum ersten hat sich der Druck auf hohe Effizienz und Produktivität bei den traditionellen wie neuen Medien stark erhöht, zum zweiten wächst der Wunsch nach zeitnaher, aktueller Unterrichtung und zum Dritten sind über das Internet und die Sozialen Medien völlig neue Akteure auf die Medienbühne getreten.[2] Alle drei Veränderungen haben die Bedingungen für die Kommunikation über Medien dramatisch verändert. Vor allem die online Medien haben kaum mehr die Zeit, eingehende Meldungen und Nachrichten in aller Ruhe zu prüfen.

---

1 Aus: http://www.zeit.de/2015/40/leitmedien-entscheidungen-meinungen-virale-netze/seite-2 (abgerufen am 13.8.2018).

2 Dazu siehe den Sammelband von P. Weingart und P. Schulz (2014): Wissen – Nachricht- Sensation. Zur Kommunikation zwischen Wissenschaft, Öffentlichkeit und Medien. Velbrück: Weilerswist; vor allem die beiden Kapitel: Weingart, P. und Schulz, P. (2014): Das schwierige Verhältnis zwischen Wissenschaft, Öffentlichkeit und Medien. In: ebenda, S. 9–18; sowie Siegert, G. (2014): Die Logik des Medienmarkes und die Konsequenzen für die Wissenschaftsthematisierung. In: ebenda, S. 102–143.

Ich erinnere mich beispielsweise an einen Anruf einer bekannten online Zeitschrift nach dem tragischen Flugzeugabsturz der German Wings in den französischen Alpen. Der Redakteur wollte von mir wissen, ob es schon früher Beispiele für selbst herbeigeführte Abstürze durch Piloten oder Copiloten gegeben hätte. Da ich diese Informationen nicht direkt verfügbar hatte, bat ich ihn um eine Frist von 30 Minuten, die ich zur Überprüfung meiner statistischen Unterlagen benötigen würde. Daraufhin winkte der Redakteur entnervt ab und sagte mir: „Lieber Herr Renn, solange kann ich leider nicht warten!"

Neben der Schnelligkeit der Übermittlung und der damit verbundenen Gefahr, dass Nachrichten ungeprüft in der Welt verbreitet werden, steht die neue Medienlandschaft auch für eine Spezialisierung vor allem von internetbasierten Kanälen für alle möglichen bis absurden Interessengruppen, ideologischen Spielarten und ausgefallenen Hobbys.[3] Dass es für jede Gruppe eine eigene Plattform zum Austausch von Ideen und Neuigkeiten gibt, ist sicherlich begrüßenswert. Es kann aber dazu führen, wie ich dies später noch ausführlicher darlegen werde, dass man sich im eigenen Echoraum einschließt und sich dadurch gegen andere Positionen, Meinungen oder Argumente immunisiert.[4] Die Möglichkeit, zu allen Ereignissen bzw. Kommunikationsinhalten anonym Stellung nehmen zu können, führt oft zu einer respektlosen und sogar beleidigenden Form der Reaktion auf andere. Dies wird in der Fachsprache mit Shit Storm bezeichnet.[5] Ich selber bin einmal Opfer eines solchen Shit Storms gewesen und es hat mich verletzt, selbst wenn man die Mechanismen der sozialen Medien recht gut zu kennen glaubt.

Im Folgenden werde ich die Veränderungen in der Medienlandschaft etwas genauer unter die Lupe nehmen und vor allem die Reaktionen der Me-

---

3 Siehe dazu weitere Beispiele in McIntyre (2018), a. a. O., S. 113ff.

4 „Der sogenannte Echo-Chamber-Effekt verstärkt Nachrichten vor allem innerhalb jener Gruppen, die ohnehin einer bestimmten Ideologie oder politischen Richtung anhängen. Mit anderen Worten: Ob TTIP-Gegner oder Finanzmarktkritiker, ob Pegida-Anhänger oder Neokonservative: Sie alle abonnieren auf Facebook oder anderen sozialen Medien vor allem jene Kanäle, deren Feeds ihre Sicht der Dinge bestätigen. Warum dieses System so gut funktioniert? Weil der Mensch nichts so sehr hasst, wie kognitive Schieflagen, den Zweifel, das Infragestellen der eigenen Position. Er fühlt sich am wohlsten, wenn er sich – eben wie in einem Echoraum – mit seiner Meinung in guter Gesellschaft, in einer gefühlten Mehrheit glaubt". Aus Ziener, M. (2016): Wohlfühlen im Echoraum. In: Newsletter der IPG (International Politik und Gesellschaft) vom 9.5.2016, o. S. http://www.ipg-journal.de/kommentar/artikel/wohlfuehlen-im-echoraum-1416/ (abgerufen am 30.10.2018).

5 Zum Thema shit storm siehe: Dueck, G. (2017): Flachsinn im Attracticon. In: Informatik-Spektrum, 40 (1): 108–112.

dienrezipienten auf die neue Situation beschreiben. Die Frage ist: Wie wirkt sich diese neue Medienlandschaft auf unser Verständnis von der Wirklichkeit und unser Wissen über die Wirklichkeit aus?

## Die Massenmedien als Übermittler von Wissen

Ohne Zweifel sind wir bei der Beurteilung von komplexen Sachverhalten auf die Informationen Dritter angewiesen. Neben direkten Gesprächen mit anderen Menschen, die aber, von Ausnahmen abgesehen, ebenso wenig über komplexe Zusammenhänge aus eigener Lebenserfahrung beisteuern können, ziehen wir die meisten Informationen aus den öffentlichen Medien: den Zeitungen, dem Fernsehen, dem Radio und zunehmend aus dem Internet.[6] Im Rahmen einer empirischen Studie zu Technikängsten sagte einer der Interviewpartner aus dem Bereich der Medien: „So wie die Sinnesorgane eines Menschen eine Gefahr signalisieren und dadurch Angst auslösen, so informieren heute Medien die Öffentlichkeit über dieses und jenes – und Ängstliche bekommen Angst."[7]

An dieser Stelle folgt schnell die Schuldzuweisung. Sind es nicht die „bösen" Medien, die harmlose Gefahren zu Katastrophen hochstilisieren, die wissenschaftliche Fakten verdrehen und die Sensationen im Visier haben, unabhängig davon, ob die Meldung stimmt oder nicht? Die Antwort ist „Jein". Ohne Zweifel sind die Medien in unserer Gesellschaft die zentralen Vermittler von Informationen über schwer durchschaubare Zusammenhänge. Sie sind in dieser Funktion keineswegs nur neutrale Berichterstatter, wie sie sich gerne in der Öffentlichkeit präsentieren, aber ebenso wenig ideologisch verbrämte Gesinnungstäter, die skrupellos Tatsachen verdrehen, um ihren Standpunkt durchzusetzen.

Die moderne Medienforschung hat inzwischen die Kommunikationskette, beginnend mit dem Anlass der Berichterstattung, über die Kodierung einer Botschaft durch die Journalisten bis zum Verständnis der ausgesand-

6 Schulz, W. (1976): Die Konstruktion von Realität in den Nachrichtenmedien. Analyse der aktuellen Berichterstattung. Alber: Freiburg und München. Sowie: Vgl. Schmidt, S.J. (2000): Medien – die alltäglichen Instrumente der Wirklichkeitskonstruktion. In: H.R. Fischer und S.J. Schmidt (Hrsg.): Wirklichkeit und Welterzeugung. Carl-Auer-Verlag: Heidelberg, S. 77–84.

7 Röglin, H.-C. (1994): Technikängste und wie man damit umgeht. VDI Verlag: Düsseldorf, S. 30.

ten Botschaften beim Medienkonsumenten eingehend unter die Lupe genommen.[8] Journalistinnen und Journalisten vermitteln dabei weder ein Abbild der Realität, noch übernehmen die Medienkonsumenten genau die Deutung, die Journalisten und Journalistinnen mit ihrer Botschaft verbunden haben. Die im Journalismus tätigen Personen nehmen wie jeder Mensch physische Signale (etwa als Augenzeuge eines Unfalls) und kommunikative Signale (Interviews mit Betroffenen, Hintergrundberichte, Stellungnahmen) auf und verarbeiten sie zu eigenen Deutungsmustern. Dieser Prozess journalistischer Deutungszuschreibungen ist einerseits von individuellen Vorlieben und Interpretationsmustern des jeweiligen Journalisten geprägt, aber viel stärker noch von kollektiv wirksamen Konventionen des Journalismus.[9] Das sind Auswahl- und Interpretationsmuster, die zum professionellen Standard des Journalismus gehören und nach denen der Nachrichtenwert einer Information bewertet wird.[10] Diese Standards sind zum großen Teil für alle Medien gültig, zum Teil sind sie medienspezifisch. Diese Muster der Selektion und Verstärkung beeinflussen die Wahl und Relevanz der öffentlich wirksamen Themen (Gatekeeper-Funktion) und bestimmen weitgehend die Prioritäten für den öffentlichen Diskurs.[11] Oder wie es ein Politiker mir gegenüber einmal zum Ausdruck brachte: „Worüber wir am Dienstag in Berlin sprechen, lesen wir am Montag zuvor im Spiegel".

Wie wählen Medien ihre Inhalte aus? Zunächst gibt es formale Selektionskriterien, die den Nachrichtenwert einer Meldung ausmachen. Meldungen müssen aktuell, unerwartet, in ihren (vor allem sozialen) Auswirkungen weitreichend und im Rahmen des jeweiligen Kontextes außergewöhnlich sein.[12] Denken Sie beispielsweise an die Selbstmordattentäter überall in der Welt. Als dieses Phänomen relativ neu war, wurde jedes Selbstmordattentat auf Seite 1 der Tageszeitung gesetzt. Nach einiger Zeit hat man sich aber so an diese Ereignisse gewöhnt, dass nur noch außerge-

8 Für die folgenden Ausführungen orientierte ich mich stark an dem Sammelband von: H. Bonfadelli O. Jarren und G. Siegert (Hrsg.) (2010): Einführung in die Publizistikwissenschaft. 3. Auflage. Haupt: Bern, vor allem die Kapitel 4–6.

9 Marcinkowski; F. und Marr, M. (2010): Medieninhalte und Medieninhaltsforschung. In: Bonfadelli et al., a. a. O., S. 477–518.

10 Kepplinger, H. M. (2011): Der prognostische Gehalt der Nachrichtenwerttheorie. In. H. M. Kepplinger: Journalismus als Beruf. VS-Verlag für Sozialwissenschaften: Wiesbaden, S. 77–99, hier S. 78ff.

11 Rössler, P. (1997): Agenda-Setting. Theoretische Annahmen und empirische Evidenzen einer Medienwirkungshypothese. Westdeutscher Verlag: Opladen.

12 Kepplinger, H. M. (2011), a. a. O. S. 79; Siehe dazu auch die Aufstellung von Selektionsmechanismen in: Breakwell, G. M. (2014): The Psychology of Risk. 2. Auflage. Cambridge University Press: Cambridge, S. 172ff.

wöhnliche Attentate mit vielen hunderten Toten auf den ersten Seiten der Tageszeitungen (oder am Anfang der Fernsehnachrichten) Eingang fanden. Wir gewöhnen uns relativ schnell an neue Kontextbedingungen, selbst wenn sie für uns insgesamt sehr unangenehm wirken. Das Gleiche trifft auch auf die Medien zu. Auch sie sind in einem sogenannten Aufmerksamkeitszyklus gefangen.[13] Wenn keine wirklich neuen Informationen mehr folgen, verliert jedes Thema schnell an Attraktivität und wird schließlich ganz aus dem öffentlichen Bewusstsein verschwinden, auch wenn das dahinterliegende Problem keinesfalls gelöst ist.

Dazu gehört auch, dass Medien in der Regel aktuelle Ereignisse aufgreifen und kontinuierliche Entwicklungen meist aussparen.[14] So wurde etwa über die Dioxin-Emissionen aus Müllverbrennungsanlagen in aller Breite berichtet, dagegen wurden die laufenden technischen Verbesserungen dieser Anlagen zur Reduktion von Dioxin bis an die Grenze des Nachweises kaum von den Medien aufgegriffen. Schon die Tatsache, dass die Medien über ein Thema besonders häufig kommunizieren, führt bei den Rezipienten oft zu der Vermutung, dieses Thema sei besonders umstritten und deshalb sei erhöhte Vorsicht geboten. Diesen Neuigkeitseffekt kann man bei jedem Flugzeugabsturz beobachten.[15] In den ersten beiden Tagen nach dem Absturz wird jeder, der sich schon einmal öffentlich als Fachmann oder Fachfrau für den Flugverkehr zu erkennen gegeben hat, als Experte vor die Kamera der Fernsehanstalten gezerrt, um über die Ursache des Absturzes zu spekulieren. Da hört man häufig abenteuerliche Horrorgeschichten, warum gerade dieses Flugzeug abstürzen musste. Meistens wird nach zwei bis drei Wochen der Flugschreiber gefunden und ausgewertet. Diese Informationen zusammen mit den Ergebnissen der jeweiligen Untersuchung ergeben in der Regel ein stimmiges Bild über die tatsächliche Ursache des Absturzes. Allerdings werden Sie diese Nachricht bestenfalls in der Zeitung auf Seite 9 unter Vermischtes wiederfinden. Ist die erste Aufregung über den Absturz einmal vorbei, scheint sich für die wahre Ursache außer den Fachleuten niemand mehr zu interessieren.

---

13 Kolb, S. (2005): Mediale Thematisierung in Zyklen. Theoretischer Entwurf und empirische Anwendung. Herbert von Halem: Köln, hier vor allem, S. 121ff. Die Aufmerksamkeitszyklen gehen auf den klassischen Aufsatz von Downs zurück: Downs, A. (1972): Up and Down with Ecology – The ‚Issue-Attention Cycle.'" In: The Public Interest, 28: 38–50.

14 Breakwell (2014), a. a. O., S. 175.

15 Cobb, R. W. und Primo, M. (2003): The Plane Truth: Airline Crashes, the Media, and Transportation Policy. The Brookings Institution: Washington, D. C.

Medien sind darüber hinaus in einen engmaschigen und auf Effizienz getrimmten Produktionskreislauf eingebunden. Aus Kostengründen werden zunehmend Redaktionen ausgedünnt und die entsprechenden Artikel oder Sendungen von freiberuflichen Journalisten erstellt.[16] Da diese andauernd im Wettbewerb zueinanderstehen, gerät die Recherche oft genug zu einer nur oberflächlichen Suche nach Argumenten und Daten. Bei der verzweifelten Suche nach einzigartigen und sensationellen Vorkommnissen werden gelegentlich sogar Ereignisse inszeniert, um einen entsprechenden Eindruck bei den Redaktionen zu hinterlassen.[17] Dabei geraten zum Beispiel spektakuläre Aktionen von Chaoten und Militanten ins Visier der Medienberichterstattung, die im Spektrum der jeweiligen Protestbewegung einen verschwindend geringen Anteil haben. Gleichzeitig zeigen empirische Untersuchungen, dass Medien journalistisch gut aufgemachte Presseerklärungen von Industrie und staatlichen Organen oft ungeprüft übernehmen. Dies tun sie jedoch nicht, wenn die Pressemitteilungen von Umweltverbänden oder anderen zivilgesellschaftlichen Gruppen stammen.[18] Auf diese Weise ist die gebotene Neutralität der Medienberichterstattung gefährdet.

Mit der gebotenen Neutralität ist es jedoch nicht so einfach, wie es auf den ersten Blick erscheint. Denn wir haben es auch bei den Medienberichten immer mit Deutungen zu tun, die Menschen aus den vielen Signalen herauslesen und selektiv verstärken. Wie amerikanische Untersuchungen nahelegen, sind Häufigkeit und Länge der Berichterstattung über Katastrophen weniger von deren unmittelbaren Folgen (etwa Zahl der Toten oder

---

16 Siegert; G.; Meier, W.A: und Trappel, J. (2010): Auswirkungen der Ökonomisierung auf Medien und Inhalte. In: Bonfadelli et al., a. a. O., S. 519–547.

17 Der Filmemacher Michael Born jubelte Jauchs „Stern TV"-Redaktion als freier Mitarbeiter von 1992 bis 1994 gefälschte Filme unter. Mal sendete das Fernsehmagazin ein angebliches Ku-Klux-Klan-Treffen in der Eifel, das Born mit Freunden inszeniert hatte. Ein anderes Mal ließ der Fälscher angebliche Kindersklaven in Indien für Ikea Teppiche knüpfen. http://www.focus.de/panorama/vermischtes/medienskandale-erst-sensation-dann-skandal-zu-was-journalistische-schlamperei-fuehren-kann_aid_297175.html, (abgerufen am 30.10.2018). Aktueller noch ist das Beispiel um den Spiegel Journalisten Class Relotius, der in seinen Reportagen massive Fälschungen eingebaut hatte, um sie gegenüber der Leserschaft wirksamer erscheinen zu lassen. Siehe: https://www.welt.de/kultur/video185897118/Spiegel-Skandal-Preisgekroenter-Journalist-hat-Reportagen-frei-erfunden.html (abgerufen am 31.12.2018).

18 „Legt man zudem interne Medienanalysen von Wissenschaftsorganisationen zugrunde, kann bei vorsichtiger Schätzung angenommen werden, dass von den durch die Massenmedien aufgegriffenen Pressemitteilungen dieser Institutionen mehr als jede zehnte Pressemitteilung von den Redaktionen praktisch 1:1 übernommen wird – nicht zuletzt aufgrund der personell und strukturell verschärften Situation". Aus: Nationale Akademie Leopoldina, Deutsche Akademie der Technikwissenschaften und Berlin-Brandenburgische Akademie der Wissenschaften (2014): Zur Gestaltung der Kommunikation zwischen Wissenschaft, Öffentlichkeit und den Medien. Stellungnahme. München, S. 15.

Verletzten) bestimmt als vom sozialen und politischen Kontext der Katastrophe.[19] Gelten die Ursachen der Katastrophe oder einer Krankheitsepidemie als nicht vom Menschen beeinflusst (wie etwa bei einem Erdbeben), dann sinkt das Interesse der Medien an diesem Ereignis sehr schnell, es sei denn es gäbe Versäumnisse bei der Katastrophennachsorge zu vermelden. Ein Erdbeben in China, selbst wenn viele Tote zu beklagen sind, beherrscht die Zeitungen bestenfalls zwei Tage. Dann ist der Vorgang nicht mehr aktuell. Vermutet man dagegen bei einer Katastrophe menschliches Versagen oder sogar schuldhaftes Verhalten, dann kann man sicher sein, dass hier die Medien nicht lockerlassen werden, selbst wenn das Ereignis wenig folgenschwer ist.[20] Je mehr Konflikte mit einem Ereignis verbunden sind, desto interessanter ist dieses Thema für die Medien. Für den Medienkonsumenten ist jedoch die häufige Berichterstattung ein Zeichen dafür, dass wir es hier mit einem großen Risiko zu tun haben müssen. Hier wirken wie so oft die Faustregeln der Verfügbarkeit und der Gedankenanker.

## Die inszenierte Wirklichkeit: Konflikt und Unsicherheit

Ein weiterer wichtiger Selektionsmechanismus besteht darin, bei Unsicherheit oder Ambiguität der berichteten Zusammenhänge die Pluralität der in der Gesellschaft vorhandenen Deutungsmuster aufzugreifen und sie als Konflikt der Experten zu inszenieren.[21] So heißt es häufig: Während der Chemiekonzern X auf seiner Pressekonferenz betonte, dass vom Produkt Y keinerlei Gefahren ausgehen würden, kritisierte der Sprecher des Umweltverbandes Z den Konzern und wies auf eigene Studien hin, die ein erhebliches Risiko nach Kontakt mit dem Produkt Y nachgewiesen hätten. Selten werden in den Medien bewusst Daten gefälscht oder wichtige Argumente einfach ausgespart, um die Medienkonsumenten zu manipulieren. Im

19 Adams, W. C. (1986): Whose Lives Count? TV Coverage of Natural Disasters. In: Communication, 36 (2): 113–122.

20 Rubin, D. M., (1987): How the News Media Reported on Three Mile Island and Chernobyl. In: Communication, 37 (3): 42–57.

21 Dunwoody, S. und Peters, H. P. (1992): Mass Media Coverage of Technological and Environmental Risks: A Survey of Research in the United States and Germany. In: Public Understanding of Science, 1 (2):199–230. Sowie: Bauer, M. W. (2013): The Knowledge Society Favours Science Communication, but Puts Science Journalism into the Clinch. In: P. Baranger und B. Schiele (Hrsg.): Science Communication Today. International Perspectives, Issues and Strategies, Paris: CNRS Edition.

Gegenteil: Die meisten Journalistinnen und Journalisten suchen ständig nach Expertinnen oder Experten, die unterschiedliche Auffassungen vertreten, um die gesamte Bandbreite der möglichen Interpretationen zu übermitteln.[22] Dies ist nach journalistischer Tradition ein Gebot der Fairness. Wenn Fachleute eine Behauptung aufstellen oder eine neue Studie vorstellen, dann suchen die Journalisten fieberhaft nach Gegenexperten, die diese Ergebnisse infrage stellen oder andere Interpretationen der Daten liefern.

Auch ich bin schon häufig von Medienvertretern angerufen worden mit der Bitte, doch zum Thema X oder Y Stellung zu nehmen. Bevor ich dann allerdings etwas sagen konnte, wurde mir schon deutlich gemacht, was man gerne von mir hören wollte. Medienschaffende benutzen dafür häufig ein inneres Drehbuch, in dem sie die Dramaturgie des Experten und der möglichen Gegenexpertin bereits eingebaut haben. Manchmal haben Journalisten trotz großen Drehaufwandes ein Interview mit mir entnervt abgebrochen, weil ich nicht genau das ausgesagt hatte, was sie in ihrem inneren Drehbuch für mich vorgesehen hatten.

Bei der Übermittlung der Pluralität von Deutungen und Schlussfolgerungen kommt es in der Berichterstattung der Medien weder darauf an, den Grad der wissenschaftlich vorgegebenen Gültigkeit der jeweiligen Behauptung zu erläutern, noch Medienrezipienten darüber zu informieren, ob die jeweiligen Zitate und Zuschreibungen den Standpunkt der Mehrheit der Fachleute oder lediglich die Position eines absoluten Außenseiters widerspiegeln. Dies ist auch leicht nachzuvollziehen, weil die meisten Medienschaffenden ebenso wenig Fachleute auf dem jeweiligen Gebiet sind wie die meisten von uns. Sie können weder die Gültigkeit von Positionen im Sinne wissenschaftlicher Beweisführung, noch die Repräsentativität einer abweichenden Meinung beurteilen. Sie haben keine Möglichkeit, die Aussagen der jeweiligen Experten und Expertinnen im Einzelnen nachzuprüfen. Daher beschränken sie sich meist darauf, nur die Standpunkte und die damit verbundenen Konflikte an die Medienkonsumenten weiterzuleiten.[23]

---

22 Weingart, P. und Pansegrau, P. (1997): Von der Hypothese zur Katastrophe – die Verarbeitung wissenschaftlicher Unsicherheit in den Medien. In: ZiF-Mitteilungen, 2: 25–32. Sowie: Peters, H. P. (1991): Durch Risikokommunikation zur Technikakzeptanz? Die Konstruktion von Risiko ‚Wirklichkeiten' durch Experten, Gegenexperten und Öffentlichkeit. In: J. Krüger und St. Ruß-Mohl (Hrsg.): Risikokommunikation. Edition Sigma: Berlin, S. 11–67.

23 Interessanterweise hat die BBC in England Richtlinien für die Wissenschaftsberichterstattung herausgegeben, die Journalisten und Journalistinnen verpflichten, Minderheitsmeinungen bei wissenschaftlichen Fragestellungen adäquat zu berücksichtigen. Was sicher gut gemeint ist, kann aber wie oben aufgeführt zur Konfusion beitragen.

*Medien reflektieren soziale Ereignisse, weniger physische Auswirkungen.* Wenn sich also die Akteure in einer Konfliktsituation über die notwendigen Formen der Konfliktlösung streiten, wie dies etwa bei der Frage der erforderlichen Maßnahmen gegen Terrorismus oder illegale Einwanderung der Fall ist oder wenn sich die betroffenen Parteien gegenseitig die Schuld an negativen Ereignissen zuweisen, dann sind diese sozialen Ereignisse wichtige Auslöser und Verstärker für die Berichterstattung der Medien. Ob es sich bei dem Streit nur um ein Scheingefecht handelt oder ob der Anlass des Streits eine wirkliche Bedrohung darstellt, spielt für die Medientauglichkeit eines Ereignisses kaum eine Rolle. Medien reagieren auf die soziale Konstruktion der Wirklichkeit und nicht auf die „Wirklichkeit selbst" oder ihre naturwissenschaftliche Erfassung.[24]

Für die Öffentlichkeit entsteht dabei der Eindruck, dass die Aussagen von Wissenschaft und Fachbehörden grundsätzlich umstritten seien und die Experten bzw. Expertinnen entweder unwissend oder bestochen sein müssen. Für die Medienkonsumenten hat dieser Hang zur Pluralität weitreichende Folgen. Sie erhalten bei der Berichterstattung eine Fülle von unterschiedlichen Deutungsmustern, aus denen sie sich das für sie passende Muster auswählen können. Wirken dann die Mechanismen der kognitiven Dissonanz, so ist klar, wohin die Reise geht. Aus der Fülle der Standpunkte, die mir die Medien auf dem Tablett präsentieren, nehme ich natürlich genau die heraus, die meiner bisherigen Einstellung zu diesem Thema entsprechen. Die meisten von uns werden sich aus der Gegenüberstellung von Zitaten unterschiedlicher Experten das Zitat heraussuchen und in Erinnerung behalten, das im Sinne der kognitiven Dissonanzreduktion die eigene Denkweise bestärkt. Nur das Zitat erscheint glaubwürdig, das genau das wiedergibt, was wir auch glauben. Wenn ich also der festen Überzeugung bin, dass Flüchtlinge aus arabischen Ländern lauter Terroristen und Vergewaltiger sind, dann werde ich mir bei Zeitungsberichten über sexuelle Übergriffe oder politisch motivierte Straftaten natürlich die Expertise auswählen, die genau die Absolutzahlen bringt, die einen überprozentualen Anteil an diesen beiden Straftaten in den Mittelpunkt der Berichterstattung legt. Oder umgekehrt, wenn ich der Meinung bin, dass die meisten Flüchtlinge selber Opfer sind und nach Deutschland gekommen sind, um hier Zuflucht

24 Wilkins, L. und Patterson, P. (1987): Risk Analysis and the Construction of News. In: Communication, 37, (3): 80–92.

zu finden, dann freue ich mich, in der Zeitung zu lesen, dass es wieder gelungen ist, eine Reihe von Flüchtlingen aus arabischen Ländern erfolgreich in den Berufsmarkt zu integrieren. Bei der Verbrechensstatistik konzentriere ich mich auf den prozentualen Anteil der Ausländer, die schwere Straftaten begangen haben. Und das sind weniger als 1 Prozent. Da die Medien die Pluralität von Meinungen, aber nicht deren Proportionalität und Treffgenauigkeit widerspiegeln, finden wir auch in den meisten Berichten genügend Deutungsangebote, um all das bestätigt zu finden, was wir ohnehin schon glaubten (oder ahnten) zu wissen.

Dazu kommt noch, dass wir stets glauben, wir seien immun gegen gefärbte Berichterstattung in den Medien.[25] Wir sind der festen Überzeugung, dass wir selber in der Lage seien, mögliche Verzerrungen zu erkennen. Nur die anderen Medienkonsumenten würden dagegen leicht Opfer ihrer Gutgläubigkeit und ließen sich durch die Medien über Gebühr beeinflussen. Diese Überzeugung wirkt wie eine Immunisierung für unsere Meinungen. Wenn andere anders denken, haben sie sich von den (natürlich falschen) Medien in eine falsche Richtung manipulieren lassen. Uns kann das natürlich nicht passieren. Und so können wir beruhigt bei der Meinung bleiben, die wir schon immer hatten.

Die Selektionskräfte der Medien verstärken Pluralität, Konfliktwahrnehmung und Moralisierungen. Dahinter versteckt sich meist kein böser Wille oder sogar eine finstere Verschwörungstheorie (obwohl es dafür leider auch Beispiele gibt). Im Prinzip bedienen die Medien mit ihren Angeboten das, was die Medienkonsumenten bewusst oder unbewusst nachfragen: Sensation, soziale Anerkennung durch die Rückversicherung, dass die eigene Weltanschauung auch von anderen geteilt wird, und Möglichkeiten für Projektion und Schuldzuweisung.[26] Die Produzenten von Medieninhalten und deren Abnehmer spielen also auf den gleichen Seiten des Klaviers – der eine

25 Dieser sog. Dritt-Person-Effekt (Third Person Effect) ist eines der empirisch best gesicherten Ergebnisse der internationalen Medienforschung. Siehe dazu: Tsfati, Y. und Cohen, J. (2013): Perceptions of Media and Media Effects. The Third-Person Effect, Trust in Media, and Hostile Media Perceptions. In: A. N. Valdivia und E. Scharrer (Hrsg.): The International Encyclopedia of Media Studies: Media Effects/Media Psychology. 1. Auflage. Blackwell: London, ohne Seitenangabe.

26 Nach Green und Brock (2002) sind folgende Faktoren für die Wirkung einer Geschichte zentral: kognitive Übereinstimmung mit eigenen Vorstellungen und Einstellungen, emotionale Ansprache, Gefühl der Spannung (Sensation) und Attraktivität der mentalen Bilder, Siehe: Green, M. C. und Brock, T. C. (2002): In the Mind's Eye: Transportation-imagery Model of Narrative Persuasion. In: M. C. Green, J. J. Strange, J. J. und T. C. Brock, T. C. (Hrsg.): Narrative Impact: Social and Cognitive Foundations. Erlbaum; Mahwah, S. 315–342.

auf den schwarzen und der andere auf den weißen Tasten. Umso wichtiger ist es deshalb, dass wir die Mechanismen dieses Klavierspielens erkennen und uns davon nicht einlullen lassen. Gerade dann, wenn wir den Eindruck haben, dass alle Welt bereits die richtige Einsicht besitzt, außer den gerade am Pranger stehenden Politikerinnen oder Politikern, bzw. den Vertreterinnen oder Vertretern aus Wirtschaft und Wissenschaft, dann ist Vorsicht angebracht. Politisch korrekte Expertisen (political correctness) sind nicht immer korrekt. Und das, was wir als Bestätigung des von uns immer schon Gedachten ansehen, entpuppt sich häufig als nichts anderes als ein Echo auf unsere eigenen Empfindungen, die wir in den Kommunikationsangeboten der anderen herauszulesen glauben.

Dass diese Gefahr der Einkapselung in unsere eigene Deutungswelt durch die sogenannten Neuen Medien noch verstärkt wird, werde ich im nächsten Kapitel vertiefen. Hier ging es mir vor allem um die Wirkung der klassischen Medien auf unsere Urteilsbildung. Wenn wir darüber hinaus Medien, und hier vor allem die neuen Sozialen Medien als Konstrukteure einer eigenen Wirklichkeit sehen, dann ergibt sich noch ein viel subtileres Bild medialer Einflussnahme.

## Die virtuelle Realität

Medien schaffen eine dritte Form der Realität, die parallel zu der objektiv umgebenden Realität und deren Repräsentation in Form unserer individuellen und kollektiven Deutungsmustern verläuft. Diese virtuelle Realität folgt ihren eigenen Regeln und Gesetzmäßigkeiten.[27] Sie ist zunächst einmal getragen von einer Fokussierung auf das Außergewöhnliche, auf Handlungen und Geschehnisse, eben auf die Dramen, die auch in den anderen Medien das Bild dominieren. Aber anders als in Romanen oder Zeitungen verwischt sich mit den Medien Fernsehen und Internet zunehmend die Grenze zwischen erlebter und konstruierter Realität, zwischen Fiktion und

27 Einführungen dazu: Fuchs, C. (2017): Social Media: A Critical Introduction. Sage: New York, S. 86ff. sowie Biocca, F.; Kim, T. und Levy, M. (1995): The Vision of Virtual Reality. In: F. Biocca und M. Levy (Hrsg): Communication in the Age of Virtual Reality. Lawrence Erlbaum Associates: Hillsdale, USA, S. 3–14; Eine Einführung in Deutscher Sprache zu diesem Thema bietet; Krämer, S. (1998): Medien, Computer, Realität: Wirklichkeitsvorstellungen und Neue Medien. Suhrkamp: Frankfurt am Main.

Wirklichkeit und zwischen Projektion und faktischer Analyse.[28] Fotos und Filme können heute so manipuliert werden, dass man die Manipulation nicht mehr nachweisen kann. Mehr noch: Das Internet schafft häufig einen Hybrid zwischen realer und virtueller Welt mit unklaren Grenzen. Die postmoderne Devise „Alles geht“ ist hier zu einer eigenen, in sich abgeschlossenen Wirklichkeit geworden. Das gilt in besonderem Maße für die Internet-Welt, die neben dem Mittel der selektiven Bildgestaltung auch die Möglichkeiten der Simulation und Collage für die von ihr erzeugten Welten verwendet. Figuren im Internet müssen weder die Gesetzmäßigkeiten der Physik, noch die komplexen Strukturen menschlicher Gemeinschaften berücksichtigen. Ihre Plausibilität ziehen sie vor allem aus ihrer psychologischen Attraktivität, d. h. aus ihrer gezielten Ausrichtung auf die Bedürfnisse des Menschen und ihrer (pseudo)-realistischen Nachbildung uns vertrauter Kulissen und stereotyper Abläufe.[29] Dadurch entstehen eigene Welten in parallelen Universen von Deutungsmustern.

Dies fängt schon bei den Nachrichtensendungen an. Während meines mehrjährigen Aufenthaltes in den USA (von 1986 bis 1992) war ich immer überrascht, wie Nachrichten über mein Heimatland Deutschland in den USA aufbereitet wurden. In die Sprache der Sozialwissenschaften übersetzt, welche „Frames“ hier in besonderem Maße wirksam waren. Ein Großteil der Nachrichten, die über Deutschland verbreitet wurden, beschäftigte sich mit der Wiedererstarkung der rechten Szene in Deutschland. Die Bilder, die als Hintergrund gewählt wurden, zeigten martialische Aufmärsche von rechtsradikalen Gruppierungen und Fotos von stark mitgenommenen Opfern rechter Gewalt. Meine Kolleginnen und Kollegen an der Clark Universität, an der ich überwiegend unterrichtet habe, waren zutiefst besorgt, vor allem diejenigen, die jüdischer Abstammung waren. Viele von ihnen hatten Verwandte im Holocaust verloren. Die bange Frage an mich lautete: „Verfällt Deutschland wieder dem Naziwahn?“ Es war für mich sehr schwierig, deut-

28 Vgl. Bühl, A. (1997): Die virtuelle Gesellschaft: Ökonomie, Politik und Kultur im Zeichen des Cyberspace. In: Gräf, L. und Krajewski, M. (Hrsg.): Soziologie des Internet. Handeln im elektronischen Web-Werk. Campus: Frankfurt am Main, S. 39–59, hier S. 56 und 57. Allgemein dazu: Ellis, S. R. (1993): Pictorial Communication: Pictures and the Synthetic Universe. In: S. R. Ellis (Hrsg.), Pictorial Communication in Virtual and Real Environments. 2. Auflage. Taylor & Francis.: Washington, D. C., S. 22–40.

29 Westphahl, K. (2007): Täuschend echt – Reflexionen über neue Hör- und Bildräume. In: W.-A. Liebert und T. Metten (Hrsg.): Mit Bildern lügen. Herbert von Halem Verlag: Köln, S. 141–155. Vgl. auch Pansegrau, P. und Weingart, P. (2004): Von Menschenzüchtern, Weltbeherrschern und Abenteurern – Die Wissenschaft im Spiegel Hollywoods. In: Forschung an der Universität Bielefeld, 27: 23–30.

lich zu machen, dass rechtsradikale Bestrebungen in Deutschland nicht häufiger und politisch wirksamer waren als entsprechende Bewegungen in den USA. Oft genug wurde mir der Vorwurf gemacht, die wahre Situation in Deutschland zu verharmlosen.

Da Bilder den Eindruck von Objektivität und Unparteilichkeit vermitteln, haben sie eine hohe Suggestionskraft.[30] In meiner Vorlesung bitte ich gelegentlich meine Studierenden, alle Staaten in Afrika zu identifizieren, in denen weder Krieg noch Bürgerkrieg herrsche. Eine Studentin meinte daraufhin lakonisch: „Da kann ich ja gleich ein leeres Blatt abgeben!" In Wahrheit sind aber mehr als 60 % der Staaten in Afrika nicht von Krieg und Bürgerkrieg gezeichnet, selbst wenn man lokale kleinere Konflikte miteinbezieht.[31] Natürlich sind die meisten Staaten nicht in unserem Sinne demokratisch geführt, aber die überwiegende Zahl der dort lebenden Menschen kann in Frieden und ohne Angst vor gewaltsamen Übergriffen leben. Sobald die Studierenden dies durch eigene Recherchen mit Suchmaschinen herausgefunden hatten, revidierten viele ihr Bild über Afrika. Da wir in den Medien nie etwas über die friedlichen Regionen Afrika hören, hat sich bei uns ein Bild verfestigt, das den gesamten afrikanischen Kontinent als Hort skrupelloser Diktatoren, kriegerischer Auseinandersetzungen, zermürbender Bürgerkriege und nicht zuletzt brutaler Völkermorde brandmarkt.

Diese Konstruktion von eigenen Wirklichkeiten ist natürlich nicht nur auf Nachrichtensendungen begrenzt. Auch Fernsehfilme und fiktive Sendungen vermitteln dem Zuschauer in noch subtilerer Weise ein Bild der Realität.[32] Und dieses Bild ist keineswegs repräsentativ für das, was es uns vorgibt widerzuspiegeln. Das gilt auch für viele der Themen, die wir in diesem Buch ansprechen. Besonders gut untersucht sind die Darstellung von Gewalt in den Medien und der von ihnen ausgehende Einfluss auf das Realitätsverständnis der Zuschauer.[33]

---

30 Lüthe, R. (2007): Die Wirklichkeit der Bilder. Überlegungen zur Wahrheit bildlicher Darstellung. In: W.-A. Liebert und T. Metten (Hrsg.): Mit Bildern lügen. Herbert von Halem Verlag: Köln, S. 50–63

31 Laut Wikipedia sind zurzeit der Drucklegung (2018) 7 afrikanische Länder in größere Konflikte (zwischen 1–10 000 Tote in den beiden letzten Jahren, 9 mit mittleren Konflikten (100–999 Tote) sowie 5 mit kleineren Konflikte (bis 99 Tote) verwickelt. Afrika hat insgesamt 55 Länder, d. h. 38 % der Länder erleben violente Konflikte. Aus: https://en.wikipedia.org/wiki/List_of_ongoing_armed_conflicts#/media/File:Ongoing_conflicts_around_the_world.svg (abgerufen am 13.8.2018). Siehe auch: https://en.wikipedia.org/wiki/List_of_wars_2011%E2%80%93present.

32 Übersicht in: Schenk, M. (1987): Medienwirkungen. J. C. B. Mohr: Tübingen, S. 87ff.

33 An dieser Stelle geht es nicht um die Frage, ob Gewalt in den Medien die Zuschauer dazu anregt, selbst Gewalttaten auszuüben oder stärker aggressive Verhaltensweisen zu zeigen. Das ist ein Kapitel für sich. Vielmehr soll hier

Wie sieht es denn nun mit der Vermittlung von Gewalttaten in den visuellen Medien aus? Nehmen wir das Beispiel Mord: In Deutschland gibt es pro Tag rund einen Mord (2017 waren es 405: 2016 waren es 373).[34] Wenn man alle Programme auswertet, finden dagegen in den Fernsehsendungen (die Nachrichten ausgenommen) im Schnitt mehr als 50 Morde pro Tag statt. Umgerechnet auf Sender und Tag bedeutet das:[35]

- Bei PRO 7 sind es rund 20 Mordszenen, oder fast stündlich eine,
- Tele 5 und RTL zeigen jeweils 13 Mordszenen am Tag,
- SAT1 präsentiert 9 Morde,
- das ZDF zeigt 7 Mordszenen täglich,
- die ARD zeigt 6.

Nach einer Untersuchung der Fernsehzeitschrift HÖRZU wurden im Berichtsjahr 1998 in TV-Spielfilmen 439 Mal Kinder geprügelt, vergewaltigt, ermordet. 25.000 Morde werden pro Jahr im deutschen Fernsehen gezeigt, 25 Stunden Mordszenen pro Woche.[36] Bei allen Kriminalfilmen wird der Eindruck suggeriert, als ob in deutschen Städten jeden Tag neue Mordopfer zu beklagen sind. In Wirklichkeit haben selbst Großstädte nur mit wenigen Morden pro Monat zu tun. Und die meisten davon geschehen in der Familie oder im Bekanntenkreis. Ähnliches gilt für andere Gewaltdelikte, wie schwere Körperverletzung. Und wenn wir schon dabei sind: Die Zahl der Morde nimmt im Zeitverlauf eher ab: Im Jahre 2000 fielen noch rund 500 Menschen in Deutschland einem Mord zum Opfer.[37] Ab 2003 sind die Zahlen rückläufig. Erst seit dem Jahr 2016 gibt es einen leichten Anstieg, der aber an die hohen Opferzahlen zu Anfang des Jahrtausends bei weitem nicht heranreicht.

---

der Schwerpunkt darauf liegen, wie wir unsere gesellschaftliche Wirklichkeit zunehmend als Abbild der virtuellen Realität wahrnehmen und dabei zu Fehleinschätzungen der realen Situation kommen. Zum Thema: Medien und Gewalt siehe: Perse, E. M., und Lambe, J. (2016): Media Effects and Society. Routledge: London., S. 190ff. Sowie: Zipfel, A. und Kunczik, M. (2004): Gewalt und Massenmedien: Ein Überblick über die Theorien und Befunde der Medienwirkungsforschung. In: M.Walter; H. Kania und H.-J. Albrecht (Hrsg.): Alltagsvorstellungen von Kriminalität. Lit Verlag: Münster, S, 119–136.

34 https://de.statista.com/statistik/daten/studie/2229/umfrage/mordopfer-in-deutschland-entwicklung-seit-1987/ (abgerufen am 13.8.2018).

35 https://de.statista.com/statistik/daten/studie/2229/umfrage/mordopfer-in-deutschland-entwicklung-seit-1987/

36 Müchler, G. (2002): Medien und Gewalt. In: Die politische Meinung, 391: 2.

37 https://de.statista.com/statistik/daten/studie/2229/umfrage/mordopfer-in-deutschland-entwicklung-seit-1987/ (abgerufen am 13.8.2018).

Realität und vermittelte Realität klaffen also weit auseinander. Hat diese Häufigkeit der Gewaltdarstellung einen Einfluss auf unsere Wahrnehmung der Realität? Oder wissen wir nicht alle, dass dies nur erdachte Geschichten sind, die mit der Realität wenig zu tun haben? Ehe Sie vorschnell eine Antwort geben und, wie ich vermute, zu der zweiten Hypothese neigen werden (wir wissen doch alle, dass der Tatort nur erfunden ist), möchte ich ein aufschlussreiches Experiment des Forschers George Gerbner wiedergeben.[38] Der amerikanische Kommunikationsforscher hat sich für seine Untersuchung zwei Gruppen ausgesucht: Gruppe A bestand aus Personen, die täglich mehrere Stunden vor dem Fernsehgerät verbrachten und sich vor allem Krimis, Sitcoms und Spielfilme ansahen. Gruppe B umfasste die Personen, die weniger als der Durchschnitt fernsahen und überwiegend Informationssendungen bevorzugten. Beide Gruppen erhielten von Gerbner den gleichen Fragebogen. Dort waren für eine Reihe von Gewaltverbrechen jeweils zwei Häufigkeiten angegeben: Zum einen die statistisch für die USA ermittelten Werte und zum anderen die aus Inhaltsanalysen der Fernsehfilme abgeleiteten Häufigkeiten. Auf Deutschland übertragen würde zum Beispiel eine Frage lauten: Wie viele Menschen, glauben Sie, werden jeden Tag in Deutschland Opfer eines Mordes? Liegt die Zahl eher bei 1 Person oder eher bei 20 Personen? Das Ergebnis dieser Befragungen war eindeutig. Mitglieder der Gruppe A tendierten in der Mehrzahl zu den Häufigkeitsangaben, die der Forscher aus der Filmstatistik abgeleitet hatte, während die überwiegende Zahl der Mitglieder von Gruppe B die Zahlen aus der Kriminalstatistik als eher realistisch einstuften. Interessanterweise war der Effekt bei der Gruppe A stärker als bei der Gruppe B. Das bedeutet: Die Mitglieder der Gruppe A waren sich weitgehend darin einig, dass die Zahlen aus der virtuellen Realität korrekt waren. Nur eine kleine Minderheit kreuzte die Zahlenwerte aus der Statistik an. Dagegen wählten auch viele Mitglieder der Gruppe B die dramatischeren Zahlen. Zudem war die Zahl der „Weiß nicht" Antworten in der Gruppe B höher. Mitglieder der Gruppe B waren also mehr im Zweifel, welche der beiden angebotenen Zahlen die realen

38 Gerbner, G. (2000): Die Kultivierungsperspektive: Medienwirkungen im Zeitalter von Monopolisierung und Globalisierung. In: A. Schorr (Hrsg.): Publikums- und Wirkungsforschung. Ein Reader. Wiesbaden, S. 101–121. Sowie: Gerbner, G. und Gross, L. (1976): Living With Television: The Violence Profile. In: Journal of Communication, 26 (2): 173–199. Siehe zu diesem Ansatz auch die kritischen methodologischen Bemerkungen in: Potter, J. W. (1993): Cultivation Theory and Research. A Conceptual Critique. In: Human Communication Research, 19 (4): 564–601.

Verhältnisse widerspiegelt. Das weist darauf hin, dass auch diejenigen, die seltener Fernsehfilme konsumieren, nicht immun sind gegenüber den durch die Medien vermittelten Eindrücken über die Realität von Gewaltverbrechen. Offenkundig trägt der Inhalt von fiktionalen Sendungen maßgeblich dazu bei, unser Bild von der Realität nachhaltig zu prägen.

Übertragen auf die Berichterstattung über Ereignisse zeigt sich also, dass die häufige Nennung von bestimmten Behauptungen, etwa Flüchtlinge aus Syrien neigten zu Gewaltverbrechen, und deren Visualisierung bei den Medienkonsumenten zu einer verstärkten Repräsentation dieser Zusammenhänge als besonders häufig und schwerwiegend führt.[39] Dies würden wir auch aufgrund der uns bekannten Faustregeln der Verfügbarkeit und der Repräsentativität erwarten. Doch mit dieser Berichterstattung und den visuellen Bildern sind noch weitere subtilere Implikationen verbunden.

Durch die heutige Medienwelt sind wir weltweit so vernetzt, dass jede Katastrophe, die irgendwo auf der Welt stattfindet, in Sekundenschnelle auf unseren Bildschirmen erscheint oder im Internet verbreitet wird.[40] Auf diese Weise haben wir den Eindruck, dass es in der Welt nur so von Katastrophen wimmelt und wir zunehmend gefährlich leben. Früher blieben diese Katastrophen entweder völlig unbeachtet, weil keine Beobachter in der Nähe waren, um sie uns zu berichten, oder sie wurden nur im lokalen Umfeld verbreitet. Heute sind wir dagegen Zeugen einer globalisierten Wirklichkeit. Doch diese globale Präsenz vermittelt uns eine Wirklichkeit, die überwiegend aus Gewalt, Naturkatastrophen, Zusammenbrüchen und Tragödien besteht.[41] Uns erscheint die eigene kleine Welt um uns herum wie eine Insel der Seligen, die von lauter tosenden Brandungen dramatischer Ereignisse eingeschlossen ist. Dies ist aber ein Zerrbild der Wirklichkeit. Nahezu überall in der Welt steigt die Lebenserwartung und immer weniger

39 Siehe dazu auch Bonfadelli et al. (2010), a. a. O., S. 163ff.

40 Kübler, H.-D. (2003): Kommunikation und Medien. Eine Einführung. Lit Verlag: Münster, hier S. 92.

41 Mehr und mehr Medien haben sich von ihren früheren Trägern – politischen Parteien und Verbänden, Kirchen oder einzelnen Verlegerfamilien – gelöst und sind zu Unternehmen mit Renditeerwartung geworden. »Dies bedeutet, dass die einst politischen Kriterien der Auswahl und Interpretation von Ereignissen durch solche abgelöst wurden, die sich an den Aufmerksamkeits- und Unterhaltungsbedürfnissen der Medienkonsumenten orientieren«, analysiert Imhof. Und Katastrophen seien nun einmal spektakuläre Vorgänge von hohem News -Wert: »Sie lassen sich ausgezeichnet visualisieren, und sie schaffen Betroffenheit aufseiten des Publikums, die wieder effektvoll bewirtschaftet werden kann.« Aus: http://www.zeit.de/2008/26/U-Risikowellen, (abgerufen am 30.10.2018).

Menschen werden Opfer von Unglücken.[42] Dass unsere Welt immer sicherer wird, ist angesichts der virtuellen Realität, in der es nur so von Risiken und Katastrophen wimmelt, einfach nicht nachzuvollziehen. Insofern ist es auch nicht verwunderlich, dass die Mehrzahl der Menschen in Umfragen angibt, dass sie sich zwar in ihrer lokalen Umgebung meist sicher fühlt, dass aber die Situation für die anderen draußen in der Welt immer bedrohlicher würde.[43] Hier kontrastiert die eigene sinnliche Wahrnehmung aus einer überschaubaren Nahperspektive mit der uns nur kommunikativ vermittelten Wirklichkeit von Katastrophen und negativen Ereignissen an all den Orten, die uns nur über die Medien zugänglich sind.

## Die virtuelle Welt als Erlebnis

Ein weiterer Punkt betrifft unser offenkundiges Bedürfnis nach Mord und Totschlag in der virtuellen Welt. Kein Fernsehsender dieser Welt würde Krimis und Katstrophenfilme produzieren und senden, wenn es dafür keine große Nachfrage gäbe. Warum also konsumieren wir als Zuschauer so gerne Krimis und Katastrophenfilme, obwohl wir doch selber in relativer Sicherheit leben? Wenn wir das „obwohl" im letzten Satz mit der Konjunktion „weil" ersetzen, erhalten wir bereits einen Hinweis auf die Antwort. In den Ländern, in denen Mord und Todschlag tatsächlich an der Tagesordnung sind oder in denen Naturkatastrophen besonders häufig sind und sich verheerend auswirken, haben Krimis und Katastrophenfilme selten Hochkonjunktur. Nur an den Orten, an denen wir im Grunde unseres Herzens sicher sind, dass uns all dies nicht widerfahren wird, sind solche Filme besonders populär. Denn mit unserem Streben nach Sicherheit haben wir inzwischen ein so hohes Niveau erreicht, dass unser mentales Bedürfnis nach Nervenkitzel im alltäglichen Leben kaum mehr gestillt wird.[44] Biologen haben nachgewiesen, dass Menschen mit Glückshormonen belohnt

42 Siehe dazu die genauere Analyse in meinem Buch: Das Risikoparadox (2014), a. a. O., S. 103ff. Oder die neuen Zahlen in: Pinker, S. (2018): a. a. O., S. 228ff.

43 Wissenschaftlicher Beirat der Bundesregierung Globale Umweltveränderungen (1999): Welt im Wandel. Umwelt und Ethik. Sondergutachten 1999. Metropolis: Marburg, S. 91.

44 Zuckerman, H. (1990): The Psychophysiology of Sensation Seeking. In: Journal of Personality, 58: 313–345.

werden, wenn sie Gefahren erfolgreich überstanden haben.[45] Das kennt man etwa bei der Bezwingung einer schwierigen Kletterpartie am Berg oder für die ganz Mutigen beim Bungee-Springen.[46]

Dass uns der Körper mit Endorphinen (das sind die sogenannten Glückshormone) für eine erfolgreiche Gefahrenbewältigung belohnt, ist auch anthropologisch verständlich. Denn auf diese Weise konnten sich die Menschen in der Frühzeit der Menschwerdung Abläufe zur Überwindung von Gefahrensituationen besser einprägen. Dies gilt vor allem für die Zeit der Adoleszenz, also dem Übergang von einer behüteten familiären Ausgangssituation in ein neues, von äußeren Gefahren geprägtes Lebensumfeld. Die meisten Kulturen setzen in dieser Phase Übergangsrituale, sogenannte Initiationsriten, ein, in denen häufig Mutproben oder andere Formen der erfolgreichen Gefahrenbewältigung Voraussetzung für die Aufnahme in den Erwachsenenstatus sind.[47] Die älteren unter uns können sich sicherlich noch daran erinnern, dass solche Mutproben auch noch zu unserer Jugend Gang und Gäbe waren. Da es offenkundig ein evolutiv gewachsenes Bedürfnis nach Gefahrenbeherrschung gibt, wir aber in der realen Welt nur noch wenigen Gefahren ausgesetzt sind, verlagern wir zunehmend das Erlebnis von Gefahrenbewältigung in den für uns schmerzlosen virtuellen Raum. Krimis lösen bei uns den Zyklus von Anspannung und Entspannung aus, ohne dass wir uns aus dem Wohnzimmersessel erheben müssen. Computerspiele vermitteln eine durch Gefahrensituationen und Mutproben geprägte virtuelle Welt, die wir durch Geschicklichkeit, strategisches Denken und gelegentlich auch Brutalität bezwingen können. Wir lernen virtuell, uns gegen Gefahren zu behaupten. Kurzum: Wir kompensieren die Reizarmut unserer realen Welt durch eine Reizüberflutung in der virtuellen Welt. Hier können wir uns, indem wir uns immer wieder neuen Reizen und Gefährdungssituationen aussetzen, eine Parallelwelt schaffen, die uns hilft, uns von der „langweiligen“ Welt der Realität abzusetzen.

---

45 Allgemein in: Hüther, G. (2005): Biologie der Angst. Wie aus Stress Gefühle werden. Vandenhoeck und Ruprecht: Göttingen, S. 17ff.

46 Für alle Extremsportler der Hinweis: Bungee Springen erhöht den Endorphin Spiegel des Menschen um rund 200 % gegenüber dem normalen Spiegel. Aus: http://theprimalparent.com/2011/08/18/sex-drugs-and-over-exercising-endorphins/, (abgerufen am 13.8.2018).

47 Siehe dazu den Klassiker: van Gennep, A. (1999): Übergangsriten (Les rites de passages). Übersetzt und bearbeitet von K. Schomburg und S. M. Schomburg-Scherff. Campus: Frankfurt am Main, hier S. 90ff.

Das Leben in Parallelwelten ist natürlich nichts völlig Neues. Schon nach dem Erscheinen von Goethes Roman Werther ging eine Selbstmordwelle durch die deutsche Bevölkerung.[48] Der Roman wurde deshalb sogar zeitweise verboten. Die neue Qualität des Internets liegt aber in ihrer scheinbaren Nähe zur realen Welt: Zwischen Roman und Wirklichkeit zu unterscheiden, fällt den meisten nicht sonderlich schwer. Aber mit der Vermischung von Dokumentarischem und Fiktionalem, mit der Globalisierung von Welterfahrung, die nicht anders als vermittelt sein kann, und durch die Erfüllung elementarer Bedürfnisse nach erfolgreicher Gefahrenbewältigung in einer ansonsten reizarmen Alltagswelt gewinnt die Welt des Internets an unmittelbarer Attraktivität und Gegenwärtigkeit, so dass wir darin ganz versinken können.[49] Für viele wirkt diese Welt wie eine Droge. Sie gehen darin vollends auf und verlieren den Bezug zur äußeren und inneren Realität.

Wie stark die virtuelle Welt bereits auf unser Alltagsdenken Einfluss nimmt, sieht man daran, dass katastrophale Ereignisse, die in anderen Ländern der Welt stattfinden, plötzlich auch bei uns als Bedrohungen wahrgenommen werden. Geradezu grotesk mutet es an, dass in den vier Wochen nach dem Fukushima Unfall in Japan in Deutschland mehr Jodtabletten verkauft wurden als in ganz Japan.[50] Die Wahrscheinlichkeit, dass radioaktive Partikel von Japan bis nach Deutschland transportiert werden, ist nahezu null. Dies gilt vor allem für das radioaktive Jod, gegen dessen Aufnahme im Körper man ja vorsorglich die Jodtabletten einnimmt. Aber die Allgegenwärtigkeit der Reaktorkatastrophe auf allen Fernsehkanälen und der ständige visuelle Eindruck einer nahenden Bedrohung haben die 9.000 km lange Distanz zwischen Japan und uns in unserer Wahrnehmung

48 „Es besteht kein Zweifel: Als Goethes Briefroman veröffentlicht wurde, löste der darin beschriebene Freitod eine Reihe von Suiziden aus, und zwar nicht nur in Deutschland, sondern in mehreren europäischen Ländern. Genaue Daten sind natürlich rückblickend nicht mehr objektivierbar. Einige Wissenschaftler sprechen aber von einer regelrechten ‚Suizid-Epidemie'. Andere warnen vor Übertreibungen. Dass es ‚Werther-induzierte Selbsttötungen' gab, ist aber nicht zu leugnen. Aus: http://www.psychosoziale-gesundheit.net/psychiatrie/werther.html (abgerufen am 30.10.2018).

49 „Die Gefahr des Verlustes des Dokumentarischen in der virtuellen Gesellschaft ginge in letzter Konsequenz mit dem Verlust der Fähigkeit einher, zwischen Realität und Virtualität überhaupt unterscheiden zu können". Aus: Bühl, A. (1997): Die virtuelle Gesellschaft: Ökonomie, Politik und Kultur im Zeichen des Cyberspace. In: Gräf, L. und Krajewski, M. (Hrsg.): Soziologie des Internet. Handeln im elektronischen Web-Werk. Campus: Frankfurt am Main, S. 39–59, hier 58.

50 Dazu muss man zusätzlich wissen, dass die freiverkäuflichen Jodtabletten in Deutschland zu niedrig dosiert sind, um als Schutz vor radioaktiver Jodverseuchung zu helfen.

auf eine marginale Größe schrumpfen lassen. In der virtuellen Realität sind reale Orte und Zeiten nicht mehr relevant. Alles ist gleichzeitig und miteinander vernetzt. In der Wirklichkeit sind aber die meisten (physischen) Ereignisse oder Katastrophen lokal begrenzt und stark von Örtlichkeiten und Zeitabläufen geprägt.

Die virtuelle Realität, die vor allem durch die visuellen und multimedialen Angebote geschaffen wird, kann also eine wichtige verstärkende oder abschwächende Funktion in der Wahrnehmung unserer Umwelt und Mitwelt ausüben. Die Selektionsmechanismen der Medien und die strukturellen Eigenschaften der virtuellen Realitäten laufen also parallel zu den psychologischen Wahrnehmungsmustern und Faustregeln.

## Einigelung in eine virtuelle Welt

Bleiben wir noch einen Moment in der Internet-Welt. Das Internet bietet uns heute unzählige Möglichkeiten, aktuelle Informationen abzurufen und viele Standpunkte parallel einzuholen. Dies ist für uns alle ein Segen. Aber es gibt auch eine Schattenseite dieser ständigen Verfügbarkeit aller möglichen Wissensbestände. Wir bewegen uns zunehmend in Echoräumen, die genau das als Echo zurückrufen, was wir in den Raum eingegeben haben.[51] Wie es ins Internet schallt, so schallt es auch heraus. Oder wie es der amerikanische Philosoph Lee McIntyre so trefflich formuliert hat: „Wie verrückt, das ausgerechnet das Internet, das es einem jeden erlaubt, zuverlässige Informationen mit einem Mausklick einzuholen, wenn man es nur will, für eine Reihe von Nutzern zu nichts anderem als zu einer Echokammer geworden ist."[52] Das hat zwei Ursachen: Erstens unterstützt das Internet den Hang zur Beliebigkeit in der Begründung von Urteilen. In der Fülle der Mil-

51 Die empirische Evidenz von Echoräumen ist zwar nicht umstritten, wohl aber deren Größenordnung. Vor allem geht es um den Begriff der Blase, die als Metapher für die Einigelung in eine Ideologie oder ein Weltbild herangezogen wird. Die empirischen Untersuchungen zeigen dazu, dass die Mehrheit der Europäer zwar häufig Echoräume aufsuchen, aber nicht exklusiv nur diese Räume nutzen. Die Suche nach unterschiedlichen Quellen ist also durchaus noch vorhanden. Zu dieser Kontroverse siehe die beiden Artikel: Thies, B. (2017) Mythos Filterblase. In: Kappes C., Krone J., Novy L. (eds) Medienwandel kompakt 2014–2016. Springer VS, Wiesbaden, S. 101–104 sowie Froitzheim, U.J. (2017) Echokammern sind nicht harmlos. In: ebenda, S. 105–108.

52 McIntyre (2018), a.a.O. S. 96 (Original: How ironic that the Internet, which allows for immediate access to reliable information by anyone who bothers to look for it, has for some become nothing but an echo chamber (Übersetzung durch den Verfasser).

liarden von Informationen wird man immer Belege dafür finden, dass man selber Recht hat. Wie man aus der Fülle der Informationen die zuverlässigen und gültigen herausfiltern kann, ist bis heute nicht wirklich schlüssig gelöst. Internetportale, die sich neutrale, ausgewogene und faire Berichterstattung auf ihre Fahnen schreiben, halten häufig nicht das, was sie versprechen.[53]

Zweitens kann das Internet, vor allem die Verwendung von Suchmaschinen, zu einer Verzerrung der Außenwelt beitragen, sofern die Suchmaschine im Lernmodus betrieben wird und die Reihenfolge der Treffer nach den bisherigen Suchgewohnheiten angeordnet wird.[54] Diese Funktion ist bei Suchmaschinen in der Regel voreingestellt. Sie macht auch durchaus Sinn: Wenn ich den Begriff „Mutter“ eingebe, kann ich das Pendant zu einer Schraube meinen oder eben den biologischen oder psychologischen Begriff der Mutter. Die Suchmaschine lernt also, in welchem Kontext ich Begriffe mit mehrfachen Bedeutungen nutze. Kritischer ist es aber, wenn ich nach Meinungen oder Einschätzungen suche. Wenn man in eine Suchmaschine einen Begriff zu einem Sachverhalt oder einer Bewertung eingibt, dann ist die Wahrscheinlichkeit groß, dass unter den ersten fünf Treffern überwiegend solche Einträge erscheinen, die genau die Einschätzung reflektieren, die man selber hat. Der Lernmodus der Suchmaschine will erreichen, dass die Nutzer vordringlich die Informationen erhalten, die ihrem bisherigen Auswahlverhalten entsprechen. Diese maßgeschneiderte Auswahl verbessert sich über die Zeit, weil die Suchmaschine langsam lernt, welche Vorlieben die Internet-Nutzer verfolgen. So entsteht der Eindruck, dass sich die Fachwelt offenkundig mehr und mehr der eigenen Anschauung annähert, weil nur noch einstellungsunterstützende Treffer von der Suchmaschine angezeigt werden. Dabei hatte sich die Welt in dieser Frage keineswegs bewegt, die Suchmaschine filtert nur das heraus, was der betreffende Nutzer oder die betreffende Nutzerin gerne sehen will.

53 Viele Beispiele aus Wirtschaft und Gesellschaft finde sich in dem Buch von: Schaar, P. (2015): Das digitale Wir: Unser Weg in die transparente Gesellschaft. Hamburg: Edition Körber. Dazu etwas drastischer: Firnkes, M. (2015): Das gekaufte Web: Wie wir online manipuliert werden. München: Heise. Sowie: Focus Online (2008): Erst Sensation dann Skandal: zu was journalistische Schlamperei führen kann. http://www.focus.de/panorama/vermischtes/medienskandale-erst-sensation-dann-skandal-zu-was-journalistische-schlamperei-fuehren-kann_aid_297175.html (abgerufen am 13.8.2018).

54 Wie stark die Individualisierung des Suchmodus die Auswahl der Treffer beeinflusst ist in Fachkreisen noch umstritten. Einen guten Überblick vermittelt: http://www.suchmaschinenkompetenz.de/Technische_quali-tative_Probleme_Suchmaschinen.htm (abgerufen am 13.8.2018).

Der Hang zur Selbstisolation, der bereits bei den Medienwirkungen im klassischen Medienbereich zu beobachten ist, verstärkt sich also noch durch die Nutzung von Onlinemedien.[55] Wenn man immer nur Bestätigungen erhält, die einem rückversichern, dass die eigene Sicht der Welt von allen maßgeblichen Quellen gedeckt ist, dann entsteht ein Weltbild, das einem jede kognitive Dissonanz vom Leibe hält. Als die Theorie der kognitiven Dissonanz entwickelt wurde, waren die Forscher noch fest davon überzeugt, dass Menschen alltäglich mit kognitiven Dissonanzen umgehen müssen. In der modernen Internet-Welt ist es aber durchaus möglich, dass Menschen erst gar nicht in die Stresssituation der kognitiven Dissonanz geraten, weil sie sich in eine Welt ohne Widersprüche hineinversetzen können, die all das, an das sie ohnehin glauben, stets bestätigt. Ein guter Beleg für diese These ist eine Studie von Carmichael, Brulle und Huxster zum Thema Klimawandel, bei dem der Echoeffekt deutlich nachgewiesen wurde.[56] Dies führt im sozialen Leben dazu, dass sich Menschen von Andersdenkenden abschirmen und meist – wiederum über das Internet – nur die Freunde und Kommunikationspartner suchen, die nichts anderes als Klone der eigenen Haltungen sind.

## Auswege aus den Echoräumen

Was kann man tun, um aus diesem Gefängnis der eigenen Wahrnehmungsprozesse auszubrechen und nicht in die Falle der Echokammer zu laufen?[57]

*Der erste Schritt zur Überwindung dieser Situation ist die bewusste Kenntnis der Wirkungsweisen der Medien und der Internet-Foren.* Einsichten, die uns mehr über uns selbst und unsere Wahrnehmungs- und Urteilsprozesse verdeutlichen, können dazu beitragen, in der täglichen Lebenspraxis mit den Herausforderungen einer komplexen Sachlage, vor allem im Hinblick auf

55 Löffelholz, M. und Altmeppen, K.-D. (1994). Kommunikation in der Informationsgesellschaft. In. K. Merten, S.J. Schmidt und S. Weischenberg (Hrsg.): Die Wirklichkeit der Medien: Eine Einführung in die Kommunikationswissenschaft. Westdeutscher Verlag: Opladen, S. 570–591.

56 Carmichael, J.T., Brulle, R.J. und Huxster, J.K. (2017): The Great Divide: Understanding the Role of Media and Other Drivers of the Partisan Divide in Public Concern over Climate Change in the USA, 2001–2014. In: Climatic Change, 141(4): 599–612.

57 Ähnliche Hinweise finden sich in meinem Buch: Das Risikoparadox, (2014), a.a.O., S. 319ff. Weitere hilfreiche Tipps enthält das Buch: Rosling (2018), a.a.O. S. 291f.

Umwelt- und Gesundheitsauswirkungen, besser fertig zu werden. Das Muster ständiger Selbstbeobachtung verhilft nicht nur zu besseren Einsichten, sondern auch zu einem insgesamt wissensbasierten Lebensvollzug.

*Der zweite Schritt auf dem Weg zu einem medienbewussten Nutzer lautet gezielte und ausgewogene Informationsaufnahme.* Jeder und jede ist zwar einer Flut an Informationen ausgesetzt, aber häufig lässt sich der Wahrheitsgehalt dieser Angebote nicht überprüfen und die Seriosität der Quelle nicht beurteilen. In diesem Dilemma helfen drei Strategien:

a) Informationen, die ihre eigenen Quellen benennen (am besten mit Links) und transparent über die eigene Urteilsbildung berichten, sind eher zu trauen als Informationen, die das Blaue vom Himmel verkünden, ohne auch nur eine der Behauptungen zu belegen.
b) Informationen, die extreme Behauptungen aufstellen und bei denen die Worte „alle", „immer", „ausnahmslos", „niemals" oder ähnliche Allaussagen enthalten sind, sollten mit größter Vorsicht aufgenommen werden. Wie wir bei der Beurteilung wissenschaftlicher Aussagen schon erfahren haben, sind selbst die Expertinnen und Experten sehr vorsichtig mit Allgemein-Aussagen, vor allem wenn es sich um komplexe Phänomene handelt. Eine bloße Auflistung von (tragischen) Beispielen ist noch kein Beweis für eine allgemeingültige Regel.
c) Informationen, die bewusst Mittel zur gezielten Beeinflussung der Kommunikationsempfänger einsetzen, vor allem die Faustregeln ausnutzen und andere Kommunikationstricks anwenden, sollten besonders auf ihre Motive hinterfragt werden. Möglicherweise tun sie das ja in guter Absicht, aber meistens brauchen gute Absichten keine manipulativen Techniken, um überzeugend zu wirken.

*Der dritte Schritt besteht darin, sich in der Pluralität der Angebote die eher polarisierenden Informationen auszuwählen und nebeneinanderzustellen, sofern keine neutralen Quellen verfügbar sind oder man den Quellen, die Neutralität versprechen, nicht traut.* Wenn es etwa um die Auswirkung von Lebensmittelzusätzen auf die Gesundheit geht, sollte man sich die Informationen der Lebensmittelhersteller, von Foodwatch und vom Bundesinstitut für Risikobewertung über deren Homepages ansehen. Das reicht in der Regel schon aus, um sich einen guten Überblick zu verschaffen.

Bei den webbasierten Medien ist vor allem auf ausreichende Kompetenz zu achten. Bis auf wenige Medien, die ausgebildete Wissenschaftsredakteure haben, stammen die meisten Meldungen entweder aus vorformulierten Presseerklärungen oder aus Interviews mit Personen unterschiedlicher Couleur. Ansonsten entpuppen sich viele Meldungen im Internet als Meinungsbilder interessierter Kreise (Industrie, Parteien, Weltanschauungsgruppen oder Umweltschützer). Dass etwas im Internet berichtet wurde, ist kein Wahrheitsbeweis.

*Zum Vierten sollte man, wenn einen das Thema wirklich berührt, zu den basalen Grunddaten gehen.* Die meisten Daten, die man dafür benötigt, sind auf der Homepage des Statistischen Bundesamtes, der EU oder der Weltgesundheitsorganisation (WHO) gespeichert. Auch wenn alle Aussagen, selbst die statistischen Daten, letztendlich Interpretationen und gesellschaftliche Deutungen darstellen, so kann man doch den dort aufgenommenen Zahlen vertrauen. Wenn beispielsweise eine Zeitreihe eindeutig nach unten weist, kann eine Meldung, dieses Risiko würde ständig zunehmen, nicht stimmen. Und das kommt wesentlich häufiger vor, als man denkt, wie etwa bei der Entwicklung der Schwerkriminalität in Deutschland (siehe Teil III).

Eine kritische und selbstkritische Haltung zu den Inhalten der Medien tut also not. Es gibt viele Risiken zu Umwelt- und Gesundheitsauswirkungen, die in den Medien hochgespielt und künstlich aufgeladen werden (etwa Mord und Totschlag in Deutschland), während andere Risiken wie Klimawandel oder zunehmende Resistenz gegen Antibiotika zwar immer wieder erwähnt, aber kaum im Hinblick auf notwendige politische Maßnahmen behandelt werden. Von daher ist ein Ausharren in den bequemen Echoräumen der öffentlichen Kommunikation ein großes Problem für das Gemeinwohl.

Der Echoeffekt steht nämlich nicht nur den wichtigen Prozessen des sozialen Lernens entgegen, er unterminiert auch die Wurzeln des demokratischen Umgangs miteinander. Dazu Prof. Markus Ziener:

> „Zu befürchten steht: Wer das Spiel mit Narrativen, Algorithmen und den sozialen Medien am besten beherrscht, dem gehören Aufmerksamkeit und Deutungshoheit. Die Schere zwischen der Infoelite, die sich aus einer Vielzahl von Medien informiert, und jenen, die vor allem dem kostenlosen digitalen Massenkonsum hinterherlaufen, wird sich weiter öff-

nen. Mit ein wenig Fantasie lässt sich leicht ausmalen, was das für Politik und Gesellschaft noch bedeuten wird.“[58]

Der öffentliche Diskurs in einer Demokratie lebt vom Respekt gegenüber Andersdenkenden. Erst wenn jeder anerkennt, dass andere auch legitime Ansichten und Einsichten vertreten, die man selber nicht teilt, können demokratische Prozesse der Meinungs- und Urteilsbildung konstruktiv ablaufen und zum Erfolg einer von allen getragenen Entscheidung führen.[59] Gerade die Starrsinnigkeit, mit der im Internet Behauptungen aufgestellt und mögliche Andersdenkende diffamiert werden, ist ein problematisches Anzeichen einer neuen politischen Kultur, die nur noch in Gesinnungsgemeinschaften zerfällt. Dagegen offen anzugehen, ist eine wichtige Aufgabe aller Bürgerinnen und Bürger in der Gesellschaft.

58 Ziener, M. (2016): Wohlfühlen im Echoraum. Newsletter des IPG (International Politik und Gesellschaft), 2.5.2016, o. S., http://www.ipg-journal.de/kommentar/artikel/wohlfuehlen-im-echoraum-1416/ (abgerufen am 13.8.2018).

59 Vgl. die Ausführungen zu Demokratie und Populismus bei: Milbradt, J. (2018): Über autoritäre Haltungen in ‚postfaktischen' Zeiten. Barbara Budrich: Opladen und Berlin, S. 229f. Siehe auch dazu: Assmann, A. (2018): Menschenrechte und Menschenpflichten. Schlüsselbegriffe für eine humane Gesellschaft. Picus: Wien, S. 132ff.

# TEIL V:

# Wissen und Moral: Auswege aus den Post-X-Verstrickungen

## Der Hunger nach Sinn

Der amerikanische Soziologe und Ethnologe Harold Garfinkel hat sich Zeit seines Lebens mit der Frage beschäftigt, wie Menschen aus Informationen sinnvolle Deutungen ableiten. Besonders bekannt ist dabei ein Experiment, das er mit seinen Studierenden durchführte:[1] Garfinkel versprach seinen Studierenden, er würde einen bekannten Therapeuten (Councillor) aus den USA zu einem Besuch an seine Fakultät einladen. Alle Studierenden, die Probleme mit ihren Eltern hätten (das waren ungefähr alle), seien eingeladen, während des Besuchs zu einer extra für sie bestimmten Sprechstunde zu kommen. Allerdings würde der Therapeut hinter einer Wand stehen und er würde stets nur mit „Ja" oder „Nein" antworten. Als nun der Tag gekommen war, dass der berühmte Therapeut das Institut von Garfinkel aufsuchte, teilte Garfinkel seine Studierenden nach dem Zufallsprinzip in zwei Gruppen ein. Die erste Gruppe konnte ihre Anliegen vorbringen und der Therapeut antwortete hinter einer Wand wie verabredet nur mit „Ja" und „Nein". Die andere Gruppe aber wurde ebenfalls vor eine Wand gesetzt, dahinter saß aber nicht der Psychiater, sondern ein Zufallsgenerator. Der erzeugte nach dem Zufallsprinzip Ja und Nein Antworten, die an die Studierenden weitergeleitet wurden. Offenkundig konnten die Antworten, die nach dem Zufallsprinzip ausgewählt wurden, kaum einen sinnvollen Zusammenhang zwischen den Fragen und den Antworten herstellen. Nach dieser Befragung teilte Garfinkel einen Fragebogen aus, indem er die Stu-

1 Garfinkel, H. (1984): Studies in Ethnomethodology. Polity Press/Blackwell Publishing: Malden, USA, S. 79ff. Siehe dazu auch: Kirby, M.; Kidd, W.; Koubel, F.; Barker, J.; Hope, T.; Kirton, A.; Madry, N.; Manning, P. und Triggs, K. (2000): Sociology in Perspective. Heinemann: Oxford, UK, S. 538.

dierenden nach ihrem Eindruck und nach dem Grad ihrer Zufriedenheit befragte.

Interessanterweise waren die Studierenden, die den zufälligen Antwortmustern gelauscht hatten, zufriedener mit den Antworten als diejenigen, die den authentischen Urteilen des Therapeuten zugehört hatten. Nach Rückfrage antworteten viele der Studierenden aus der Gruppe mit den zufälligen Antworten, dass sie lange gebraucht hätten, um den tieferen Sinn hinter den Antworten des Therapeuten zu erkennen. Auf den ersten Blick hätte alles sehr widersprüchlich geklungen, aber nach einigem Nachdenken hätte es dann bei ihnen „geklickt“ und sie hätten jetzt sehr viel mehr über die Komplexität der Probleme gelernt, die sie mit ihren Eltern hätten. Bei der anderen Gruppe sagten dagegen viele, dass ihnen die Antworten des Therapeuten nichts Neues geliefert und sie von daher nur eine Bestätigung für das gefunden hätten, was sie ohnehin schon wüssten.

Dieses interessante Experiment führt uns zweierlei vor Augen: Zum einen erleben wir soziale Situationen als unmittelbar sinngebend.[2] Wenn wir nicht explizit darauf aufmerksam gemacht werden, dass in dieser Situation gar keine sinnvolle Kommunikation stattgefunden hat, suchen wir so lange nach einem Sinn, bis wir ihn gefunden haben. Zum Zweiten sind wir offenkundig fantasievoll genug, um auch bei widersprüchlichen und komplizierten Mustern der Wahrnehmung sinnvolle und kohärente Schlüsse zu ziehen. Diese Gabe ist einerseits ein großer Gewinn, um auch bei einer Fülle von sich widersprechenden Eindrücken eine (für einen selbst) stimmige Interpretation zu finden. Andererseits kann uns diese Gabe aber auch häufig fehlleiten. Dann bilden wir aus scheinbaren Zusammenhängen kausale Beziehungsgeflechte, an denen wir umso starrsinniger festhalten, je mehr Aufwand es uns gekostet hat, diese mühsam zu konstruieren.[3]

Die Suche nach Sinn ist ein wichtiger Schlüssel für die Mechanismen, die bei der Wahrnehmung und Bewertung von Informationen ablaufen. Wenn wir etwa verschiedene Handlungsoptionen miteinander abwägen, dann kommen wir nicht umhin uns zu fragen, welche positiven und negativen Folgen mit jeder Option verbunden sind. Diese gedankliche Vorwegnahme der Zukunft ist nur möglich, wenn wir Signale von unseren Sinnes-

2 Abbott, P. H. (2002): The Cambridge Introduction to Narrative. Cambridge University Press: Cambrige, S. 37; siehe auch Kahneman (2011), a. a. O., S. 51.

3 Hajer, M. A. (1995): The Politics of Environmental Discourse. Claredon Press: Oxford, S. 63.

organen mit Informationen von Anderen und Erfahrungen aus der Vergangenheit zu einem Gesamtkontext zusammenfügen. Da viele der Zusammenhänge, die unser Leben beeinflussen, selten sinnlich erfahrbar sind, müssen wir vor allem auf die Kommunikationsangebote zurückgreifen, die uns durch direkte Gespräche und durch Medien (vom Buch über Fernsehen und Zeitung bis zum Internet) vermittelt werden. Dies wurde in den beiden letzten Kapiteln schon deutlich herausgearbeitet.

In diesem Teil des Buches geht es um die Frage, wie wir aus der Vielzahl der Eindrücke, die uns aus der Außenwelt erreichen, *sinnvolle Rückschlüsse für unsere eigenen Urteile und Entscheidungen* ziehen und wie wir bei hoher Komplexität, Widersprüchlichkeit und Undurchsichtigkeit der Informationen für uns sinngebende Handlungsanleitungen entwickeln können.[4]

## Wie mit Unsicherheit und Mehrdeutigkeit umgehen?

Um den angemessenen Umgang mit Informationen und Eindrücken, die zur Urteils- und Entscheidungsbildung beitragen, ausfindig zu machen, ist es an dieser Stelle geboten, die wichtigsten Erkenntnisse aus den Teilen I bis IV nochmals synoptisch zusammenzufassen. Der Schwerpunkt liegt aber hier auf der Frage nach der Umsetzung dieser Erkenntnisse in das eigene Handeln.

Wenn wir in Beruf und Alltag Entscheidungen treffen, sind wir auf gesichertes Wissen angewiesen. Selbst in banalen Situationen kommen wir nicht ohne belastbares Wissen aus. Wenn ich mit einem Auto über eine Straßenkreuzung fahre, muss ich im Voraus wissen, dass ich bei einer roten Ampel halten muss und bei einer grünen Ampel fahren darf. In dieser Frage kann ich mich auf ein Lernverfahren von Versuch und Irrtum nicht einlassen. Denn schon beim ersten Mal, wenn ich eine rote Ampel überfahre, könnte dies mein Leben kosten. Für mich ist es also lebenswichtig, die wesentlichen Verkehrsregeln zu kennen, bevor ich überhaupt aktiv am Stra-

4 Der Ansatz in diesem Kapitel beruht auf einer entscheidungsanalytischen Perspektive. Bei dieser Perspektive sind individuelle Handlungen ein Ergebnis eines expliziten oder impliziten Abwägungsprozesses von Handlungsoptionen, die man nach der Wahrscheinlichkeit der mit jeder Option erwarteten Konsequenzen (was kann passieren?) und deren subjektiven Wünschbarkeit (wie gut finde ich das?) beurteilt. Einen Überblick über diese Perspektive gibt: Pfister, H. R., Jungermann, H. und Fischer, K. (2016): Die Psychologie der Entscheidung: Eine Einführung. Springer: Berlin und Heidelberg.

ßenverkehr teilnehme. Gleichzeitig muss ich mich auf die Informationen, die zum Beispiel von meinem Fahrlehrer oder meiner Fahrlehrerin erhalten habe, verlassen können. Wenn ich dort lernen würde, dass in Deutschland die Fahrzeuge bei Grün halten und bei Rot fahren müssen, würde ich mein Leben riskieren, wenn ich erstmals auf der Straße mit dem Auto unterwegs bin. Ich muss also darauf vertrauen, dass die gelehrten Aussagen zu den Verkehrsregeln stimmen und dass ich mich darauf verlassen kann.

Je arbeitsteiliger eine Gesellschaft ist, desto mehr sind ihre Mitglieder auf gegenseitiges Vertrauen angewiesen.[5] Ob mein Wagen eine teure Reparatur erfordert, ob ich bei der Steuererklärung eine Ausgabe als Werbekosten absetzen kann, ob ich mich einer Operation unterziehen soll oder ob ich mein Geld in Aktien oder Immobilien anlegen soll, kann ich in der Regel aus eigener Anschauung nicht entscheiden. Vielmehr benötige ich dazu die Expertise von Fachleuten, die sich mit der jeweiligen Materie wesentlich besser auskennen als ich. Oft ist es sinnvoll, mehrere Expertisen einzuholen, um die Bandbreite der möglichen Empfehlungen auszuloten. Sich in solchen Fällen auf die eigene Intuition zu verlassen, wäre kein guter Ratgeber. Je komplexer und undurchsichtiger die mit der Entscheidung verbundenen Wissensgrundlagen ausfallen, desto schwieriger wird das Verhältnis zwischen den Ratgebern bzw. den Informanten und den Rezipienten. Und dies hat mehrere Gründe, auf die ich im Folgenden eingehe.

Für viele einfache Alltagsentscheidungen ist das gesicherte Wissen wenig umstritten und eindeutig. Oft erscheint es auch auf den ersten Blick plausibel und nachvollziehbar. In diesen Fällen gibt es auch selten Probleme zwischen den Kommunikationspartnern. Anders ist dies jedoch, wenn es sich um komplexe Sachverhalte und nicht eindeutig einzuordnendes Sachwissen handelt. Im ersten Kapitel dieses Buches haben wir versucht, diese komplexen Informationen zu charakterisieren. Die Aussagen zu komplexen Sachverhalten sind häufig von der Sichtweise und der jeweiligen Herangehensweise der Expertinnen und Experten geprägt. Je nach sprachlichen „Frame“ kommt eine andere Facette des Phänomens zum Vorschein.[6] Alle diese unterschiedlichen Sichtweisen sind aus ihrem spezifischen Blickwinkel „wahr“, auch wenn sie sich scheinbar widersprechen oder inkonsis-

5 Löfstedt, R. (2005): Risk Management in Post-Trust Societies. Palgrave: London, S. 125ff.

6 Tversky, A. und Kahneman, D. (1981): The Framing of Decisions and the Psychology of Choice. In: Science, 211 (4481): 453–458.

tent erscheinen. Man kann sich das vorstellen wie einen Edelstein, der so geschliffen wurde, dass er – je nachdem welche Facette man betrachtet –, in unterschiedlichen Farbtönungen leuchtet. Wenn einer sagt der Stein leuchte rot, und ein anderer entgegnet, er leuchte aber grün, so kann dies durchaus mit der Beschaffenheit des Steines und seines Schliffs übereinstimmen. In diesem Falle muss ich genau angeben, unter welchem Winkel ich welche Seite des Steines betrachte. Indem ich also die genauen Begleitumstände und damit den verwendeten „Frame" explizit machen, kann ich auch komplexe Phänomene sachgerecht beschreiben und charakterisieren. Keineswegs sind dann solche unterschiedlichen Beschreibungen des gleichen Phänomens ein Beleg für Beliebigkeit. Im Gegenteil, damit erhöht sich die Präzision unseres Wissens.[7]

Neben der Komplexität und der sprachlichen Fixierung von Frames beruhen viele Expertisen auf der Erkenntnis einer stochastischen Wirkung zwischen Auslösern und Folgen eines Ereignisses oder einer Handlung. Damit ist gemeint, dass wir bei gleichen oder gleich erscheinenden Ausgangsbedingungen unterschiedliche, aber keinesfalls beliebige Streubreiten von möglichen Folgen erwarten können. Oft lassen sich diese Folgen in Form einer Normalverteilung (Glockenkurve) abbilden. Es gibt einen Mittelwert, um den sich die überwiegende Mehrzahl der Folgen bündelt, während die weiteren Folgemöglichkeiten rechts und links vom Mittelwert kontinuierlich auf den Häufigkeitswert Null zulaufen. Solche Informationen über stochastische Verläufe sind für die Bewältigung von Problemen außerordentlich hilfreich. Sie sagen mir zwar wenig über den Einzelfall aus, aber bei einer genügend großen Anzahl von Fällen kann ich meine Handlungsoptionen so auswählen, dass ich die Wahrscheinlichkeit von überwiegend negativen Folgen minimieren kann. Wenn ich zum Beispiel vor der Wahl stehe, bei einer schwierigen medizinischen Indikation, eine Operation vorzunehmen, medikamentös das Problem zu behandeln oder schlichtweg abzuwarten, kann die Wahrscheinlichkeitsfunktion eine wichtige Orientierung für mich sein. Auf der Basis der Erfahrungswerte von einer Großzahl von Patientinnen und Patienten, die eine der drei Optionen in der Vergangenheit gewählt haben, kann ich mir die Lösung heraussuchen, bei der die meisten geheilt wurden und/oder die Wahrscheinlichkeit für eine besonders

---

7 Siehe dazu die klaren Ausführungen in: Pinker (2018), a. a. O., S. 482ff.

negative Reaktion, etwa Todesfall, minimiert ist. An diesem Beispiel wird auch deutlich, dass es nicht immer eindeutig bessere Lösungen gibt. So kann zum Beispiel die Lösung mit der höchsten Wahrscheinlichkeit einer vollständigen Heilung verbunden sein mit dem größten Risiko, dass man mit dem Leben bezahlt, sofern die Heilungsmethode nicht anschlägt (etwa die, dass man die Operation nicht überlebt). In diesem Fall können wir nicht aus Wissen allein die Entscheidung treffen, sondern müssen hier nach eigenen Präferenzen zwischen Zielkonflikten (maximaler Erfolg gegen verbleibendes Restrisiko) entscheiden. Will ich ein begrenztes Lebensrisiko eingehen, um eine vollständige Heilung zu erhalten? Oder will ich lieber nur die Symptome bearbeiten und dabei kein Lebensrisiko eingehen? Diese beiden Fragen können kein Experte und keine Expertin aus Sachwissen heraus beantworten. Hier sind die Präferenzen und Werte der jeweils betroffenen Menschen entscheidend. Darauf werden wir noch im folgenden Kapitel eingehen.

Festzuhalten bleibt hier, dass bei komplexen Themen belastbares Wissen häufig mehrdeutige und stochastische Zusammenhänge umfasst. Das schmälert nicht den Wert dieses Wissens, macht aber die Deutung der damit verbundenen Botschaften besonders schwierig.

## Wie mit den an Bedeutung verlierenden Ressourcen von Plausibilität, Erfahrung und Vertrauen umgehen?

Bleiben wir noch weiter bei der Synopse der bisherigen Erkenntnisse aus diesem Buch: Im zweiten und dritten Kapitel haben wir erfahren, dass Menschen immer weniger Wissen aus persönlicher Erfahrung erzeugen bzw. überprüfen können. Sie sind auf externe Informanten angewiesen. In einer komplexen und mehrdeutigen Wissenswelt sind diese externen Informationen selten eindeutig und klar. Die meisten Menschen sehen sich bei vielen Entscheidungsfragen einer Vielzahl von Wissensangeboten ausgesetzt, bei denen sie aus eigener Erfahrung nicht entscheiden können, welches davon stimmt. Sie sind darauf angewiesen, die vielen, sich zum Teil widersprechenden Wissensangebote entweder nach Plausibilität der Inhalte oder nach Glaubwürdigkeit der Informanten auszuwählen. Beide Wege haben aber ihre eigenen Tücken, wie im Teil II und Teil III ausführlich erläutert.

Plausibilität ist häufig an örtliche oder zeitliche Nähe zwischen Auslösern und deren Konsequenzen gebunden. Bei komplexen Zusammenhängen ist diese Nähe von Ort und Zeit selten gegeben. Von daher wirken Wissensangebote zu komplexen Phänomenen wie etwa dem Klimawandel oder dem Finanzmarkt oft undurchsichtig und wenig nachvollziehbar. Dazu kommen noch die Faustregeln der intuitiven Schließverfahren. Die Faustregel der Verfügbarkeit lässt uns die Folgen als besonders plausibel erscheinen, die uns mental als erstes einfallen oder als besonders eindringlich empfunden werden. Personen, die jemanden kennen, der vom Blitz getroffen wurde, werden die Wahrscheinlichkeit eines tödlichen Blitzschlages für wesentlich höher halten als Personen, die in ihrem sozialen Umfeld so etwas noch nie erlebt haben.

Bei der Faustregel der Gedankenanker halten Personen Zusammenhänge zwischen Auslöser und Folgen dann für hoch plausibel, wenn beide mit emotionalen oder kognitiven Assoziationen verbunden sind, die fest im Gedächtnis verankert sind. Hört jemand zum Beispiel das Wort „Radioaktivität", wird gleich die Assoziation „Krebserkrankung" mental ausgelöst. Liest diese Person zum Beispiel in der Zeitung, dass in einer Region häufiger als anderswo Krebsfälle aufgetreten sind, prüft sie nach, ob auf einer Landkarte in der Nähe dieser Region vielleicht ein Atomkraftwerk zu finden ist. Gibt es dann tatsächlich eins in der Nähe, ist der Schuldige sofort ausgemacht. Zweifelsohne kann radioaktive Strahlung beim Menschen zu Krebs führen, ob dies aber der reale Auslöser für die zunehmenden Krebserkrankungen in einer Region gewesen sein mag, ist damit keineswegs bewiesen. Es gibt hunderte von anderen möglichen Auslösern, die zu dieser Häufung an Krebserkrankungen hätten führen können.

Bei der Faustregel der Bestätigung halte ich Aussagen dann für besonders plausibel und glaubwürdig, wenn sie genau dem entsprechen, was ich mir selber vorstelle oder wünsche. Falls ich zum Beispiel eine besonders kritische Haltung gegenüber Einwanderern aus arabischen Staaten habe, dann nehme ich begierig jede Meldung auf, in der über das tatsächliche oder angebliche Fehlverhalten von Menschen dieser Gruppe berichtet wird. Alle anderen Meldungen mit positivem Inhalt werden entweder ignoriert oder als Propaganda oder Fake News abgetan.

Diese selektive Nutzung von Informationen wird noch durch die Faustregel der Repräsentativität verstärkt. Viele Menschen neigen dazu, Verallgemeinerungen auf der Basis einzelner Beobachtungen oder weniger Informationen zu treffen. Dazu nochmal das Beispiel von den arabischen Flüchtlingen: Höre ich in den Nachrichten, dass ein Araber eine deutsche Frau überfallen und vergewaltigt habe, dann legt mir diese Faustregel den Schluss nahe, dass Araber grundlegend die Neigung haben, Sexualdelikte in Deutschland zu begehen. Aufgrund von Einzelerlebnissen entstehen schnell Vorurteile, die in der politischen Diskussion meinungsbildend wirken.

Wenn man den Eingebungen der Plausibilität folgt, kann man schnell in die Irre laufen. Die Wahrscheinlichkeit, dass man diese Fehlwahrnehmungen und Fehlurteile noch korrigiert, ist gleichermaßen gering. Denn der Mechanismus der kognitiven Dissonanzreduktion sorgt zusätzlich dafür, dass wir einmal gefestigte Meinungen und Urteile ungern aufgeben und nur noch das an Wissensangeboten aufnehmen, was unserem Urteil bzw. Vorurteil entspricht. Damit sind wir bei der zweiten Komponente: Vertrauen in Informationsträger.

Das Vertrauen in Institutionen und Personen, die uns mit unterschiedlichen, teilweise auch widersprechenden Wissensangeboten bedienen, ist stark von sogenannten peripheren Merkmalen bestimmt. Da wir in der Regel nicht nachprüfen können, welche Person oder welche Institution inhaltlich Recht hat, suchen wir nach anderen Merkmalen, nach denen wir die Glaubwürdigkeit zuordnen können. Bei diesen peripheren Merkmalen spielen formale Aspekte, wie Titel und Herkunftsorganisationen (Industrie, Umweltschutzorganisation), Reputation in Form von Auszeichnungen oder gesellschaftlicher Anerkennung, biographische Elemente (wo kommt diese Person her, was hat sie früher gemacht?), situationsspezifische Begleitumstände (Talk-Show, Science Zentrum, Gemüsemarkt) und Präsentationsgeschick (Rhetorik, Anschaulichkeit, Humor etc.) eine wichtige Rolle. Zudem kommen wieder Mechanismen der kognitiven Dissonanzreduktion und der Bestätigungs-Faustregel zum Tragen: Ist das, was die Person aussagt, das gleiche, was ich auch denke und fühle? Stimmt das Gesagte mit meinen Vorstellungen überein? Wenn ja, erhält diese Person mehr Glaubwürdigkeit.

Im Endeffekt neigen wir also alle dazu, Glaubwürdigkeit nach äußeren Merkmalen und der Übereinstimmung mit den eigenen Urteilen zu verteilen. Dies hat bei gefestigten Meinungen und Einstellungen meist die Folge, dass wir mit großer Selbstsicherheit all das für sachlich richtig halten, was wir ohnehin schon glauben. Wenn wir aber noch keine feste Meinung ausgebildet haben, dann führt die Verteilung der Glaubwürdigkeit nach peripheren Merkmalen meist zu mehr Verunsicherung. Denn wenn bestimmte periphere Merkmale einmal für die eine Position und ein anderes Mal für die gegenteilige Position sprechen, fällt es uns schwer, ein eindeutiges Urteil zu fällen. Dann fühlt man sich verunsichert. Je mehr man sich aber bei wichtigen Fragen, die das eigene Leben berühren, verunsichert fühlt, desto größer ist die Angst, dass man die Gefährdung für sich selbst oder die ganze Gesellschaft falsch beurteilt.[8]

Folgerichtig kommt es dann zu einer Spirale von Verunsicherung und Angst, die sich dann in Apathie (Totstellen), Ausweichen (Flucht) oder Engagement (Kampf) niederschlägt. Alle drei Reaktionsmuster mögen im Einzelfall ihre Berechtigung haben, aber wenn sie auf falschen oder unvollständigen Informationen über Zusammenhänge beruhen, lassen sie uns in die Leere laufen. Für Gesellschaft und Politik kann es dann auch zu eklatanten Fehlentwicklungen kommen.

Nehmen Sie den Irak-Krieg als Beispiel. Nach den verheerenden Anschlägen auf das World Trade Zentrum in New York war die ganze amerikanische Nation tief verunsichert und fühlte sich provoziert. Der Wunsch nach Vergeltung war allerorts zu spüren. Um einen Gegenschlag zu rechtfertigen, wurde eine Geschichte konstruiert, nach der Saddam Hussein über völkerrechtlich verbotene Massenvernichtungswaffen in seinem Waffenarsenal verfügen würde. Obwohl die Beweise für diese These dünn waren, wurde an diesem Zusammenhang mit aller Gewalt festgchalten und ein völkerrechtlich nicht gerechtfertigter Krieg vom Zaun gebrochen. Der Politikwissenschaftler Michael Butter spricht sogar von einer Verschwörungstheorie, die der Präsident und die amerikanische Administration damals aufgestellt und durchgesetzt hätten – unfähig, sich aus dem eigenen Gespinst von Vermutungen zu befreien.[9] Was also im Kleinen unsere Wahrnehmung trübt, kann im Großen weitreichende Konsequenzen haben.

8 Dehne, M. (2017): Soziologie der Angst. Konzeptionelle Grundlagen, soziale Bedingungen und empirische Analysen. Springer VS: Wiesbaden, S. 279ff.

9 „Das Verrückte war ja, dass Bush als Kriegsgrund selbst eine Verschwörungstheorie in die Welt gesetzt hat: nämlich die Behauptung, dass Saddam Hussein geheime Verbindungen zu al-Qaida habe und über Massenvernichtungswaffen verfüge. Das ist damals von kaum jemandem als Verschwörungstheorie entlarvt worden. Das heißt, es gibt Verschwörungstheorien, die dem Begriff entkommen, weil diejenigen, die sie spinnen, sehr mächtig sind". Aus: Verschwörungstheorien. Spiegel-Online, Ausgabe 9 (2017), o.S. http://www.spiegel.de/spiegel/verschwoerungstheorien-kulturhistoriker-michael-butter-im-interview-a-1136235.html (abgerufen am 13.8.2018).

Bleiben wir aber vorerst noch beim Individuum: Die Anfälligkeit zur Selbstbestätigung wird durch unser Kommunikationsumfeld noch unterstützt. Da die meisten unserer Freunde und Bekannten ebenso sehr unter dem Eindruck von Unsicherheit und Verunsicherung leiden wie wir, ist der Abgleich der Meinungen innerhalb des eigenen sozialen Umfelds oft wenig erhellend. Die anderen wissen offenbar auch nicht mehr als wir selbst. Deshalb verlassen wir uns gerne auf die Medien als wichtige Informationsträger. Aber auch in der Medienlandschaft herrschen Pluralität, Vielfalt und zum Teil Beliebigkeit vor. Auch Journalisten und Journalistinnen können schlecht beurteilen, welche Aussage in einem Streitthema wissenschaftlich haltbar ist und welche nicht. Medienschaffende neigen daher dazu, alle in der Gesellschaft öffentlich vertretenen Positionen nebeneinander zu stellen und damit den Eindruck der Relativierung zu hinterlassen.[10] Selbst klare Erkenntnisse aus der Wissenschaft erscheinen dann verwässert und unbestimmt. Dadurch entsteht bei den Medienempfängern der Eindruck, die in der Wissenschaft tätigen Personen hätten entweder selber keine Ahnung von den Themen, über die sie andauernd forschen, oder sie seien von mächtigen Interessengruppen zur Stellungnahme in die eine oder andere Richtung bestochen oder zumindest beeinflusst.[11]

Eine weitere Erklärung für die Verstärkung von Wahrnehmungsmustern durch die Medien ist die Tatsache, dass uns die Medien zu ständigen Augenzeugen dessen machen, was irgendwo schiefläuft. Und irgendwo passiert jeden Tag etwas. Der Mensch hat in vielen Jahrtausenden der Evolution gelernt, alles ihn Verunsichernde als potenzielle Gefahr einzuschätzen, sofern es ihm zeitlich oder räumlich nah ist. Wird dieses Naheliegende dann auch noch von Experten als bedrohlich eingestuft, steht unser Urteil schnell fest. Wenn die Journalisten täglich über Katstrophen und Risiken berichten, muss die Welt wohl immer gefährlicher werden. Dass bei rund 7,3 Mrd. Menschen rein statistisch jeden Tag mindestens eine Katastrophe zu erwarten ist, bleibt dabei meist unbeachtet. Früher blieben die meisten Katstrophen in der Welt unbeobachtet, jetzt kann man sich der Dauerberieselung

---

10 Stocking, S.H. (1999): How Journalists Deal with Scientific Uncertainty. In: S.M. Friedman, S. Dunwoody und C.L. Rogers (Hrsg.): Communicating Uncertainty: Media Coverage of New and Controversial Science. Lawrence Erlbaum: Mahwak, S. 23–41.

11 Vgl. Gardner, D. (2009): Risk. The Science and Politics of Fear. Virgin Press: London, S. 181f. und 197ff. Vgl. auch Ropeik, D. (2010): How Risky Is It Really? Why Our Fears Don't Always Match the Facts. McGraw Hill: New York.

von Berichten über katastrophale Ereignisse kaum mehr erwehren. Das prägt unseren Realitätssinn[12].

Dazu kommt die Wirkung des Internets und der neuen sozialen Medien: Suchmaschinen ersetzen Bücher und Lexika, soziale Medien ersetzen Nachrichtensendungen und journalistische Analysen, Blogs ersetzen öffentliche Debatten und Diskurse und virtuelle Welten verdrängen das, was als reale Erlebnisse noch unserer direkten Wissensaufnahme zugänglich ist. Viele konsultieren lieber ihre App, um zu prüfen, wie das Wetter ist, als einfach aus dem Fenster zu schauen. Wem traut man mehr? Für die Frage, wie Wissen erzeugt und weitergegeben wird, ist vor allem die Schaffung von Echoräumen ein gravierendes Problem. Echoräume sind Plattformen der Kommunikation, bei denen alle Teilnehmenden in der Regel genau das bestätigt finden, was sie ohnehin für richtig halten. Empirische Studien vor allem in Europa haben darauf hingewiesen, dass die Nutzer von Internetplattformen durchaus in vielen Plattformen unterwegs sind und auch häufiger Informationskanäle nutzen, die nicht der eigenen Meinung entsprechen.[13] Das Bild des Echoraums ist also nur zum Teil bezeichnend für unser Medienverhalten. So sehr der Mechanismus der kognitiven Dissonanzreduktion uns dazu verführt, allen möglichen Gegenargumenten aus dem Weg zu gehen, so gibt es daneben immer noch eine Art intellektuelle Neugier, andere Meinungen, Urteile und Deutungen kennen zu lernen. Doch auch dann sorgen die Algorithmen der Suchmaschinen dafür, dass ich bei Anfragen automatisch zunächst einmal die Antworten bekomme, dic am ehesten mit meinen Einstel-

---

12 Inzwischen sind eine Reihe von Büchern erscheinen, die diese Fehldeutungen mit eindrucksvollen statistischen Daten widerlegen. Besonders empfohlen sei hier das Buch von Hans Rosling „Factfulness", das Wahrnehmung und Realität gegenüberstellt. In unserem Zusammenhang ist vor allem das Kapitel Negativität (S. 63–95) zu nennen. Rosling, H. (2018): Factfulness. Wie wir lernen, die Welt so zu sehen, wie sie ist. Ullstein: Berlin.

13 "We take issue with the claim by Sunstein and others that online discussion takes place in echo chambers, and suggest that the dynamics of online debates could be more aptly described by the logic of 'trench warfare', in which opinions are reinforced through contradiction as well as confirmation. We use a unique online survey and an experimental approach to investigate and test echo chamber and trench warfare dynamics in online debates. The results show that people do indeed claim to discuss with those who hold opposite views from themselves. Furthermore, our survey experiments suggest that both confirming and contradicting arguments have similar effects on attitude reinforcement. Together, this indicates that both echo chamber and trench warfare dynamics – a situation where attitudes are reinforced through both confirmation and disconfirmation biases – characterize online debates". Aus: Karlsen, R., Steen-Johnsen, K., Wollebæk, D. und Enjolras, B. (2017): Echo Chamber and Trench Warfare Dynamics in Online Debates. In: European Journal of Communication, 32 (3): 257–273. Siehe auch: Arceneaux K., Johnson M. und Cryderman J. (2013): Communication, Persuasion, and the Conditioning Value of Selective Exposure: Like minds may unite and divide but they mostly tune out. In: Political Communication 30 (2): 213–231.

lungen übereinstimmen. Die Maschine lernt, einstellungsgetreue Antworten bevorzugt auszuwählen. Von daher ist der Echoeffekt zum einem Teil eine Konsequenz unserer psychischen Tendenz zur Selbstbestätigung. Zum anderen Teil rührt er aber auch daher, dass die Anbieter von Wissensangeboten im Internet unsere Vorlieben gezielt bedienen wollen und dadurch Meinungsvielfalt einengen.[14]

## Die Notwendigkeit einer wissensbasierten Abwägungskultur

Wahr ist also das, was ich mir als wahr wünsche. Dies öffnet alle Schleusen für Illusionen und Fehldeutungen. Wenn ich etwas erlebe, dessen Folgen ich als unerwünscht einstufe, etwa eine Krankheit oder einen Fehlkauf, dann mache ich das mangelnde Wissen anderer dafür verantwortlich. Denn wenn die anderen es nur richtig gewusst hätten, wären mir die negativen Konsequenzen erspart geblieben. Der oder die andere – das könnte die Ärztin sein, zu der ich regelmäßig gehe, oder der Verkäufer, der mir das entsprechende Produkt verkauft hat.

Bei gesellschaftlichen Problemen wird diese Problematik der Verwechslung von Wissen und Wünschbarkeit noch viel klarer: Es gibt kaum kollektiv verbindliche Entscheidungen, die nur positive Auswirkungen auf alle Personen einer Gesellschaft nach sich ziehen.[15] Natürlich wäre es wünschenswert, dass jede von einer Entscheidung betroffene Person hinterher bessergestellt würde als vorher. Jeder vernünftig denkende Mensch ist sich aber dessen bewusst, dass mit jeder kollektiven Entscheidung auch Zielkonflikte verbunden sind, die eine Abwägung zwischen den positiven und den

14 "...it is not necessarily the users. Algorithms social media companies use to put into your recommended feeds rely on similar content to the things you have watched. Most people are very constrained on time and will thus mostly watch what they enjoy, which in political terms means what they agree with. These algorithms pick up on this and then recommend what they agree with". Dies ist eines der Zeugenaussagen aus einer Studie der MIT Forscherinnen und Forscher: Gilliani, N.; Yuan, A.; Saveski, M.; Vosoughu, S. und Roy, D. (2018): My, My Echo Chamber, and I: Introspection on Social Media Polarization. WWW 2018: The 2018 Web Conference, April 23–27, 2018, Lyon, France. ACM, New York, NY, USA, Article 4, 9 pages. https://doi.org/10.1145/3178876.3186130, S. 6f.

15 Diese Problematik wird in der Entscheidungsanalyse auch formal unter dem Konzept der kollektiven Entscheidungsfindung behandelt. Es geht um die Frage der Aggregation von positiven und negativen Auswirkungen zu einem Gesamtnutzen für die Gesellschaft. Zu den formalen Grundlagen siehe dazu: Bosser, W. und Stehling, F. (1990): Theorie kollektiver Entscheidungen. Eine Einführung. Springer: Berlin und Heidelberg, S. 158ff.

negativen Auswirkungen erfordern. Oft sind diese Abwägungen sehr schmerzhaft, weil die negativen Auswirkungen nicht vermeidbar erscheinen, sofern man die positiven Folgen erleben will. In Kleinen findet sich das beispielsweise bei Arzneimitteln. Die meisten von ihnen haben Nebenwirkungen, die man sehr gerne vermeiden würde, aber meist nicht kann. Je wichtiger der Heilungseffekt eines Medikamentes ist, desto eher ist man bereit, negative Nebenwirkungen in Kauf zu nehmen. Das gilt erst recht für politisch weitreichende Maßnahmen wie Klimaschutz, die Erhaltung einer sauberen Umwelt oder die faire Verteilung von Ressourcen zwischen den Regionen der Welt. Auch hier führt kein Weg daran vorbei, dass die gewollte Zielerfüllung Kosten und Nebenwirkungen verursacht, die zudem noch ungleich auf die betroffene Bevölkerung verteilt sein werden. Gerade für solche Fragen ist es unerlässlich, im ersten Schritt der Entscheidung so genau wie möglich die Folgen im Sinne von erwünschten und unerwünschten Konsequenzen im Voraus zu kennen und dann erst im zweiten Schritt zu einer angemessenen Abwägung der positiven und negativen Folgen zu kommen.[16]

Solche schmerzlichen Abwägungsprozesse sind überflüssig, wenn ich der Meinung bin, dass sich die Folgen von politischen Maßnahmen und Eingriffen so ergeben werden, wie ich sie mir wünsche. Wenn Wissen und Wünschbarkeit eins wird, kann es weder zu Nebenwirkungen kommen, noch muss ich mich um die Auflösung von Zielkonflikten bemühen, denn Zielkonflikte kann es dann gar nicht geben. Nehmen wir die aktuelle Debatte um den Kohleausstieg: Aus Klimaschutzgründen wäre es sinnvoll, so schnell wie möglich die Nutzung von Kohle zur Stromversorgung in Deutschland einzustellen.[17] Aber davon sind viele Arbeitsplätze und das wirtschaftliche Geschehen von ganzen Landstrichen negativ betroffen. Wie kann man einen tragfähigen Kompromiss zwischen den Zielen des Klimaschutzes und den Zielen einer sozialverträglichen Regionalentwicklung fin-

16 In vielen Ländern und der EU ist eine solche Folgenabschätzung von politischen Maßnahmen vorgeschrieben und wird auch praktiziert. Siehe: Turnpenny, J.; Radaelli, C. M.; Jordan, A. und Jacob, K. (2009): The Policy and Politics of Policy Appraisal: Emerging Trends and New Directions. Journal of European Public Policy, 16: 640–653.

17 Dazu hat die sog. Kohlekommission im Dezember 2018 ihr Gutachten vorgelegt. Einen guten Überblick zu den Strategien und Plänen zum Kohleausstieg in Deutschland bietet: Wehnert, T., Best, B. und Andreeva, T. (2017): Kohleausstieg – Analyse von aktuellen Diskussionsvorschlägen und Studien. Studie des Wuppertal-Instituts im Auftrag des Naturschutzbundes Deutschland (NABU). Wuppertal. https://epub.wupperinst.org/frontdoor/index/index/docId/6686 (abgerufen am 30.10.2018).

den? Beides lässt sich nicht gleichzeitig erreichen. Nur durch einen wirtschaftlichen Strukturwandel kann dieser Zielkonflikt über eine längere Sicht aufgelöst oder zumindest abgemildert werden. Wenn aber Wunschdenken unsere Wissensbasis bestimmt, dann gibt es gleich ein Patentrezept für Klimaschutz, Wirtschaftsförderung und den Erhalt traditioneller Arbeitsplätze. Viele der betroffenen Personen möchten das so sehen und wenden sich enttäuscht von der Politik ab, weil diese es nicht so richtet, wie sie es gerne hätten. Politikverdrossenheit ist dann die Folge.[18]

Diese Verdrossenheit an der Politik nutzen Populisten geschickt aus. Sie versprechen zum einen, dass sie die von den betroffenen Menschen als negativ empfunden Folgen beseitigen werden und gleichzeitig die mit der ursprünglichen Politik beabsichtigten positiven Wirkungen (etwa zum Umweltschutz oder zur Wettbewerbsfähigkeit) parallel erzielen würden. Wenn das offenkundig nicht geht, etwa beim Klimaschutz oder bei der Erhaltung einer lebenswerten Umwelt, werden Belastungen als nicht existent oder als wissenschaftlich unbewiesen abgestempelt – ganz nach dem Motto, was ich nicht wünsche, kann es auch nicht geben.

Im Bereich der Klimapolitik der USA kann man dies gut ablesen. Den benachteiligten Industriearbeiterfamilien der sog. Rust Belts, der Kohle- und Stahlregionen in den USA, hatte der heutige Präsident Donald Trump versprochen, neue wirtschaftliche Initiativen für die Kohle- und Stahlindustrie einzuleiten und damit wieder Arbeitsplätze und Wirtschaftswachstum in der Region zu schaffen.[19] Dieses Versprechen kollidiert augenscheinlich mit dem Ziel eines globalen Klimaschutzes, der ohne weltweiten Kohleausstieg nicht zu verwirklichen ist. Prompt leugnete der Präsident den Zusammenhang zwischen dem Ausstoß von Kohlendioxid und Klimaveränderung. Dieser Zusammenhang gilt bei den Fachwissenschaftlerinnen und -wissenschaftlern als wissenschaftlich zu mehr als 95% sicher (auch hier kommt

18 Siehe dazu: Landwehr, C.; Faas, T. und Philipp Harms P (2017): Bröckelt der Verfahrenskonsens? Einstellungen zu politischen Entscheidungen und demokratischen Entscheidungsverfahren in Zeiten des Populismus. In: Leviathan, 45 (1): 35–54.

19 Einen lebendigen Eindruck von der Mentalität des sog. Rust Belts bietet der Roman von: Vance, J. D. (2017): Hillibilly-Elegie. Die Geschichte meiner Familie und einer Gesellschaft in der Krise. Übersetzt von G. Hens. Ullstein: Berlin. Siehe auch den zunehmenden Druck auf Präsident Trunp, jetzt im Rust Belt für Arbeit und Wohlstand zu sorgen. http://money.cnn.com/2017/03/03/news/economy/donald-trump-manufacturing-jobs/index.html (abgerufen am 30.10.2018).

man an stochastischen Aussagen nicht vorbei).[20] Doch was nicht erwünscht ist, kann auch nicht sein. Von daher ist es in dieser Logik nur konsistent, dass sich die USA aus dem Pariser Klimaabkommen verabschiedet hat. Dass über andere politische Kanäle doch wieder aktiver Klimaschutz in den USA betrieben wird und dass die Bundesstaaten die Politik des Präsidenten zum Teil unterlaufen, steht auf einem anderen Blatt.

Wenn das Wünschenswerte zum Synonym für Wissen wird, braucht man im Grunde genommen nur den allwissenden Herrscher oder die allwissende Herrscherin, der oder die all das, was die Individuen in der Gesellschaft wünschen, eins zu eins umsetzt. Dann braucht man keine politischen Debatten mehr, keine mühsamen Aushandlungsprozesse, keine schmerzhaften Kompromisse, sondern nur die direkte Umsetzung des allseits Wünschenswerten in politisches Handeln. Genauso agieren politische Populisten in der heutigen Gesellschaft. Sie nehmen Verunsicherung und Ängste auf und verleihen damit deren Träger zunächst einmal politisches Gehör, was erstmal durchaus positiv zu bewerten ist. Aus dieser Erkenntnis heraus versprechen sie eine Politik, bei der auf Plausibilität ausgerichtete Zusammenhänge nach den Vorstellungen der politischen Wünschbarkeit konstruiert und als Lösungen für alle komplexen Probleme angeboten werden. Negative Nebenfolgen oder nicht aufzulösende Zielkonflikte gibt es bei den von Populisten vorgeschlagenen Lösungen nicht.[21] Wenn man nur diesen Lösungen folgen würde, so die populistische Logik, würden sich die erlebten negativen Folgen der herrschenden Politik ins Nichts auflösen. Die Wahrheit ist einfach und überzeugend: Es gilt das Wissen als wahr, was ich mir als wahr wünsche.

Im Alltag wird jede Person schnell merken, dass sie mit einer solchen Gleichstellung von wünschbaren Erwartungen und Wissen über Handlungsfolgen schnell gegen die Wand läuft. Denn wir können uns noch so intensiv etwas wünschen, es wird deshalb trotzdem nicht wahr. Wenn ich mir beispielsweise inständig wünsche, dass bei meinem Bluttest kein erhöhtes

---

20 Es ist äußerst wahrscheinlich, dass der menschliche Einfluss die Hauptursache der Erwärmung seit Mitte des vergangenen Jahrhunderts ist. Aus: IPCC (2014): Fünfter Sachstandsbericht zur Klimaforschung (AR5). New York, S. 12. Als äußerst wahrscheinlich gilt beim IPCC eine Wahrscheinlichkeit von über 95 %.

21 „Die Menschen müssen darin bestärkt werden, dass immer die ‚Anderen' lügen und verraten und dass sie, die Rechtspopulisten, die eigentlichen Aufklärer und Wahrheitsliebenden sind, die mit Zivilcourage gegen ein verlogene und ideologisierte Welt kämpfen". Aus: Milbradt, J. (2018): Über autoritäre Haltungen in ‚postfaktischen' Zeiten. Babara Budrich: Opladen und Berlin, S. 210.

Cholesterin gefunden wird, so wird dies keinen Einfluss auf das Testergebnis haben. Entweder habe ich zu viel Cholesterin oder nicht. Natürlich kann mir mein Gefühl des Wünschenswerten helfen, Wissen zu erzeugen oder zu sammeln, dass mich meinem Wunsche näherbringt: In diesem Falle etwa meinen Informationen zu einer besseren Ernährung ausfindig zu machen, die mein Cholesterinspiegel in Zukunft sinken lässt. Aber es ist und bleibt ein folgenschweres Fehlurteil, Wahrheitskriterien auf der Basis des Wünschbaren aufzustellen. Das kann nur in Frustration und Enttäuschung enden.

Viele Menschen haben dies auch in der politischen Arena bereits schmerzhaft erfahren müssen. Wenn Populisten einmal an der Macht sind, können sie ihre Versprechungen selten halten. Denn in der Realität gibt es keine politischen Maßnahmen, die nicht auch unerwünschte Nebeneffekte haben. Im Sinne der kognitiven Dissonanzreduktion kann man diese leugnen, in ihrer Bedeutung abmildern oder als heimliche Sabotage der vormals mächtigen Elite abtun, aber auf Dauer werden auch die größten Unterstützer von Populisten am eigenen Leib erfahren, dass es ihnen in der Summe oftmals eher schlechter gehen wird als vorher. Leider ist es dann zu spät.

## Die postethische Konfusion: Was ist wünschbar?

Individuelle wie auch kollektive Entscheidungen erfordern eine Abwägung zwischen den möglichen Handlungsoptionen auf der Basis der von mir erwarteten Folgen und deren Wünschbarkeit. Von daher geht es bei Entscheidungen immer um drei Fragen:[22]

(1) Welche Handlungsoptionen habe ich in einer bestimmten Situation zur Verfügung bzw. welche kann ich aktiv herbeiführen? *(Identifikation von Optionen)*
(2) Welche voraussichtlichen Folgen haben die zur Entscheidung stehenden Optionen? *(Folgenabschätzung)*
(3) Welche dieser Folgen erscheinen mir aus meiner Sicht besonders wünschenswert? *(Folgenbewertung)*

22 Zimmermann, H.J. und Gutsche, L. (2013). Multi-Criteria Analyse: Einführung in die Theorie der Entscheidungen bei Mehrfachzielsetzungen. Springer: Berlin und Heidelberg.

Die erste Frage vermittelt der entscheidenden Person eine Übersicht über die Handlungsoptionen, die sie in einer bestimmten Situation besitzt. Sie kann sich zum Beispiel beim Kauf eines Autos die Fahrzeuge ansehen, die sie sich im Rahmen ihrer finanziellen Möglichkeiten leisten kann, aber auch andere Optionen wie Car Sharing mit einbeziehen. Häufig lassen sich auch neue Optionen bewusst schaffen (etwa aktiv nach Mitfahrgelegenheiten Ausschau zu halten). Nach dem Überblick über die möglichen Handlungsoptionen erfolgt die Auswahl. Soll diese möglichst rational erfolgen, so geht dies in zwei Schritten. Bei der Folgenschätzung, ist es ratsam, das beste verfügbare Wissen unabhängig von meinen persönlichen Wünschen und Vorlieben zusammenstellen und zu beherzigen. Bei dem darauf aufbauenden Schritt, der Folgenbewertung, steht die Frage im Mittelpunkt: Was möchte ich aus welchen Gründen lieber erreicht sehen und was möchte ich dafür in Kauf nehmen?

Bislang haben wir uns vorrangig mit Folgenabschätzung einer jeden Entscheidung beschäftigt: also der Suche nach dem besten Wissen, um die Folgen unserer Handlungsoptionen im Voraus zu bestimmen. Aus den bisherigen Ausführungen ist hoffentlich deutlich geworden, dass eine Beurteilung des Folgewissens nach Wünschbarkeit kein brauchbares Rezept für gute Entscheidungen ist. Allerdings breitet sich dieser Irrglaube in einer postfaktischen Gesellschaft so schnell wie eine Epidemie aus. Sie leistet den Populisten Vorschub und verhindert eine gerade bei komplexen Problemen so notwendige Abwägung nach dem Stand des besten Wissens. Für die Frage nach den Folgen einer jeden Handlungsoption ist also unabhängiges und möglichst objektives Wissen unerlässlich.

Für die dritte Komponente, der Beurteilung der Wünschbarkeit gilt ähnliches – nur mit umgekehrten Vorzeichen. Was ich wünsche oder nicht wünsche, lässt sich nicht durch mehr oder weniger Wissen über die Folgen meiner Entscheidung beantworten. Nehmen wir dazu ein einfaches Beispiel: Wenn Sie sich einen neuen Wagen kaufen wollen, dann können Sie sich möglicherweise einen sehr teuren Wagen mit hoher Zuverlässigkeit oder einen wesentlich günstigeren Wagen mit geringerer Zuverlässigkeit anschaffen. Alles Wissen dieser Welt über Preise von Autos und deren Zuverlässigkeit kann Ihnen diese Entscheidung zwischen den beiden Optionen nicht abnehmen. Sie brauchen natürlich Wissen, um überhaupt abschätzen zu können, welches Auto zuverlässiger ist und welches nicht. Aber Wissen reicht nicht aus, um eine eindeutige Präferenz für das eine oder andere Auto abzuleiten. Hier kommt es darauf an, was bei Ihnen mehr ins Gewicht fällt: ein niedrigerer Preis oder eine hohe Zuverlässigkeit. Vielleicht finden Sie ja noch einen dritten Wagen, der zu einem annehmbaren Preis auch eine hohe Zuverlässigkeit bietet. Aber dieser ist vielleicht kleiner oder weniger prestigeträchtig als das ursprünglich ins Auge gefasste teure Fahrzeug. An einer auf ihren Präferenzen beruhenden Entscheidung kommen sie auch dann nicht vorbei. Wissen hilft bei der Entscheidung, bestimmt sie aber nicht.

Was im Kleinen gilt, gilt auch im Großen: Die Gleichsetzung von Wissen und Abwägung ist der grundlegende Irrtum von sogenannten technokratischen Problemlösungen, bei denen man die Auswahl von Handlungsoptionen den jeweils in diesem Fachgebiet besten Expertinnen und Experten überlässt.[23] Etwa, wie man am besten die Energiewende voranbringt, ob man Kohlekraftwerke jetzt schließen oder ob man Glyphosat verbieten sollte. Der Grund für die Ablehnung technokratischer Problemlösungen liegt auf der Hand: Wenn es bei Entscheidungsoptionen nahezu unausweichlich positive und negative Folgewirkungen gibt, muss jemand entscheiden, welche dieser Wirkungen mehr wiegt als andere. In der Fachsprache wird dies mit dem englischen Begriff „trade-offs" belegt.[24] Leider gibt es dafür keine gute deutsche Übersetzung. Gemeint ist damit, dass wir abwägen müssen, wie viele Einheiten der gewünschten Wirkung wie viele Einheiten der unerwünschten Wirkung ausgleichen können. Etwa wie viel Steuergeld man einsetzen will, um bestimmte Umweltbelastungen zu vermeiden.

Diese Problematik von Zielkonflikten stellt sich besonders heftig bei kollektiv wirksamen Entscheidungen, wie sie im wirtschaftlichen oder politischen Raum auftreten. Ob wir beispielsweise Fahrzeuge mit Benzin- und Dieselmotoren ab 2030 verbieten sollen, ist eine schwierige Abwägungsfrage, bei der die möglichen positiven Folgen für den Klima- und Umweltschutz mit den möglich negativen Folgen für die Fahrzeugindustrie, die Be-

23 Siehe hier die sehr pointierte Kritik an der Technokratie bei: Habermas, J. (2017): Im Sog der Technokratie. Kleine politischen Schriften XII. Suhrkamp: Frankfurt am Main, hier S. 82ff.

24 Zu den trade-offs als Element der Entscheidungstheorie siehe grundlegend: Sowell, T. (1980): Knowledge and Decisions. Basic: New York. Sowie: Pfister, H.-R.; Jungermann, H. und Fischer, K. (2017): Die Psychologie der Entscheidung. Eine Einführung. 4. Auflage. Springer: Berlin und Heidelberg, S. 83ff. Für den Bereich Klima- und Umweltschutz siehe: Held, H. (2017): Entscheidungen unter Unsicherheit in komplexen Systemen. In: G. P. Brassseur, D. Jacob und S. Schuck-Zöller (Hrsg.): Klimawandel in Deutschland. Springer: Berlin und Heidelberg, S. 305–311.

schäftigten und die Nutzer von Fahrzeugen gegenüber gestellt werden müssen. Nach welchen Kriterien kann eine solche Abwägung erfolgen?

Wenn es um persönliche Entscheidungen geht, etwa ob ich mir ein neues, Diesel getriebenes Fahrzeug kaufen soll oder ob ich ganz auf ein privates Auto verzichten soll, gibt es drei Grundkriterien, nach denen ich eine Abwägung zwischen positiven und negativen Folgen treffen kann: *Nutzen, Werte und Vorlieben.*[25] Das erste Kriterium ist der persönliche *Nutzen.* Damit ist alles einbegriffen, was mein persönliches Wohlergehen steigert: etwa mehr Geld, mehr Freizeit, mehr Freunde oder mehr Anerkennung. Ich kann die Option wählen, bei der ich persönlich den größten Nutzen habe, also bei mehreren Optionen die Bilanz zwischen Nutzenverlusten und Nutzengewinnen am höchsten ausfällt. Bei einer Entscheidung nach den Kriterien des Nutzens blende ich die möglichen Effekte meiner Entscheidung auf andere oder auf die Gesellschaft bewusst aus. Es sei denn, Anerkennung in der Gesellschaft wäre genau das, was ich als persönlichen Nutzengewinn definiere.[26]

Das zweite Kriterium betrifft die *moralische Bewertung* der verschiedenen Handlungsoptionen und deren Folgen.[27] Diese Wertung kann ich nach dem von mir wahrgenommenen Nutzen für die Gesellschaft, aber auch nach anderen Prinzipien der Ethik (etwa dem Kant'schen Imperativ) unabhängig vom eigenen Nutzen treffen.[28] Gradmesser der Bewertung ist dabei mein individuelles Wertetableau. Das vermittelt mir einen Maßstab, nach dem ich meine Handlungsoptionen und deren Folgen nach moralisch vertretbar oder moralisch verwerflich beurteile. Moralische Urteile sind auch Schlüssel für die eigene Sinnfindung. Sie verkörpern die Verbindung zwischen dem Individuum und der Gemeinschaft. Denn als soziale Wesen sind wir nicht al-

---

25 In diesem Kapitel orientierte ich mich stark an dem Konzept von: Armattya Sen, der vor allem die Beurteilung nach Nutzen der Beurteilung nach moralischen Werten gegenüber stellt. Siehe dazu: Sen A. (1987): On Ethics and Economics. Wiley: Blackwell. Siehe zu der Frage nach der individuellen Beurteilung der Wünschbarkeit: Pfister et al. (2017), a. a. O., S. 37ff.

26 Wenn ich den Nutzen aber zu umfassend definiere, wird die Zuordnung tautologisch. Dann ist alles, was ich mit einer Handlungsoption verbinde, irgendwie als Nutzengewinn oder Nutzenverlust zu bezeichnen. Siehe dazu: Nida-Rümelin, J. (1994): Das rational choice-Paradigma. Extensionen und Revisionen. In: Derselbe (Hrsg.): Praktische Rationalität. Grundlagenprobleme und ethische Anwendungen des Rational Choice-Paradigmas. De Gruyter: Berlin, S. 3–29.

27 In diesem Abschnitt nutze ich das Wort Moral für eine Beurteilung von Handlungsoptionen im Spektrum von gut bis schlecht auf der Basis von Werten wie Gerechtigkeit oder Solidarität. Ethik ist dagegen die Lehre von der Moral, sie liefert Begründungen für moralische Orientierungen.

28 Nach welchen Maßstäben man moralische Abwägungen trifft, ist anschaulich in dem Buch von: Ott, K. (2001): Moralbegründungen. Junius: Hamburg beschrieben.

lein auf unseren Nutzen fixiert, wir können auch die Konsequenzen für das Gemeinwohl mitbedenken und danach unsere Handlungen ausrichten. Moralische Werte sind daher wichtige Orientierungen für das Gemeinschaftsleben.

Das dritte Kriterium umfasst meine persönlichen *Vorlieben,* die ich bestenfalls subjektiv erklären aber nicht allgemein begründen kann.[29] Eine solche Vorliebe wäre etwa, dass ich lieber Kirschen esse als Erdbeeren oder im Sommerurlaub die Berge dem Strand vorziehe. Vorlieben werden auch häufig als Präferenzen bezeichnet, allerdings ist der Gebrauch des Begriffs Präferenz in den Sozialwissenschaften unterschiedlich definiert. [30]

Die Wünschbarkeit der mit jeder Handlungsoption verbundenen Folgen kann ich also nach Nutzen, Werten oder Vorlieben beurteilen. Manchmal gibt es Optionen, die alle drei Kriterien erfüllen. Manchmal gibt es aber auch Zielkonflikte: So kann eine moralisch hoch bewertete Option meinen Nutzen verringern oder eine meiner Vorlieben verletzen. Ein Verzicht auf das eigene Auto kann als moralisch wertvoll für die Erhaltung der Umwelt und den Klimaschutz eingestuft werden, mein eigener Nutzen würde aber dadurch eingeschränkt (vorausgesetzt, dass die Alternativen, etwa öffentliche Verkehrsmittel zu nutzen, wesentlich aufwändiger sind), und meine persönliche Vorliebe für schnelles Fahren müsste ich auch aufgeben. Auch hier gilt es, den Zielkonflikt aufzulösen und eine Option zu finden, die nach einer reiflichen Gegenüberstellung von Nutzen, Werten und Vorlieben meiner Gesamtbilanz am ehesten entspricht.

Der Prozess der Abwägung von Nutzen, Werten und Vorlieben ist schon für jedes Individuum recht verwirrend und kompliziert. Aber es wird noch undurchsichtiger und schwieriger zu durchschauen, wenn es sich um kollektiv verbindliche Entscheidungen, also politische Beschlüsse, handelt.[31] In diesem Falle ist von den Folgen nicht nur eine Person, die eine Entschei-

29 Siehe zu Frage von Präferenzen und Vorlieben die Ausführungen von: Landwehr. C. (2013): Woher wissen wir, was wir wollen? Möglichkeiten und Grenzen der Rationalisierung von Präferenzen. In: Shikanu, S.; Behnke, J. und Bräuninger, T. (Hrsg.): Jahrbuch für Handlungs- und Entscheidungstheorie. Band 5. VS Verlag für Sozialwissenschaften: Wiesbaden, S. 223–244.

30 Siehe dazu: Slovic P. (2016) Die Ethik des Präferenz-Managements: Risiko, Werte und Entscheidungen. In: P. Aerni; K.J. Grün und I, Kummert I. (Hrsg.) Schwierigkeiten mit der Moral. Springer VS: Wiesbaden, S. 127–138.

31 Dazu der Klassiker: Olson, M. (2004): Die Logik des kollektiven Handelns. Mohr: Tübingen. Aus der Fülle der Literatur zum Problem kollektiven Handelns sei vor allem der Aufsatz der Nobelpreisträgerin E. Ostrom empfohlen: Ostrom, E. (2014): Collective Action and the Evolution of Social Norms. In: Journal of Natural Resources Policy Research, 6 (4): 235–252.

dung treffen muss, sondern die gesamte Gemeinschaft der Personen betroffen. Von daher sprechen wir hier von Nutzen für alle (Gemeinwohl), moralischer Beurteilung nach allgemeingültigen Prinzipen der Ethik, wie der Erhalt des menschlichen Lebens oder die Einhaltung der Menschenwürde, sowie als dritte Kategorie die in einer Gesellschaft vorherrschenden sozio-kulturellen Vorlieben. Erschwerend kommt dazu, dass die positiven wie negativen Folgen nicht gleichmäßig auf alle Mitglieder der Gemeinschaft verteilt sind.[32] Zu den moralischen Bewertungskriterien kommt als zusätzliches Kriterium die Verteilungsgerechtigkeit bzw. Fairness hinzu.[33] Welche positiven Folgen können welche negativen Folgen ausgleichen? Wie lassen

**Tabelle 7: Komponenten von individuellen und kollektiven Entscheidungen und Abwägungen zwischen Handlungsoptionen**

| **Entscheidungen** | |
|---|---|
| **Komponenten von Entscheidungen:** | |
| a) *Identifikation von Handlungsmöglichkeiten:* Welche Handlungsoptionen habe ich, bzw. kann ich generieren? | |
| b) *Folgenabschätzung:* Welche Folgen sind mit jeder Handlungsoption verbunden? Wie wahrscheinlich sind sie? | |
| c) *Folgenbewertung:* Welche Folgen bewerte ich als positiv, welche als negativ und wie wäge ich zwischen positiven und negativen Folgen einer jeden Handlungsoption ab? | |
| **Kriterien der Bewertung und Abwägung:** | |
| **Individuell** | **Kollektiv** |
| a) Nutzen für mich (persönliches Interesse) | Nutzen für alle |
| b) Moralische Beurteilung nach persönlichen Werten (etwa Sparsamkeit oder Umweltfreundlichkeit) | Moralische Beurteilung nach ethischen Prinzipien, einschließlich der fairen Verteilung von Chancen, Risiken, Vor- und Nachteilen |
| c) Persönliche Vorlieben | Soziokulturelle Präferenzen |

**Quelle:** eigene Darstellung

32 Bader, V. M. (2013): Kollektives Handeln: Protheorie sozialer Ungleichheit und kollektiven Handelns. Springer: Berlin und Heidelberg, S. 77ff.

33 Fairness wird hier als ein Prinzip der Verteilung angesehen, bei dem von allen Beteiligten eine bestehende oder sich in Zukunft formierende Verteilung in Übereinstimmung mit einem von allen geteilten Prinzip der Gerechtigkeit wahrgenommen wird. Siehe dazu: Underdal, A. und Wei, T. (2015): Distributive Fairness: A Mutual Recognition Approach. In: Environmental Science and Policy, 51: 35–44.

sich die gesellschaftlich akzeptablen „Trade-offs“ bestimmen? Solche Fragen sind in Gesellschaften mit weit gestreuten moralischen Wertvorstellungen, unterschiedlichen Nutzenerwartungen und stark variablen Vorlieben höchst umstritten. Um diese Streitfragen zu lösen, gibt es in demokratischen Gesellschaften rechtlich kodierte Prozesse der Entscheidungsvorbereitung und der Entscheidungsfindung, mit deren Hilfe politisch legitimierte Personen und Gremien Entscheidungen zum Wohle der gesamten Gesellschaft fällen (sollen). Wie sich Entscheidungen auf der individuellen und kollektiven Ebene zusammensetzen und nach welchen Kriterien Bewertung und Abwägung erfolgen, zeigt im Überblick Tabelle 7.

Im folgenden Teil wollen wir uns fragen, wie Politik und Wissenschaft als kollektive Akteure und Entscheidungsträger der Gesellschaft auf die Post-X-Herausforderungen reagieren und was sie tun müssten, um der Verunsicherung in der Bevölkerung, was belastbares Wissen und allgemein gültige Werte betrifft, entgegen zu treten.

# Teil VI:

# Die Post-X-Krise: Aufgaben für Politik und Wissenschaft

## Kollektive Einigungsprozesse

Plenardebatte im Thüringer Landtag. Es spricht der SPD Abgeordnete Matthias Hey:

> „Deshalb müssen wir auch ein wenig ehrlich sein, auch hierzulande droht sich die Politik derzeit an diese ständige Spirale des Übertreibens, das größtmögliche Geschrei anzupassen. Ich will gar nicht auf die gestrige Debatte abstellen, die hier im Landtag geführt wurde. Da müssen wir uns wohl auch an die eigene Nase fassen in diesem Hohen Haus, wenn es mal wieder nicht dick genug geht und man versucht, sich gegenseitig die Vorwürfe aufs Butterbrot zu schmieren. (...) Auf diese Frage in diesen schwierigen, sehr komplizierten Zeiten mit sehr komplexen Vorgängen helfen eben keine einfachen Antworten. Ich glaube auch, dass es oft gefährlich ist, immer nur mit einfachen Antworten agieren zu wollen. Ich denke, das muss man ganz besonders denen deutlich machen, die sich derzeit aufschwingen, den Menschen wieder einen neuen Floh ins Ohr zu setzen, dass nur sie die politische Wahrheit mit Löffeln gefressen haben“[1]

Diese Selbsterkenntnis des Abgeordneten Hey, die er im Rahmen einer sehr reflektierten Rede zu den Ergebnissen des sog. Thüringer Monitors zur Einstellung der Bürgerinnen und Bürger zu wichtigen politischen Fragen an

1 http://www.thueringer-landtag.de/mam/landtag/arbeitsfassung67.pdf, (abgerufen am 13.8.2018), S. 54.

den Tag gelegt hat, weist auf eine zentrale Problematik im Verhältnis von Wahrheit und Politik hin. Wie kann es gelingen, differenzierte Einsichten politisch zu vermitteln und bei aller Wertepluralität auch zu einer Einigung über kollektiv wirksame politische Maßnahmen zu kommen? Wie können in einer Demokratie Wertevielfalt und Diversität von Lebensstilen und Weltbilder in politisch wirksame Entscheidungen und Gestaltungsregeln übersetzt werden? Zerfällt die notwendige Kohärenz von demokratischen Gesellschaften angesichts der Pluralität ihrer Bürgerinnen und Bürger?

Viele moderne Theoretiker der Politikwissenschaft sehen uns schon in einem postdemokratischen Zeitalter.[2] Auch hier deutet die Vorsilbe *Post* wieder darauf hin, dass wir nicht genau wissen, wie sich das politische System weiterentwickelt wird. Es deutet sich aber an, dass die bisherigen Fundamente der demokratischen Ordnung an Bedeutung und Einfluss verlieren. Zentrales Merkmal der postdemokratischen politischen Ordnung ist der Mangel an Überzeugungskraft für demokratisch zustande gekommene Beschlüsse. Dazu kommen Elemente einer zunehmend inszenierten Begründung von politischen Entscheidungen, eine zunehmende Abhängigkeit des öffentlichen Diskurses von sozialen Medien sowie ein Wiedererstarken von autoritär auftretenden Führungspersönlichkeiten, die ihre Macht und ihren Einfluss überwiegend durch charismatische Überzeugungskraft sichern.[3] Schließlich gehören zu den postdemokratischen Überzeugungen die Abkehr von internationaler Zusammenarbeit und die Ablehnung von Globalisierung. Damit verbunden ist die Hoffnung, dass eine Renationalisierung von Politik und Wirtschaft die mit der Globalisierung verbundenen Probleme, etwa auf dem Arbeitsmarkt und bei der Migration, überwinden würde.[4]

Zweifellos finden sich in der politischen Wirklichkeit viele Anzeichen einer postdemokratischen Entwicklung. Vor allem sinkt in vielen Ländern das Vertrauen in demokratische Institutionen, und gleichzeitig wächst die

---

2 Hier nur zwei Belege aus einer Vielzahl von Veröffentlichungen: Crouch, C. (2008): Postdemokratie. Suhrkamp, Frankfurt am Main. Sowie: Ritzi, C. und Schaal, G. (2010): Politische Führung in der „Postdemokratie". In: Aus Politik und Zeitgeschichte, Beilage zum „Das Parlament", 2-3: 9-15.

3 Siehe dazu die Analysen vom Milbradt (2018), a.a.O. S. 194ff. sowie von F. Decker (2017): Populismus und Extremismus in Deutschland- eine Gefahr für die Demokratie? In: W. Brömmel, H. König und M. Sicking (Hrsg.): Populismus und Extremismus in Europa. Gesellschaftswissenschaftliche und sozialpsychologische Perspektive. Transcript: Bielefeld, S. 42-62, vor allem S. 50/51.

4 Das trifft vor allem auf die euroskeptischen Parteien zu. Siehe: Grimm, R. (2015): The Rise of the German Eurosceptic Party Alternative für Deutschland: Between Ordoliberal Critique and Popular Anxiety. In: International Political Science Review, 36 (3): 264-278.

Forderung nach einfachen und eindeutigen Politikentwürfen, die das offenkundig Wünschenswerte in die Realität umsetzen sollen.[5] Gleichzeitig vergiften die durch das Internet ermöglichten Manipulationsversuche, die systematische Verbreitung von Fake News und die unentdeckte Teilnahme von digitalen (künstlichen) Gesprächspartnern an Blogs und Foren den offenen politischen Diskurs. Die schon angesprochenen populistischen Bewegungen sind ein klares Indiz dafür, dass sich postdemokratisches Gedankengut nicht nur in einigen politischen Nischen, sondern auch in breiten Bevölkerungsschichten ausbreiten kann. Eine Umfrage aus dem Jahre 2017 unter Meinungsführern und politischen Beobachtern kam zu dem Ergebnis, dass die größte Bedrohung für die politische Stabilität der Welt das Aufkommen des Populismus und den damit verbundenen Veränderungen der demokratischen Ordnung sei.[6] Dennoch sollte man hier bei Prognosen vorsichtig sein: Zumindest in Europa werden postdemokratische Vorstellungen nur von Minderheiten vertreten; die große Mehrheit der Bevölkerung ist nach wie vor davon überzeugt, dass demokratische Institutionen und Strukturen für die Lösung von heutigen und künftigen Problemen notwendig und sinnvoll seien.[7]

Für diejenigen, die politische Ämter in Deutschland ausfüllen, sollten aber die Indizien einer zunehmenden Ausbreitung postdemokratischen Gedankenguts ein Warnsignal sein. „Weiter so wie bisher“ kann nicht die Devise für eine Politik sein, die den postfaktischen, postethischen und postdemokratischen Herausforderungen gerecht werden kann. Vor allem muss es darum gehen, eine verlässliche Legitimationsbasis für das kollektiv verbindliche Handeln zu schaffen. Was ist mit Legitimation gemeint?

---

5 Siehe dazu das Grundgerüst der Überzeugungen von rechten Populisten, wie es der Philosoph und Sozialwissenschaftler Claus Leggewie in seinem Aufsatz von 2017: Populisten verstehen!? In: W. Brömmel, H. König und M. Sicking (Hrsg.): Populismus und Extremismus in Europa. Gesellschaftswissenschaftliche und sozialpsychologische Perspektive. Transcript: Bielefeld, S. 63–78 beschreibt. Vgl. auch den Artikel von C. Knop (2017): Weltweite Umfrage: Politiker und Eliten haben das Vertrauen verspielt. In: Frankfurter Allgemeine Zeitung vom 19.1.2016, o.S. http://www.faz.net/aktuell/wirtschaft/weltwirtschaftsforum/weltweite-umfrage-politiker-und-eliten-haben-das-vertrauen-verspielt-14021020.html (abgerufen am 13.8.2018).

6 Global Future Survey 1/2017, Konrad-Adenauer-Stiftung in Zusammenarbeit mit Fraunhofer ISI, S. 5, http://www.kas.de/wf/doc/kas_49452-544-1-30.pdf?170705094135 (abgerufen am 13.8.2018).

7 Einen guten Überblick dazu bietet für Europa: Decker, F. (2013): Der neue Rechtspopulismus. Springer: Berlin, für Europa siehe S. 39ff. und für Deutschland S. 147ff. Siehe auch: Betz, H.G. (2002): Rechtspopulismus in Westeuropa: aktuelle Entwicklungen und politische Bedeutung. Österreichische Zeitschrift für Politikwissenschaft, 31(3): 251–264.

# Legitimation als Voraussetzung für politische Ordnung

Wie lassen sich unterschiedliche Interessen, Werte und Vorlieben kollektiv ausgleichen oder sogar integrieren? Mit dieser Frage ist in der Sprache der Politikwissenschaft das Problem der *Legitimation* angesprochen.[8] Legitimation bedeutet, dass kollektiv wirksame Entscheidungen politisch, d.h. kollektiv verbindlich *gerechtfertigt* werden müssen. Legitimation umfasst zwei Elemente: Zum einen müssen die durch die politischen Organe vorgenommenen Abwägungsergebnisse öffentlich und normativ konsistent begründet werden und zum anderen müssen diese Rechtfertigungen auf ein ausreichendes Maß an gesellschaftlicher Akzeptanz stoßen. Beides, die Notwendigkeit zur Rechtfertigung und die prinzipielle Bereitschaft der betroffenen Bürgerschaft, solche Abwägungsergebnisse zu akzeptieren, sind konstitutive Bestandteile einer legitimen politischen Ordnung.[9]

In einer Gesellschaft, in der schon das Wissen umstritten ist, ist ein Konsens über die angemessenen Werte zur moralischen Beurteilung von Handlungsoptionen erst recht nicht in Sicht. Zwar ist vor allem in Deutschland immer wieder von der Wertegemeinschaft die Rede, aber woraus diese Gemeinschaft genau besteht und welche Werte dort mit enthalten sind, bleibt meist nebulös. Je mehr von Wertegemeinschaft die Rede ist und je stärker die Appelle an die gemeinsame Wertebasis in der Gesellschaft ertönen, desto eher kann man davon ausgehen, dass es genau diese gemeinsame Wertebasis nicht gibt.[10] Von daher kann jedes politische Gremium damit rech-

8 Siehe zu dem Zentralbegriff der Legitimation den Aufsatz: Blatter, J: (2007): Demokratie und Legitimation. In: A. Bent; S. Lütz; U. Schimank und G. Simonis: Handbuch Governance. Springer VS: Wiesbaden, S. 271–284. Sowie ganz grundsätzlich: Schmidt, M.G. (2010): Demokratietheorien. Eine Einführung. 5. Auflage. Wiesbaden: VS Verlag für Sozialwissenschaften.

9 Hier wird auch oft von einer normativen (die Rechtfertigung entspricht gängigen Prinzipien einer Begründung) und einer faktischen bzw. empirischen Legitimität (die Aufnahme und Akzeptanz bei den betroffenen Bürgerinnen und Bürgern) gesprochen. Zu den normativen Grundlagen hat sich vor allem der Philosoph und Soziologe Jürgen Habermas geäußert. Vgl dazu sein Werk: Habermas, L. (1973): Legitimationsprobleme des Spätkapitalismus. Suhrkamp: Frankfurt am Main (ab S. 22ff). Bei der empirischen und faktischen Seite der Legitimation verweise ich auf: Schmelzle, C. (2012): Zum Begriff politischer Legitimität. In: A: Geis; F. Nullmeier und C. Daase (Hrsg.): Der Aufstieg der Legitimitätspolitik. Rechtfertigung und Kritik politisch-ökonomischer Ordnungen. Leviathan Sonderheft 27. Nomos: Baden-Baden, S. 419–435. Seine zentrale These ist, dass „Legitimität als Kompetenz die zentrale Funktion von Politik adäquat erfassen kann, nämlich durch die Setzung kollektiv verbindlicher Normen Erwartungssicherheit zu generieren, Koordinationsprobleme zu lösen und gemeinsame Ziele zu bestimmen" (S.3).

10 Vgl. hier den sehr provokanten Artikel von Heribert Prantl in der Süddeutschen Zeitung: Kultur des Zusammenlebens statt Leitkultur. In https://de.qantara.de/inhalt/neuer-streit-um-die-leitkultur-kultur-des-zusammenlebens-statt-leitkultur (abgerufen am 13.8.2018).

nen, dass die Kriterien und Prinzipien, nach denen die Abwägung von Handlungsoptionen erfolgt, in Teilen der Gesellschaft als umstrittenen und als moralisch nicht gerechtfertigt angesehen werden. Darunter leidet die Legitimität politischer Entscheidungen.

Von daher ist die naheliegende Lösung des Legitimationsproblems, auf Einsicht und Nachvollzug der Begründung durch die Bürgerschaft zu setzen, bei vielen kontroversen Themen wenig erfolgversprechend. In dieser Schwierigkeit, politische Entscheidungen in einer pluralen und zersplitterten Wertewelt legitimieren zu müssen, greifen die politischen Gremien meist auf eine von drei Ersatzstrategien zurück: Absicherung durch Expertentum, Legitimation durch Verfahren oder Einbindung der gesellschaftlichen Kräfte in ein diskursives Abwägungsverfahren.[11]

Die erste Strategie besteht darin, den Wertekonflikt als Wissenskonflikt auszugeben und die Vergabe von Trade-Offs an Expertenteams oder Fachbehörden zu delegieren. Dies wird in der Politikwissenschaft häufig als *Technokratie oder Expertokratie* bezeichnet.[12] Diesen Begriff hatten wir schon im letzten Kapitel kurz gestreift. Fragen der Wünschbarkeit sind aber genuin politische, d. h. wertgebundene Entscheidungen, bei denen Expertinnen und Experten ebenso viel oder ebenso wenig beitragen können wie jeder andere politisch aktive Staatsbürger oder jede Staatsbürgerin. Mit dem Hinweis auf Expertenwissen kann die Politik Konflikten aus dem Weg gehen und sich auf die angebliche Unausweichlichkeit der getroffenen Entscheidung berufen. In der Regel geht aber der Schuss nach hinten los, weil selbst bei vollständigem Wissen immer auch andere Prioritäten bei der Auswahl von Handlungsoptionen möglich gewesen wären. Alternativlos sind politische Handlungen so gut wie nie (außer in extremen Krisensituationen). Professor Klaus Töpfer, früherer Umweltminister und ehemaliger Leiter des Instituts für transformative Nachhaltigkeitsforschung (IASS), an dem ich

11 In der politikwissenschaftlichen Literatur wird in der Regel ein anderes Dreierschema der Legitimation verwendet: Input (entspräche in etwa meiner Kategorie des Diskurses), Throughput (entspräche in etwa meiner Kategorie Legitimation durch Verfahren) und Output (entspräche in etwa meinem Konzept einer inhaltlichen Einsicht in die guten Gründe der Entscheidung, wobei Technokratie, also Legitimation durch Expertenurteile eine Variante davon ist). Siehe dazu: Schmidt, V. A. (2013): Democracy and Legitimacy in the European Union Revisited: Input, Output and 'Throughput'. Political Studies, 61: 2–22

12 Vgl. die Ausführungen zur Technokratie als eine der drei Formen der Legitimität im Verhältnis von Wissenschaft und Politik bei: Habermas, J. (1968): Technik und Wissenschaft als „Ideologie". Suhrkamp: Frankfurt am Main, S. 144ff. Darauf aufbauend: Grunwald, A. (2008): Technik und Politikberatung. Philosophische Perspektiven. Suhrkamp: Frankfurt am Main, S. 373.

jetzt tätig bin, hat diese Einsicht in einem Interview sehr plastisch zum Ausdruck gebracht: „Die Diagnose, dass Entscheidungen ‚alternativlos' seien, ist der Offenbarungseid der Demokratie. Und das führt zu einer immer größeren Distanz der Menschen zum Staat".[13]

Die zweite Strategie heißt *Legitimation durch Verfahren.*[14] Die Rechtfertigung erfolgt dann nicht über eine inhaltliche Auseinandersetzung zu den Kriterien und Prinzipien, nach denen man die Entscheidung getroffen hat, sondern über den Prozess, der zu der Entscheidung geführt hat. Wenn alle demokratischen Prozessregeln eingehalten sind, ist eine Entscheidung legitimiert, ohne dass man dafür eine inhaltliche Begründung, die für alle akzeptabel erscheint, benötigt. Das Problem mit dieser Form der Legitimation besteht darin, dass die Bürgerinnen und Bürger eine Legitimation allein über das Verfahren der Entscheidungsfindung häufig nicht akzeptieren. Die Auseinandersetzung um „Stuttgart 21" ist ein beredtes Beispiel dafür, dass es zu virulenten Bürgerprotesten kommen kann, selbst wenn alle politischen Gremien mehrheitlich für eine bestimmte Lösung gestimmt haben.[15]

Die dritte Strategie besteht in einem ausgedehnten *Diskurs* zwischen denjenigen, die politisch dazu legitimiert sind, die entsprechende Entscheidung zu treffen, und denjenigen, die von den Folgen der Entscheidung betroffen sind oder sein können.[16] Damit berühren wir das Thema der politischen Beteiligung, das ich später noch ausführlicher behandeln werde. An dieser Stelle sei nur vermerkt, dass in einer Gesellschaft mit hoher Wertepluralität und hoher Heterogenität von individuellen und kollektiven Vorlieben die hoheitliche Begründung von Abwägungsurteilen oft nicht ausreicht, um bei den betroffenen Bürgerinnen und Bürgern Akzeptanz zu

---

13 Aus: http://www.tagesspiegel.de/politik/mehr-in-alternativen-denken-toepfer-raet-politik/4678136.html (abgerufen am 13.8.2018).

14 Diese Form der Legitimation wird besonders von dem Soziologen Niklas Luhmann vertreten: Luhmann, N. (2001): Legitimation durch Verfahren. 6. Auflage. Suhrkamp: Frankfurt am Main. Siehe auch: Bekkers, V. und Edwards, A. (2007:) Legitimacy and Democracy: A Conceptual Framework for Assessing Governance Practices. In: V. Bekkers, D. Geske, A. Edwards, und M. Fenger (Hrsg.): Governance and the Democratic Deficit. Assessing the Democratic Legitimacy of Governance Practices. Ashgate: Burlington.

15 vgl. dazu: Thaa, W. (2013): „Stuttgart 21" – Krise oder Repolitisierung der repräsentativen Demokratie? In: Politische Vierteljahresschrift, 54: 1–20.

16 Die diskursive Form der Legitimation also durch Einbindung der unterschiedlichen Gruppen einer Gesellschaft in den politischen Entscheidungsprozess wird in von vielen Diskurstheoretikern und Anhängern deliberativer Entscheidungsprozesse vertreten. Siehe dazu die Klassiker: Fishkin J. (1991): Democracy and Deliberation: New Directions of Democratic Reform. Yale University Press: New Haven und Dryzek, J. S. (2010): Foundations and Frontiers of Deliberative Governance, Oxford: Oxford University Press. Sowie Fischer, F. (2003): Reframing Public Policy. Discursive Politics and Deliberative Practices. Oxford: Oxford University Press: Oxford.

Tabelle 8: Übersicht über die Bestandteile von politischer Legitimation und Strategien ihrer Einlösung

| Legitimation kollektiv verbindlicher Entscheidungen |
|---|
| **Komponenten von Legitimation:** |
| a) *Normative Begründungspflicht:* Politische Entscheidungsträger müssen die Argumente, die zur Auswahl einer der Handlungsoptionen geführt haben, öffentlich darlegen und kompetent begründen |
| b) *Prinzipielle Akzeptanz:* Die betroffenen Bürgerinnen und Bürger müssen in ihrer überwiegenden Mehrzahl die Auswahl der Handlungsoption als für sich bindend anerkennen (Tolerierung reicht, explizite Zustimmung erhöht aber den Legitimationseffekt) |
| **Kriterien der Akzeptanzentscheidung:** |
| a) Einsicht in die Argumente und Nachvollzug der Entscheidungslogik |
| b) Vertrauen in die Rationalität der Expertengremien oder Fachbehörden |
| c) Vertrauen in den Prozess der Entscheidungsfindung (Legitimation durch Verfahren) |
| d) Diskursiver Austausch zwischen Entscheidungsträgern und -betroffenen |

**Quelle:** eigene Darstellung

finden. Die Bestandteile der Legitimation und die Möglichkeiten der Gewinnung von prinzipieller Akzeptanz durch die betroffenen Bürgerinnen und Bürger sind in Tabelle 8 systematisch zusammengefasst.

Alle hier aufgeführten Strategien, um eine prinzipielle Akzeptanz der politischen Entscheidungen zu schaffen, sind nur bedingt erfolgreich. Der Rekurs auf Argumente oder Wissen als Akzeptanzbeschaffer ist in einer postfaktischen Gesellschaft wenig aussichtsreich, weil es meist viele, sich widersprechende Wissensangebote und ebenso viele unterschiedliche, oftmals entgegengesetzte Kriterien zur Bewertung von Optionen in der pluralistischen Gesellschaft gibt. Die Delegation an Fachleuten oder Fachbehörden ist ebenfalls eine fragwürdige Lösung, weil das Vertrauen in deren Fachexpertise bzw. Neutralität bei der Abwägung von sich widersprechenden Werten in einem postethischen Gesellschaftsklima weitgehend verloren gegangen ist.[17] Die Legitimation durch Verfahren ist zwar formal ein notwendiges, aber keineswegs hinreichendes Kriterium für Akzeptanz. Viele

17 Siehe dazu: Brewer, P.R. und Ley, B.L. (2012): Whose Science Do You Believe? Explaining Trust in Sources of Scientific Information About the Environment. Science Communication, 35(1): 115–137.

lassen sich von der rein formalen Regelhaftigkeit der Entscheidungsfindung nicht beeindrucken. Es verbleibt also der Diskurs mit den betroffenen Gruppen und deren Einigung im Entscheidungsprozess. Aber auch hier gibt es Grenzen der Integrationsfähigkeit, wenn alle Gruppen der Gesellschaft völlig unterschiedliche Werte verfolgen, wenn die Verteilung des Nutzens auf große Verteilungsverzerrungen stößt und wenn eine Entscheidung zu viele heterogene Vorlieben einbeziehen muss.[18]

Damit berühren wir einen sensiblen Punkt: Für die Lernfähigkeit einer Gesellschaft ist ein hohes Maß an Heterogenität an Werten, Nutzenvorstellungen und Vorlieben ein klarer Vorteil, weil nur so aus dem Austausch von Argumenten und Einschätzungen konstruktive Impulse für einen positiven Wandel in Richtung auf mehr Humanität und nachhaltige Lebensweisen entstehen können.[19] Zudem kommt Heterogenität auch dem Freiheitswillen und Entfaltungswünschen der Individuen entgegen. Gleichzeitig erschwert aber eine hohe Heterogenität den für kollektive Einigungsprozesse notwendigen Konsens über das, was gesellschaftlich wünschenswert ist und was nicht.

Sind wir parallel zur postfaktischen Beliebigkeit auch noch einer postethischen Beliebigkeit ausgesetzt, dann fehlt uns eine erfolgversprechende Strategie, um uns auf kollektiv verbindliche Regeln und Verfahrensweisen zu einigen.[20] Damit demokratische Entscheidungsprozesse zu prinzipiell annehmbaren Ergebnissen führen, sind zentrale Werte in der konkreten Ausprägung als moralische Normen und gesetzliche Bestimmungen essentiell. Mit dem Grundgesetz in Deutschland und mit den international anerkannten Menschenrechten liegen schriftlich fixierte Wertorientierungen vor, die einen solchen Grundkonsens widerspiegeln. Der Philosoph Jürgen Habermas spricht im Zusammenhang der im Grundgesetz verankerten Grundrechte von einer „ethischen Imprägnierung des Rechtsstaates".[21] Wer diese

18 Siehe dazu: Newig, J. und Fritsch, O. (2009): More Input-Better Output: Does Citizen Involvement Improve Environmental Governance? In: I. Blühdorn (Hrsg.): In Search of Legitimacy. Policy Making in Europe and the Challenge of Societal Complexity. Farmington Hills: Opladen, S. 205–224.

19 Dieses Argument der Bereicherung durch gegenseitige Anerkennung der Differenzen durchzieht das mit dem Friedenspreis des Deutschen Buchhandels ausgezeichnete Buch von: Assmann, A: (2018): Menschenrechte und Menschenpflichten. Schlüsselbegriffe für eine humane Gesellschaft. Picus: Wien, vor allem, S. 139ff.

20 Die Gratwanderung zwischen Fundamentalismus und Beliebigkeit ist treffend charakterisiert in: Vaas, R. (2012): Metawertewandel – Moral zwischen Fundamentalismus und Beliebigkeit. In: UNIVERSITAS, 67, (798): 4–30.

21 Habermas J. (1997): Anerkennungskämpfe im deutschen Rechtsstaat. In: C. Taylor: Multikulturalismus und die Politik der Anerkennung. In: C. Taylor: Multikulturalismus und die Politik der Anerkennung. Suhrkamp: Frankfurt am Main, S. 123–162.

Orientierungen in Frage stellt oder relativiert, spielt mit dem Feuer des Demokratieabbaus.

Sensibel ist diese Gefahr aus zwei Gründen: Zum einen gibt es keinen von vornherein bestimmbaren optimalen Punkt zwischen zu viel und zu wenig Heterogenität. Das ist von historischen Gegebenheiten, dem Wertwandel und den großen Migrationsbewegungen abhängig. Hier sind in der Tat gesellschaftsweite Diskurse notwendig, um die schwierige Gratwanderung zwischen der einigenden Kraft einer allgemein akzeptierten Wertordnung und der kreativen und freiheitserhaltenden Kraft der Heterogenität zu bestehen. Wie Aleda Assmann in ihrem preisgekrönten Essay über Menschenrecht und Menschenpflichten betont, ist diese Gratwanderung nur dann zu bestehen, wenn man das Grundgesetz nicht nur als Rahmen für die eigenen Rechte, sondern auch als eine Aufforderung für – genau diese Rechte ermöglichenden – Pflichten ansieht, vor allem bezogen auf Anerkennung, Respekt und Empathie.[22]

Zum anderen nutzen Demagogen und Populisten gerne das Argument der Wertegemeinschaft, um die Gesellschaft bewusst zu spalten: in die Gruppe der unsrigen (wir sind das Volk) und die Gruppe der Gegner (politische Eliten, Establishment, Ausländer etc.). Nur wer die – meist undefinierte – Wertebasis mitträgt, ist es wert, Mitglied des eigenen Volkes zu sein. Diese Rhetorik verfängt: Denn viele Leute leiden unter der großen Heterogenität an moralischen Werten (man denke nur an die Diskussionen um Ehen unter Homosexuellen), weil sie sich verunsichert fühlen und dadurch Angst entwickeln. Gleichzeitig erahnen sie, dass keine Gemeinschaft Bestand haben kann, wenn sie nicht basale Grundwerte teilt. Von daher ist der Ruf nach einer politischen Kraft, die wieder Eindeutigkeit und Klarheit im Wertekanon schafft, psychologisch nachvollziehbar.[23] Nur – die Umsetzung dieser populistischen Forderung würde uns politisch und moralisch um Jahrhunderte zurückwerfen. Warum? Persönliche Freiheitsräume zu erhalten und auszubauen sowie mehr Souveränität über den eigenen Lebensstil und die eigene Lebensführung zu erlangen, sind elementare Errungenschaften der politischen Entwicklung hin zur Demokratie und zu pluralistischen Gesellschaftsformationen. Die Befreiung des Individuums aus der Zwangs-

22 Assmann (2018), a.a.O., S. 144ff.

23 Vgl. Kaltwasser, C.R. und Taggart, P. (2015): Dealing with Populists in Government: A Framework for Analysis. In: Democratization, 23 (2): 1–20.

jacke von Staat und Religion gilt als einer der historischen Umbrüche in der Nachfolge der Aufklärung, die uns alle zu mündigen und selbstbestimmten Bürgerinnen und Bürgern hat heranreifen lassen. Eine Verengung auf wenige Lebensstile und Werte würde alle diese für uns so wichtigen Errungenschaften gefährden.

## Auf einen verpflichtenden Konsens über Grundwerte bestehen

Das Gift, das über die postfaktischen und postethischen Strömungen in Politik und Gesellschaft einfließt, heißt Beliebigkeit.[24] Die Fakten werden so zurechtgebogen, dass sie dem Erzeuger der Nachricht politisch in den Kram passen. Über das Internet werden bewusst falsche und manipulative Informationen weitergeleitet, um damit politische Prozesse, wie etwa Wahlen, subtil (und manchmal auch weniger subtil) zu beeinflussen. Der Wahrheitsgehalt spielt keine Rolle, solange die erwünschte Wirkung erzielt werden kann. Ähnliches gilt für die Kriterien und Prinzipien der Wünschbarkeit. Wenn es keine übergeordneten moralischen Prinzipien mehr gibt, dann lässt sich jedes Verhalten und jede Aktivität irgendwie plausibel begründen.[25] Ob Völkermord, Ausbeutung, Machtwillkür oder Freiheitsberaubung – im Supermarkt postethischer Rechtfertigungen findet sich immer etwas Passendes. Alles erscheint gerechtfertigt, um angeblich noch größeres Übel oder lauernde Bedrohungen von innen oder außen abzuwehren.

Auf die deutschen Verhältnisse übertragen bedeutet dies: Die Grundwerte, die bei uns, wie oben erläutert, im Grundgesetz verankert sind, dürfen weder zur Disposition stehen, noch dürfen sie gegenüber der berechtigten Forderung nach Pluralität und individueller bzw. sozio-kultureller Entfaltung relativiert werden.[26] Alle politischen Parteien sind hier gefordert. Bei

24 Wenn auch schon etwas betagt, so ist das Buch von D. Salehi zum Themen ethischer Relativismus bis heute aktuell geblieben: Siehe Salehi, D. (1999): Kritik des ethischen Relativismus. Tectum: Marburg, vor allem S. 113ff.

25 Siehe dazu: Düber, D. und Quante, M. (2016): Prinzipien, Prinzipienkonflikte und Partikularismus – Über Rolle, Reichweite und Grenzen von Prinzipien in der Ethik. In: J. S. Ach et al. (Hrsg.): Grundkurs Ethik. Bd. 1: Grundlagen. Mentis: Münster. http://www.uni-muenster.de/imperia/md/content/kfg-normenbegruendung/intern/publikationen/85_d__ber.quante_-_prinzipien.pdf (abgerufen am 13.8.2018).

26 Detjen, J. (2009): Die Werteordnung des Grundgesetzes. VS Verlag für Sozialwissenschaften: Wiesbaden, vor allem, S. 43–45.

aller notwendigen Auseinandersetzung zwischen Regierungsparteien und Opposition müssen alle politischen Kräfte ein deutliches Bekenntnis zu den basalen Werten nach innen und außen ablegen und dieses Bekenntnis auch im politischen Alltag leben. Der Begriff der Wertegemeinschaft erscheint mir hier politisch verbrannt, aber die Forderung nach einem Grundkonsens über basale Werte und Prinzipien unseres Zusammenlebens ist für den Erhalt unserer kollektiven Identität essentiell. Hier alles der Beliebigkeit preiszugeben, würde das Rückgrat unserer demokratischen und den Menschenrechten verpflichteten Verfassung brechen. Zweifelsohne sorgen schon die Gerichte in Deutschland dafür, dass es nicht zur beliebigen Auslegung der rechtlichen Bestimmungen vor allem der Verfassung kommen kann. Aber auch die politische Rhetorik ist hier gefragt: Wer diese basalen Werte in Frage stellt oder im Sinne einer Anbiederung an andere Wertmaßstäbe relativiert, begibt sich schon auf dem schlüpfrigen Weg der Aushöhlung unseres Konzeptes eines friedlichen und geordneten Zusammenlebens.

Dem hinzuzufügen sind zwei wichtige Bedingungen, unter denen dieser Konsens in unserer pluralistischen Demokratie gelten muss. Zum einen geht es bei den basalen Werten und Prinzipien wirklich um die basalen, d.h. grundlegenden Bestimmungen für unser Zusammenleben. Ob jemand in Deutschland einen Schleier trägt oder nicht, fällt aus meiner Sicht nicht in diese Kategorie, solange mit dieser religiösen Tradition keine negativen Auswirkungen auf andere Menschen oder Güter, etwa bei der Ausübung von Berufen, verbunden sind. Dass es vielen Menschen ästhetisch nicht behagt oder dass es nicht in die traditionelle Volkskultur in Deutschland hineinpasst, reicht als Argument nicht aus. Auch die Befürchtung, der Schleier würde zur Spaltung der Gesellschaft beitragen oder die Frauen diskriminieren, ist nicht ausreichend, wenn man bedenkt, dass die Kleiderordnungen ohnehin stark streuen und die meisten Frauen den Schleier freiwillig tragen und darin auch keine Unterdrückung sehen. Religionsausübung ist einer der basalen Werte, auf die wir uns im Grundgesetz geeinigt haben. Daran darf und sollte nicht gerüttelt werden. Dagegen würden parallele Rechtssysteme wie Ehrengerichte, die in einigen Migrationskulturen in Deutschland entstanden sind, gegen diese basalen Werte verstoßen, sofern sie über freiwillige Schiedsgerichte hinaus eigenständig Sanktionen gegen angebliche Straftäterinnen oder Straftäter verfügen. Das deutsche Grundgesetz erscheint mir als der wesentliche Eckpfeiler, der die Liste der basalen Werte und Prinzipien umfasst, die den Grundkonsens für den Umgang miteinander in Deutschland widerspiegeln. Natürlich gibt es bei der Anwendung der Grundgesetze Interpretationsspielräume und gelegentlich auch zusätzlichen Klärungsbedarf. Wie bei allen mehrdeutigen und auslegungsgebundenen Fragestellungen ist auch in diesem Fall ein offener Diskurs über die dem Geist des Grundgesetzes angemessene Interpretation notwendig.[27]

Die zweite Bedingung für die Einhaltung des Wertekonsenses ist das *Prinzip der Verhältnismäßigkeit.*[28] Es gehört zu den besonderen Errungenschaften demokratischer Systeme, im Konflikt zwischen verschiedenen gesellschaftlichen Werten einen Kompromiss zu finden, der zum einen den Abwägungsprozess allen Beteiligten transparent macht (und sie dabei möglicherweise auch aktiv einbindet) und zum zweiten eine ausgewogene und verhältnismäßige Lösung bei Zielkonflikten anstrebt. In Zeiten terroristischer Bedrohungen besteht beispielsweise ein schwer zu lösender Zielkonflikt zwischen erhöhter Sicherheit und der Eingriffstiefe in persönliche Freiheitsrechte. Hat der Staat zum Beispiel das Recht, Daten seiner Bürgerinnen und Bürger über Monate zu speichern und auszuwerten, um mit dieser Methode schneller und effektiver potentielle Terroristinnen und Terroristen ausfindig zu machen? Wie in allen Fragen, bei denen Zielkonflikte bestehen und die schon besprochenen „Trade-Offs" erforderlich machen, gibt es keine pauschale Antwort, die man wie ein Kochrezept für solche Konflikte nutzen könnte. Wichtig ist jedoch das Prinzip der Verhältnismäßigkeit. So sehr man vielleicht emotional direkt nach einem terroristischen Angriff auf eine intensive Überwachung der Bürgerschaft drängen möchte, so sehr sorgt das Prinzip der Verhältnismäßigkeit dafür, dass die damit verbundenen Verletzungen anderer basaler Werte und Prinzipien in den Abwägungsprozess einbezogen werden. Was Not tut, ist eine *Abwägungskultur,* die bewusst und in Kenntnis der möglichen Folgen und Nebenfolgen Zielkonflikte auflöst und zu ausgewogenen und angemessenen Reaktionen führt.[29]

---

27 Vgl. dazu: Voßkuhle, A. (2004): Gibt es und wozu nutzt eine Lehre vom Verfassungswandel? In: Der Staat, 43 (3): 450–459.

28 Siehe dazu die Ausführungen bei: Kirschner, J. (2013): Grundfreiheiten und nationale Gestaltungsspielräume: eine Analyse der Rechtsprechung des EuGH (Vol. 83). Herbert Utz: München, S. 170ff.

29 Der Begriff der Abwägungskultur umfasst die Normen, Strukturen und Prozesse, die für eine ausgewogene, den konkurrierenden Zielen angemessene Behandlung von Entscheidungsoptionen sorgen. Siehe auch: Wiesenthal, H. (2019): Rationalität und Organisation 2: Transformationspfade, Springer VS: Wiesbaden, S. 310.

Was aber angemessen und ausgewogen ist, lässt sich häufig auf den ersten Blick nicht entscheiden. Es kommt noch hinzu, dass man bei vielen Entscheidungen die Folgen und Nebenfolgen noch gar nicht abschätzen kann oder große Unsicherheit darüber herrscht, wie sie sich im weiteren Verlauf entwickeln. Von daher sind Konflikte über das, was als angemessen und ausgewogen gelten kann, in einer offenen Gesellschaft vorprogrammiert. Wie man mit diesen Konflikten in einer von der Vorsilbe „Post“ geprägten Situation besser umgehen kann, beschreibt das folgende Kapitel. Es beschreibt eine weitere ergänzende Forderung an die Politik: mehr Bürgerbeteiligung nach dem Modell der deliberativen Demokratie.[30]

## Vom Stammtisch zum Runden Tisch

„Je abgehobener die Politiker, desto höher die Zäune“. Dieser Spruch prangte über Jahre am Bauzaun des Projektes „Stuttgart 21“. Kaum ein Thema hat in Deutschland in den letzten Jahren so viel Aufsehen erzeugt wie der Protest der Stuttgarter Bürgerinnen und Bürger gegen den Ausbau des Hauptbahnhofes. Allein die Tatsache, dass ein Entschluss auf demokratischem Wege, also unter Einhaltung der Verfahrenslegitimation, zu Stande gekommen ist, reicht für die Akzeptanz einer Entscheidung nicht aus, wie das Beispiel „Stuttgart 21“ gezeigt hat. Legitimation über Verfahren hat sich also nicht als hinreichende Bedingung erwiesen, um Akzeptanz für eine politische Entscheidung zu finden. Die Entscheidung durch inhaltliche Argumente zu begründen, erwies sich als ebenso wenig überzeugend. Dies haben die Proteste deutlich gezeigt. Die dritte Form der Legitimation, Rechtfertigung durch Einbezug in einen öffentlichen Diskurs, wurde bei „Stuttgart 21“ bis zur Beschlussfassung nicht ernsthaft versucht. Erst als der Konflikt eskalierte, wurde mit dem Mediator Heiner Geissler ein Verfahren zur diskursiven Beilegung des Streits eingeleitet, das dann in eine Volksabstimmung mündete. Soweit die Abfolge der Ereignisse.[31]

30 Zum Modell der deliberativen Demokratie gibt es eine umfangreiche Literatur. Siehe als Überblick: Parkinson, J. und Mansbridge, J. (2012): Deliberative Systems: Deliberative Democracy at the Large Scale. Cambridge University Press: Cambridge.

31 Siehe zu den Abläufen: Ohme-Reinicke, A. (2012): Das große Unbehagen. Die Protestbewegung gegen „Stuttgart 21“: Aufbruch zu neuem bürgerlichen Selbstbewusstsein? Schmetterling: Stuttgart.

Die Auseinandersetzungen um den geplanten Stuttgarter Bahnhofsumbau sind nur die Spitze des Eisberges in der Entwicklung zu einer wachsenden Entfremdung zwischen Vertretern und Vertretenen, zwischen Politik und Bürgerschaft, zwischen Entscheidungsträgern und Entscheidungsbetroffenen. Sie sind beredte Zeugnisse, dass in einer von postfaktischen, postethischen und postdemokratischen Strömungen gekennzeichneten Welt die prinzipielle Akzeptanz von politischen Entscheidungen schnell zusammenbricht, wenn die Bewertungen der jeweils getroffenen politischen Entscheidung in der Gesellschaft weit streuen.

Nahezu alle Protestbewegungen der jüngsten Jahre zeigen drei typische Merkmale auf:[32]

- Von den Bürgerinnen und Bürgern wird erwartet, dass sie zu Gunsten eines tatsächlichen oder angeblichen gemeinschaftlichen Nutzens *auf persönliche Annehmlichkeiten verzichten* und zumindest vorübergehend eine Verschlechterung ihrer Lebenssituation akzeptieren. Bezogen auf „Stuttgart 21“ sind dies die Begleiterscheinungen einer Großbaustelle mit Lärm, Schmutz und Verkehr. Hier wird also der Nutzenverlust der betroffenen Bevölkerung angesprochen. Wie im Kapitel: „Prozesse der Informationsaufnahme und -verarbeitung“ bereits ausgeführt, ist Nutzen eines der zentralen Entscheidungskriterien für individuelle Abwägungen.
- Der *angebliche Gemeinnutzen ist umstritten:* In einer globalisierten und individualisierten Gesellschaft fällt es den staatlichen und privaten Planern von größeren Vorhaben immer schwerer, den Gemeinnutzen für alle überzeugend darzustellen. Je mehr wir uns im postethischen gesellschaftlichen Diskurs befinden, desto weniger kann eine auf Gemeinwohl orientierte Argumentation überzeugen. Im Gegensatz zur häufig geäußerten Meinung, dies sei ein typisches Problem der Kommunikation, ist die mangelnde Überzeugungskraft von gemeinwohlorientierten Projek-

32 Ähnliche Auflistung in: Brettschneider, F. (2013): Großprojekte zwischen Protest und Akzeptanz. In: F. Brettschneider und W. Schuster (Hrsg.): Stuttgart 21. Ein Großprojekt zwischen Protest und Akzeptanz. Springer VS: Wiesbaden, S. 319–328, hier S. 320; Butzlaff, F., Hoeft, C. und Kopp, J. (2013): ‚Wir lassen nicht mehr alles mit uns machen!' Bürgerproteste an und um den öffentlichen Raum. Infrastrukturplanung und Stadtentwicklung. In: S. Marg; L. Geiges; F. Butzlaff und F. Walter (Hrsg.): Die neue Macht der Bürger. Was motiviert die Protestbewegungen. Rowohlt: Reinbek bei Hamburg, S. 48–93, hier S. 84f. und Walter, F. (2013): Bürgerlichkeit und Protest in der Misstrauensgesellschaft. In: S. Marg; L. Geiges; F. Butzlaff und F. Walter (Hrsg.): Die neue Macht der Bürger. Was motiviert die Protestbewegungen. Rowohlt: Reinbek bei Hamburg, S. 301–343, hier S. 323.

ten symptomatisch für unsere heutige Gesellschaft. Umstritten ist also, ob das zweite Kriterium der Entscheidung, eine überzeugende moralische Rechtfertigung der Maßnahme, erfüllt wurde. Braucht Stuttgart wirklich einen Tiefbau mit durchgehenden Zügen, um dem Gemeinwohl zu dienen? Diese Frage entzweit Gegner und Befürworter des Projektes. Da hilft keine noch so ausgefeilte Kommunikation, um die eine oder andere Partei auf die eigene Seite zu ziehen.

- Das Verfahren der *Entscheidungsfindung* wird von den unmittelbar betroffenen Bürgerinnen und Bürgern als *intransparent, undurchschaubar oder sogar als korrupt* empfunden. Es wimmelt geradezu von Plakaten am Bauzaun, auf denen der Vorwurf der arglistigen Täuschung der Bevölkerung erhoben wird. Der Eindruck von Intransparenz und Täuschung ist mit der Komplexität und Pluralität politischer Planungsprozesse verbunden. Die Legitimation durch Verfahren ist hier offenkundig ebenso wenig gelungen.

Angesichts des zunehmenden Widerstandes gegen kollektiv verbindliche Maßnahmen und Planungen ringen Politikerinnen und Politiker um neue Lösungen. Mit Kommunikation, sachlichem Dialog oder der Einbeziehung von Bürgerinnen und Bürgern wollen sie eine breite Akzeptanz schaffen. In der Regel gelingt ihnen das nicht, weil die Akzeptanzverweigerung nicht einen Mangel an kommunikativer Kompetenz widerspiegelt. Vielmehr entpuppt sich der Protest als ein nachvollziehbares Reaktionsmuster auf schwer verständliche, in der Begründung angreifbare und in den Auswirkungen ambivalente Vorhaben bzw. Maßnahmen.[33] Das Problem liegt also in der Sache selbst und den veränderten sozialen und politischen Begleitumständen.

Wovon hängt Akzeptanz ab? Sie ist vor allem an vier Bedingungen geknüpft:[34]

33 Siehe für Stuttgart 21: Göschel, A. (2013): ‚Stuttgart 21': Ein postmoderner Kulturkonflikt. In: F. Brettschneider und W. Schuster (Hrsg.): Stuttgart 21. Ein Großprojekt zwischen Protest und Akzeptanz. Springer VS: Wiesbaden, S. 149–172, hier S. 169. Für Umweltkonflikte siehe: Wiedemann, P. (2010): Vorsorgeprinzip und Risikoängste. Zur Risikowahrnehmung des Mobilfunks. VS Verlag für Sozialwissenschaften. Wiesbaden, hier S. 198f.

34 Die hier vorgenommene Zuspitzung auf vier Akzeptanzbedingungen findet sich in Renn, O. (2014): Das Risikoparadox. Warum wir uns vor dem Falschen fürchten. Frankfurt: Fischer Taschenbuch, S. 536ff.

1) *Orientierung und Einsicht:* Liegt eine Einsicht in die Sinnhaftigkeit der politischen Entscheidung vor und steht man hinter den mit diesem Beschluss angestrebten Zielen und Mitteln, dann ist eher mit Akzeptanz zu rechnen. Nehmen wir nochmals das Beispiel „Stuttgart 21“: Wenn die Anwohner den Eindruck haben, dass der neue Tiefbahnhof wirtschaftlich tragfähig und verkehrspolitisch vorteilhaft ist, kann man eher mit einer Zustimmung rechnen, als wenn diese Aussichten in Zweifel gezogen werden. Damit sich Menschen aber eine Vorstellung davon machen können, was sie bei komplizierten Entscheidungen zu erwarten haben, benötigen sie Informationen über das, was auf sie zukommt. Dazu gehört auch die Frage, ob Alternativen verfügbar sind und, wenn ja, warum diese nicht gewählt wurden. Schlüsselworte hier sind Transparenz und offene Auseinandersetzung um die Zielkonflikte und die Art und Weise, wie sie aufgelöst wurden. Selbstredend müssen dabei die Wirkungen der Faustregeln und der kognitiven Dissonanzreduktion mit bedacht werden.
2) *Selbstwirksamkeit:* Hat man den Eindruck, dass die eigenen Handlungsmöglichkeiten durch die anstehende politische Entscheidung eingeschränkt werden, ist bei den meisten Bürgerinnen und Bürgern Skepsis angesagt. Zu den Errungenschaften der pluralen Gesellschaftsformation gehört die Schaffung und der Erhalt von Freiheitsräumen, in denen ich souverän agieren darf, so lange ich niemand anderen an seiner oder ihrer Entfaltung störe. Habe ich aber den Eindruck, dass eine politische Maßnahme diesen Handlungsspielraum einengt oder beschädigt, reagiere ich in der Regel mit Ablehnung. Im Falle von „Stuttgart 21“ fühlten sich viele Bürgerinnen und Bürger vor allem angesichts der langen Bauphase in ihrem eigenen Lebensumfeld unnötig eingeengt. Nehmen wir ein anderes Beispiel aus der Energiepolitik: Von der zunehmenden Digitalisierung der Elektrizitätsversorgung versprechen sich Energiewirtschaft und Politik mehr Effizienz in der Energienutzung und einen Ausgleich von Belastungsspitzen. Für die betroffenen Bürgerinnen und Bürger könnte die Digitalisierung aber auch bedeuten, dass sie einen Teil ihrer Souveränität, wann und wie sie Elektrizität im Haushalt einsetzen, an ein automatisch agierendes Steuerungssystem oder an den örtlichen Stromversorger abgeben. Für viele ist es völlig inakzeptabel, wenn ein Stromversorger ihnen vorschreibt, wann sie die Waschmaschine anstellen dürfen und wann nicht. Diese Aussicht auf Einengung des eigenen

Handlungsspielraum führt folgerichtig zu einer Ablehnung der geplanten Digitalisierung, es sei denn, die Souveränität der betroffenen Individuen würde wiederhergestellt (etwa durch eigene Apps, über die man die Stromnutzung mit Hilfe des Smartphones selber steuern kann, ohne die Daten an andere weiterzuleiten)[35].

3) *Positive Nutzen-Risiko-Bilanz:* Akzeptanz ist umso eher zu erwarten, je mehr die geplanten Konsequenzen der Entscheidung einem selbst oder den Gruppen und Individuen zugutekommen, die man besonders schätzt. Glaubt beispielweise eine Stuttgarter Anwohnerin, dass der Bahnhof ihr selbst oder ihrer Familie und Freunden Vorteile bietet, dann kann sie sich eher damit anfreunden. Sie benötigt Informationen darüber, ob sie selber oder andere, die ihr nahestehen, einen Nutzen von dem Vorhaben erfahren werden. Ohne Informationen über den Nutzen kann man auch schwer die Wünschbarkeit der zur Entscheidung stehenden Optionen beurteilen.[36] Zur Erfahrung eines Nutzens für einen selbst bzw. andere, die man wertschätzt, gehört auch die Wahrnehmung eines geringen oder zumindest akzeptablen Risikos. Dabei sind die Risikoabschätzungen vieler Experten und die Risikowahrnehmungen der Laien oft wenig kongruent, wie wir im zweiten Teil schon dargelegt haben.
4) *Identität:* Je mehr man sich mit einer Maßnahme auch emotional identifizieren kann, desto größer ist die Akzeptanzbereitschaft[37]. Glaubt man beispielsweise, dass sich der neue Bahnhof harmonisch in das Stadtbild einfügt oder man mit Stolz und Bewunderung auf die neue Stadtplanung sieht, ist mit einer positiven Haltung zu dem Neubau zu rechnen. Im Rahmen von politischen Entscheidungen, vor allem im Bereich Infrastruktur und Siedlungsplanung, sind also die Informationen von Bedeutung, die den Anwohnern helfen, den Stellenwert der Entscheidung für die weitere Entwicklung des eigenen Umfeldes zu erfassen und die Passgenauigkeit des geplanten Vorhabens in den vertrauten Lebenskontext zu beurteilen.

---

35 In einer repräsentativen Umfrage stimmten 60,8 % der deutschen Bevölkerung der Aussage voll oder eher zu, dass die Menschen durch die Digitalisierung die Kontrolle über ihre Daten verlieren würden. Aus: Acatech und Körber Stiftung (2018): Technikradar: Was die Deutschen über Technik denken. Akademie der Technikwissenschaften und Körber Stiftung: München und Hamburg, S. 29.

36 Siehe Deutsche Akademie der Technikwissenschaften (acatech) (2011): Akzeptanz von Technik und Infrastrukturen. Anmerkungen zu einem aktuellen Problem. acatech bezieht Position, Band 9. Springer: Heidelberg, S. 7.

37 Lee, Y.; Lee, J. und Lee, Z. (2006): Social Influence on Technology Acceptance Behavior: Self-Identity Theory Perspective. Advances in Information Systems, 37 (2–3): 60–75.

Nimmt man die vier Bedingungen für die Akzeptanz von politischen Entscheidungen zum Maßstab, dann finden wir große Defizite in Deutschland. Oft sind alle vier nicht oder nur teilweise erfüllt, in der Regel mindestens zwei. So ist auch nicht verwunderlich, dass die Politikverdrossenheit in Deutschland zunimmt. Und dies wird noch dadurch verstärkt, dass sich die Rahmenbedingungen der Politik hin zu postdemokratischen Verhältnissen geändert haben. Politikverdrossenheit ist ein wichtiges Indiz für die zunehmende Kluft zwischen kollektiven Steuerungsorganen und den Gruppen und Individuen, die von den Entscheidungen dieser Organe betroffen sind.[38]

*Was also ist zu tun?* Beschwichtigungsversuche und Kosmetik durch Inszenierung von Politikdialogen reichen nicht aus, um ein wirksames Zeichen gegen Akzeptanzverweigerung zu setzen. Aufgrund der ständig steigenden Komplexität und Unübersichtlichkeit der Folgen, der postfaktischen und postethischen Verunsicherung der betroffenen Bürgerinnen und Bürger, und der Beobachtung einer galoppierenden Politikverdrossenheit sind Änderungen bei Entscheidungsprozessen für kollektiv verbindliche Regelungen unerlässlich. Was sollte man an den politischen Entscheidungsprozessen ändern, um die vier Akzeptanzkriterien besser zu erfüllen?

Die erste Antwort auf diese Frage lautet „bessere Kommunikation". Diese Antwort ist zwar, wie ich schon mehrfach betont habe, immer besser als die Alternative „schlechte Kommunikation", aber sie ist keineswegs ausreichend, um die Akzeptanzsituation grundlegend zu ändern. Denn politische Kommunikation ist darauf ausgerichtet, den betroffenen Menschen eine einmal legal gefällte Entscheidung argumentativ nahezubringen in der Hoffnung, dass sie diese Sicht auch anerkennen oder zumindest tolerieren. Wenn aber nur nachvollzogen werden darf, was andere schon entschieden haben, dann sind die beiden Akzeptanzbedingungen „Selbstwirksamkeit" und „Identifikation" selten erfüllt. Kommunikation kann sicherlich die Einsicht in die Notwendigkeit einer Maßnahme fördern (sofern diese auch wirklich gegeben ist) und auch gezielt Nutzen und Risiko einer Maßnahme verdeutlichen, aber sie wird es kaum schaffen, den Freiheitsspielraum der betroffenen Menschen positiv zu beeinflussen oder emotionale Identifikationsmöglichkeiten zu stärken.

38 Fuchs, D. (2002): Politikverdrossenheit. In: M. Greiffenhagen, M. und S. Greiffenhagen (Hrsg.): Handwörterbuch der politischen Kultur der Bundesrepublik Deutschland. 2. Auflage. Westdeutscher Verlag: Wiesbaden, S. 338–343.

Dagegen geht die zweite Antwort auf diese Frage von der Einsicht aus, mehr Beteiligung an politischen Entscheidungsprozessen zuzulassen und zu fördern. Beteiligung überlässt es innerhalb der gesetzlichen und planerischen Grenzen den Bürgerinnen und Bürgern, Lösungsoptionen für anstehende Probleme mit zu schaffen und zu bewerten. In dem Moment, wo Entscheidungsbetroffene zu Entscheidungsträgern werden, wird Identität bereits durch das Verfahren geschaffen. Mehr Freiheitsspielraum durch den Einbezug vieler unterschiedlicher Entscheidungsoptionen und mehr Möglichkeiten der Anpassung an regionale oder lokale Gegebenheiten und Selbstbilder sind wichtige Komponenten von Selbstwirksamkeit und Identifikation, die mit Beteiligung verbunden sind[39].

Beteiligungsverfahren versprechen also ein höheres Maß an Akzeptanz für die Lösungsvorschläge, die von den Betroffenen selbst erarbeitet wurden.[40] Dies setzt aber Offenheit der Planung voraus. Ohne ausreichende Freiräume für die Beteiligungsmaßnahmen führt eine inszenierte oder auf kosmetische Änderungen beschränkte Beteiligung zu mehr Frustration und größeren Vertrauensverlusten gegenüber Politik und Behörden, vor allem, wenn die Teilnehmer merken, dass ihr Votum nicht in den Entscheidungsprozess einfließt. Um es pointiert zu sagen: Wer nur Akzeptanz für eine bestimmte Maßnahme oder eine bestimmte Planung erreichen will, sollte nicht auf Bürgerbeteiligung setzen. Bürgerbeteiligung benötigt Offenheit und Freiraum für unterschiedliche Optionen. Offene Politikprozesse erfordern Verfahren, die es ermöglichen, neue Optionen aufzunehmen, vorhandene Optionen neu zu beurteilen und zu einer veränderten Problemsicht zu kommen.

Das Motto für eine neue Beteiligungskultur muss demnach heißen: *vom Stammtisch zum runden Tisch!* Gerade in einer Welt, in der politische Maßnahmen auf Zielkonflikte stoßen, deren Lösung mit vielen Unsicherheiten und möglichen negativen Nebenwirkungen verbunden sind, ist die Teilhabe am Entscheidungsprozess eine wichtige Lernerfahrung für alle Teilnehmenden. Ist man selber in den Prozess der Entscheidungsfindung eingebunden,

---

39 Brettschneider, F. et al. (2019): Partizipation – Beteiligung und Kommunikation. Analyse der Wissenschaftsakademien Acatech, Leopoldina und BBAW: München, S. 25.

40 Vgl. Arvai, J. (2003): Using Risk Communication to Disclose the Outcome of a Participatory Decision-Making Process: Effects on the Perceived Acceptability of Risk-Policy Decisions. In: Risk Analysis 23 (2): 281–289, hier S. 281; Gonzáles, A.; Gilmer, A.; Foley, R.; Sweeney, J. und Fry, J. (2008): Technology-aided Participative Methods in Environmental Assessments: An International Perspective. In: Computers, Environment and Urban Systems 32: 303–316, hier S. 304.

übernimmt man automatisch auch mehr Verantwortung für das Ergebnis dieses Prozesses. Man erfährt mehr über die Komplexität der Materie, mehr über die mit jeder Lösung verbundenen Vor- und Nachteile und mehr über die Verteilungswirkungen unterschiedlicher Optionen. Gleichzeitig kann man die eigene Urteilsfähigkeit bei der Abwägung zwischen den Lösungsoptionen verbessern. Voraussetzung für diesen Lernprozess ist die richtige Form und das angemessene Format für die Beteiligung. Dazu gibt es inzwischen viel weiterführende Literatur, auf die hier nur hingewiesen werden kann.[41] Wichtig ist vor allem, dass diese Formate nach dem Prinzip *deliberativer Diskursführung* gestaltet werden. Damit ist eine Diskursform gemeint, bei dem alle Beteiligten unabhängig von ihrer sozialen Stellung gleichberechtigt Argumente und Beobachtungen einbringen können und auf der Basis des bestverfügbaren Wissens und des basalen Wertekonsenses Lösungsoptionen gemeinsam durchspielen[42]. Abschließend ist es dann ihre Aufgabe, Empfehlungen für die politischen Entscheidungsträger zu formulieren.

Die Aufnahme deliberativer Beteiligungsformate in den politischen Prozess bedeutet nicht die Ablösung der repräsentativen Entscheidungsstrukturen unserer heutigen demokratischen Verfassung. Vielmehr ist sie eine Bereicherung und eine notwendige Ergänzung zu den repräsentativen Strukturen. Deliberative Beteiligung kann einen wichtigen Beitrag dazu leisten, die Tendenzen zur postdemokratischen Erstarrung des politischen Systems zu überwinden.

Die Bereicherung der repräsentativen Demokratie durch Bürgerbeteiligung erfordert keine Änderung des Grundgesetzes oder anderer grundlegender rechtlicher Vorschriften.[43] Allerdings müssten Anpassungen im Pla-

41 Nanz, P. und Fritsche, M. (2012): Handbuch Bürgerbeteiligung. Verfahren und Akteure, Chancen und Grenzen. Bundeszentrale für politische Bildung: Bonn sowie: Benighaus, C.; Wachinger, G. und Renn, O. (2016): Bürgerbeteiligung. Konzepte und Lösungswege für die Praxis. Wolfgang Metzner Verlag: Frankfurt am Main.

42 Grundlegend dazu: Bohman, J., (1996): Public Deliberation: Pluralism, Complexity and Democracy. MIT Press: Cambridge.

43 „Nach Meinung fast aller Politiker sind es nicht die Beteiligungsvorschriften, sondern vielmehr die Planungsverfahren, bei denen Reformbedarf besteht. Durch eine verbesserte Genehmigungspraxis könnten Konflikte zum Teil vermieden und Bürger besser in die Projektplanung eingebunden werden, so die Auffassung der Experten" RWE (2012): Die juristische Perspektive: Braucht Bürgerbeteiligung neue Rechtsgrundlagen? In: Akzeptanz für Großprojekte. Eine Standortbestimmung über Chancen und Grenzen der Bürgerbeteiligung in Deutschland. RWE: Essen, S. 100–108, hier S. 106. Unter: http: //www.rwe.com/web/cms/de/1701408/rwe/ueber-rwe/akzeptanzstudie/. (abgerufen am 13.8.2018). Siehe auch: Hofmann, E. (2012): Die Modernisierung des Planungsrechts: Das Energierecht als neues Paradigma der Öffentlichkeitsbeteiligung in einer Planungskaskade? In: Juristen Zeitung, 67 (14): 701–711.

nungs- und im Verwaltungsrecht vorgenommen werden.[44] Die bisherigen Beteiligungsverfahren kommen in der Regel viel zu spät und sind meist auf das Instrument der Anhörung beschränkt. Anhörungen gehören aber gerade zu den Beteiligungsformen, die am wenigsten den Regeln einer deliberativen Beteiligungskultur genügen. Was also benötigt wird, ist eine Anpassung und Modernisierung der gängigen Verfahrensregeln und die beherzte und mutige Bereitschaft der Politiker und Verwaltungen, den Vertretern der Zivilgesellschaft und der Bürgerschaft diese Aufgabe der Mitwirkung an politischen Entscheidungen zuzutrauen.

## Legitimation durch transdisziplinäre Dialoge

Damit Partizipation und Bürgerbeteiligung nicht dem populistischen Wunschdenken anheimfallen und nach dem Motto „Wahr ist, was mir nützt" die Chancen zur Beteiligung als Umsetzungsfeld für lieb gewonnene Illusionen und für verengtes Kirchturmdenken genutzt werden, ist es unabdingbar, dass in diesem Konzert von Politik, Zivilgesellschaft und Bürgerschaft auch die Wissenschaft eine tragende Rolle spielt. Wie im Teil I schon ausgeführt, sind die politisch zu lösenden Probleme durch hohe Komplexität, Stochastik und Mehrdeutigkeiten bestimmt. Mit einfachen Faustregeln lassen sich diese Probleme nicht verstehen, geschweige denn effektiv lösen. Von daher ist es unabdingbar, dass eine wirksamere Einbindung der Wissenschaft in partizipative Entscheidungsverfahren erfolgt, damit die notwendigen Wissensgrundlagen zur Lösung komplexer Probleme in den deliberativen Abwägungsprozess mit einfließen.

In der Vergangenheit war wissenschaftliche Politikberatung stark durch die einfache Formel: „Wissen berät Macht" geprägt. In den heutigen postfaktischen Zeiten ist dieses Verständnis von Politberatung obsolet gewor-

44 Überblick über die Beteiligungsmöglichkeiten im deutschen Umweltrecht vermittelt: Bunge, T (2010): Beteiligungsverfahren im umweltbezogenen Verwaltungs- und vergleichbaren Verfahren. In: S. Schlacke, C. Schrader, T. Bunge, und J. Wates (Hrsg.): Informationsrechte, Öffentlichkeitsbeteiligung und Rechtsschutz im Umweltbereich. Erich Schmidt: Berlin, S. 135–374, hier S. 359ff. Zum Reformbedarf siehe: Petersen, F. (2012): Öffentlichkeitsbeteiligung und Umweltmediation bei großen Infrastrukturprojekten – Ansatzpunkte für eine verbesserte Einbeziehung der Bürgerinnen und Bürger in der Bundesrepublik Deutschland. eNewsletter Wegweiser Bürgergesellschaft 21/2012 vom 09.11.2012. http: //www.buergergesellschaft.de/fileadmin/pdf/gastbeitrag_petersen_121109.pdf (abgerufen am 13.8.2018).

den.[45] Dennoch verfahren die mehr als 100 Beratungsgremien, die allein die Bundesregierung und ihre nachgeschalteten Behörden mit wissenschaftlichen Ratschlägen unterstützen, weiterhin nach dem alten Rezept.[46] Die Beratungsleistung ist überwiegend darauf ausgerichtet, Empfehlungen auf der Basis von Expertenwissen zu formulieren und an die politischen Entscheidungsträger weiterzuleiten. Es geht um Legitimation durch Delegation an Fachgremien oder Expertenteams. Dieses klassische Modell der Politikberatung hat sicherlich in bestimmten Sach- und Detailfragen seine Berechtigung, ist aber in Zeiten der postfaktischen und postdemokratischen Herausforderung unzureichend.

Schlüsselwort in dieser Diskussion um eine zeitgemäße Politikberatung ist der Begriff der *Transdisziplinarität.*[47] In diesem Begriff sind zwei wesentliche Aspekte vereint: Zum einen die Notwendigkeit eines intensiven Austauschs zwischen Wissensproduzenten und Wissensempfänger über alle Phasen des Erkenntnis- und Forschungsprozesses hinweg.[48] Diejenigen, die wissenschaftliches Wissen für politische Entscheidungen nutzen und konkret anwenden wollen, müssen nicht nur die Ergebnisse der Forschung kennen, sondern auch die Kontextbedingungen und die Geltungsbereiche, ohne deren Kenntnis eine sachgerechte Interpretation der Ergebnisse nicht möglich ist. Zudem ist es notwendig, dass die Empfänger des Wissens schon bei der Frage des Framing, also der Ausgangsperspektive der Forschungsarbeiten, mitwirken können, um sicherzustellen, dass die besonderen Fragen, Anliegen und Probleme der Nutzer und Nutzerinnen angemessen berücksichtigt werden.[49] Beispielsweise könnten Vertreter der Politik, der Zivilge-

---

45 Siehe zur Notwendigkeit von neuen Formen der Politikberatung das Gutachten der Europäischen Akademien der Wissenschaften: SAPEA (2019): Making Sense of Science for Policy. White Paper for the European Community and the Science Advise Mechansims (SAM). Brüssel 2019.

46 Siehe Sievken, S. (2007): Expertenkommissionen im politischen Prozess. VS Verlag für Sozialwissenschaften: Wiesbaden, S. 23. Die Zahlen schwanken zwischen 248 und knapp 1.000. Neuere Zahlen liegen m. E. nicht vor.

47 Zum Begriff der Transdisziplinarität siehe: Lang, D.J.; Wiek, A.; Bergmann, M.; Stauffacher, M.; Martens, P.; Moll, P., ... und Thomas, C.J. (2012): Transdisciplinary Research in Sustainability Science: Practice, Principles, and Challenges. In: Sustainability Science, 7 (1): 25–43. Sowie sehr ausführlich in: Bergmann, M.; Jahn, T.; Knobloch, T.; Krohn, W.; Pohl, C. und Schramm, E. (2010): Methoden transdisziplinärer Forschung. Ein Überblick mit Anwendungsbeispielen. Campus: Frankfurt am Main.

48 Siehe dazu: Hirsch Hadorn, G.; Biber-Klemm, S.; Grossenbacher-Mansuy, W.; Hoffmann-Riem, H.; Joye, D.; Pohl, C.; Wiesmann, U. und Zemp, E. (2008): The Emergence of Transdisciplinarity as a Form of Research. In: G. Hirsch Hadorn, H. Hoffmann-Riem, S. Biber-Klemm, W. Grossenbacher-Mansuy, D. Joye, C. Pohl, U. Wiesmann und E. Zemp (Hrsg.): Handbook of Transdisciplinary Research. Springer: Berlin und Heidelberg, S. 19–42.

49 Wie man einen solchen Prozess der Einbindung von Entwicklern und Nutzern gestalten kann, zeigen Mauser et.al. in einem Beitrag zum Thema Klimawandel. Siehe: Mauser, W., Klepper, G., Rice, M., Schmalzbauer, B.S., Hackmann,

sellschaft oder der betroffenen Bevölkerung ihre speziellen Probleme bei der Vermittlung von Zielkonflikten oder bei der Suche nach sozial und wirtschaftlich akzeptablen Lösungen zum Angelpunkt eines Forschungsvorhabens machen.

Zum zweiten ist transdisziplinäre Vorgehensweise durch eine bewusste Einbindung von Wissensträgern außerhalb der Wissenschaft geprägt. Gerade für komplexe Fragestellungen sind Erfahrungswissen und häufig auch Kontextwissen der mit dieser Frage beschäftigten Gruppierungen in der Gesellschaft relevant, um nicht nur theoretisch schlüssige, sondern auch praktisch umsetzbare Lösungsvorschläge zu entwickeln. In der Sprache der Transdisziplinarität spricht man hier von *Ko-Kreation des Wissens.*[50] Wissensträger aus ganz unterschiedlichen Perspektiven und Lebensbereichen sollen nach diesem Konzept diskursiv eine gemeinsame Wissensgrundlage schaffen, die sich als robuste und praktisch umsetzbare Grundlage für politisches Handeln erweisen soll.

Wie man genau solche transdisziplinären Verständigungsprozesse zwischen Wissensträgern und Wissensempfängern organisieren kann und soll, ist in der Literatur umstritten.[51] Wesentliche Kennzeichen eines solchen Prozesses ist die frühzeitige Einbindung aller relevanter Wissensträger, der forschungsbegleitende Diskurs mit den Nutzerinnen und Nutzern des Wissens sowie der Einsatz von innovativen kommunikativen Verfahren, die einen intensiven Austausch von Argumenten, Beobachtungen und Erfahrungen ermöglichen. Viele Institutionen, wie auch meine Heimatinstitution, das Institut für transformative Nachhaltigkeitsforschung in Potsdam (IASS), sind der transdisziplinären Forschungsmethode verpflichtet.[52] Das IASS ist mit dem Ziel angetreten, neue Wege einer effektiven und demokratiefördernden Kommunikation zwischen Wissensträgern und Wissensempfängern zu

---

H., Leemans, R., and Moore, H. (2013): Transdisciplinary Global Change Research: The Co-creation of Knowledge for Sustainability. Current Opinion in Environmental Sustainability, 5(3-4): 420-431.

50 Siehe zu diesem Begriff und seiner Verwendung in der transdisziplinären Forschung: Vilsmaier, U. und Lang, D. (2014): Transdisziplinäre Forschung. In: H. Heinrichs und G. Michelsen (Hrsg.): Nachhaltigkeitswissenschaften. Springer: Berlin, S. 87-114. Zu den Erfolgsbedingungen siehe: Kaufmann-Hayoz R., Defila R., Di Giulio A., Winkelmann M. (2016): Was man sich erhoffen darf - Zur gesellschaftlichen Wirkung transdisziplinärer Forschung. In: Defila R., Di Giulio A. (Hrsg.): Transdisziplinär forschen - zwischen Ideal und gelebter Praxis. Hotspots, Geschichten, Wirkungen. Frankfurt a. M., New York: Campus Verlag. S. 289-327.

51 Siehe vor allem die kritischen Bemerkungen in: Brand, U. (2016): „Transformation" as a New Critical Orthodoxy. The Strategic Use of the Term „Transformation" Does not Prevent Multiple Crises. In: GAIA 25 (1): 23-27.

52 Mehr Informationen zum IASS finden sich auf der Homepage: http://www.iass-potsdam.de/de (abgerufen am 13.12.2018).

beschreiten.[53] So berät das Institut etwa Regierung und Umweltschutzgruppen in Nepal, wie man mit den dort verfügbaren Mitteln die dramatische Luftverschmutzung in den Griff bekommen kann. Gemeinsam mit Unternehmen, Politikern, Umweltverbänden und Behördenvertreter suchen die Wissenschaftlerinnen und Wissenschaftler am IASS zum Beispiel nach politischen Optionen, mit denen man umwelt-, wirtschafts- und sozialverträglich die Energiewende umsetzen kann.

Wie lassen sich aber die Analysen aus der Wissenschaft und die Bewertungen durch Zivilgesellschaft und Bürgerschaft miteinander verbinden? Wie kann wissenschaftliche Evidenz in Partizipationsverfahren eingebunden werden? Ein interessanter und erfolgversprechender Vorschlag, der diese Integrationsfunktion einlösen kann, ist das *Modell des analytisch-deliberativen Diskurses*. Der Begriff wurde von der US-amerikanischen Akademie der Wissenschaften 1996 in einem Gutachten über den Umgang mit Risiken geprägt.[54] Er umfasst zwei wichtige Komponenten: zum einen die analytische Aufgabe, nach bestem Wissen die möglichen Konsequenzen unterschiedlicher Entscheidungsoptionen in all ihrer Komplexität und Vernetzung zu bestimmen; zum anderen die deliberative Aufgabe, auf der Basis eines Abwägungsdiskurses eine effektive, effiziente und faire Lösung des Ausgangsproblems zu finden. Konkret lässt sich der analytisch-deliberative Diskurs in zwei Prozessschritte aufteilen: In einem ersten Schritt ist es wichtig, mit vor allem aus der Wissenschaft stammenden Wissensträgern interdisziplinär die möglichen Konsequenzen der verfügbaren Optionen zur Problemlösung in Form von Chancen und Risiken so genau wie möglich abzuschätzen. Wichtiges Kennzeichen dieses Prozesses ist es, dabei die verbleibenden Unsicherheiten und das vorhandene Nichtwissen deutlich zu charakterisieren, um eine ungerechtfertigte Sicherheit bei der späteren Auswahl der Handlungsoptionen zu vermeiden.[55]

53 Eine Beschreibung unserer Vorgehensweise findet sich in: Nanz, P.; Renn, O. und Lawrence, M. (2017): Der transdisziplinäre Ansatz des IASS – Theoretischer Hintergrund und praktische Umsetzung. In. GAIA 26 (2): 45–47.

54 US-National Research Council (1996): Understanding Risk: Informing Decisions in a Democratic Society. Coordinators: P.C. Stern und V. Fineberg. Committee on Risk Characterization. National Academies Press: Washington, D.C., S. 118ff. Wieder aufgegriffen in: US-National Research Council (2008): Public Participation in Environmental Assessment and Decision Making. The National Academies Press: Washington, D.C.

55 Burgess, J.; Stirling, A.; Clark, J.; Davies, G.; Eames, M.; Staley, K. und Williams; S. (2007): Deliberative Mapping: a Novel Analytic-Deliberative Methodology to Support Contested Science-Policy Decisions. In: Public Understanding of Science. 16: 299–322.

In einem zweiten Schritt ist es dann notwendig, auf der Basis der wissensbasierten Abschätzungen der möglichen Konsequenzen und ihrer Unsicherheiten eine umfassende Bewertung der Handlungsoptionen vorzunehmen[56]. Daraus lässt sich dann eine Strategie entwickeln, um das zu lösende Problem möglichst sachgerecht und werteadäquat anzugehen. Mit den beiden Schritten des analytisch-deliberativen Entscheidungsverfahrens wird eine kooperative Steuerungskultur unter Einbeziehung von Wissenschaft, Wirtschaft, Politik und Zivilgesellschaft angestrebt und umgesetzt.[57] Das Gelingen eines analytisch-deliberativen Diskurses ist davon abhängig, ob in ausreichendem Maße die unterschiedlichen Perspektiven, Wissensbestände und Werte der Teilnehmenden einbezogen sind und ob eine kritische Überprüfung der Sachargumente erfolgt sowie eine integrierende Perspektive bei den Bewertungen zustande kommt.

## Drei Konzepte wissenschaftlicher Forschung und Gesellschaftsberatung

Mit der Forderung nach interdisziplinärer Politikberatung im Rahmen eines analytisch- deliberativen Diskurses kann den beiden Gefahren der postfaktischen Beliebigkeit und der postdemokratischen Gleichgültigkeit entgegengewirkt werden. Diese Forderung hat aber auch gravierende Rückwirkungen auf die Wissenschaft selbst. Die klassische Arbeitsteilung von Wahrheitsproduktion durch die Wissenschaft und von Umsetzung dieser Wahrheiten in kollektiv verbindliche Entscheidungen durch die Politik ist in einem analytisch-deliberativen Diskurs fehl am Platz.[58] Zudem beobachten Wissenschaftsanalytiker einen Glaubwürdigkeitsverlust nicht nur bei den politischen und wirtschaftlichen Institutionen, sondern inzwischen

---

56 US-National Research Council (1996), a. a. O., S. 97ff.

57 Wie man so etwas konkret gestalten kann, habe ich im folgenden Aufsatz beschrieben: Renn, O. (1999): A Model for an Analytic Deliberative Model in Risk Management. In: Environmental Science and Technology, 33 (18): 3049–3055.

58 Die neuen Anforderungen an die Wissenschaft sind grundlegend beschrieben in: Nowotny, H., Scott, P. und Gibbons, M. (2001): Re-thinking Science. Knowledge in the Public in an Age of Uncertainty. Cambridge, UK: Polity Press. Zu der Frage nach den Herausforderungen der Wissenschaft in der heutigen Zeit siehe auch die Denkschrift des Wissenschaftsrates: Deutscher Wissenschaftsrat (2015): Zum wissenschaftspolitischen Diskurs über große gesellschaftliche Herausforderungen. Positionspapier. www.wissenschaftsrat.de/download/archiv/4594-15.pdf (abgerufen am 12.10.2018).

auch bei wissenschaftlichen Einrichtungen.[59] Dieser Verlust an Glaubwürdigkeit und Vertrauen ist zwar weniger dramatisch als in anderen gesellschaftlichen Bereichen, aber dennoch empirisch messbar. Auf den schleichenden Verlust von Glaubwürdigkeit und Vertrauen in einer postfaktischen Kommunikationsatmosphäre hatte ich ja schon mehrfach hingewiesen. Unter diesen Umständen verblasst zunehmend die erwünschte Integrationskraft von wissenschaftlichen Untersuchungen. So schreibt die Wissenschaftstheoretikerin Helga Nowotny:[60]

> „Als umso schwerwiegender ist daher die Erschütterung des gegenseitigen Verhältnisses von Wissenschaft und Gesellschaft zu bewerten, die durch die Abnahme der Autorität der Wissenschaft als kulturelle Ressourcen entsteht. Auch wenn in den westlich liberalen Demokratien allgemein ein Rückgang an Autorität und Glaubwürdigkeit ihrer Institutionen festzustellen ist, so trifft dies die Wissenschaft dennoch in ihrem zentralen Nerv. Wissenschaft ist die Institution, die sich in modernen Gesellschaften ein bisher unangefochtenes Monopol in der Definition der Wirklichkeit erobern konnte. Von ihr stammen die letztlich gültigen Erklärungen. Wenn die Wissenschaft in der Öffentlichkeit zunehmend in Verbindung mit ökonomischen und anderen Interessen wahrgenommen wird, wenn die Vorstellung, dass Wissenschaftler aus Motiven der Gemeinnützigkeit handeln, Gefahr läuft, in der Öffentlichkeit für obsolet gehalten zu werden, und wenn Wissenschaft als eine Lobby wie andere auch erscheint, dann brechen wichtige Voraussetzungen für ihre Besonderheit zusammen."

Wie soll und wie kann Wissenschaft auf die Herausforderungen der postfaktischen, postethischen und postdemokratischen Tendenzen in der heutigen

59 Beim Wissenschaftsbarometer 2016 von Wissenschaft im Dialog äußerte sich eine repräsentative Auswahl an Bundesbürgerinnen und Bürgern zu unterschiedlichen Wissenschaftsfeldern zum Teil recht skeptisch über die Vertrauens- und Glaubwürdigkeit der Wissenschaften: „So werden die Aussagen von Wissenschaftlern sehr unterschiedlich bewertet – nur 17 Prozent der Befragten vertrauen im Bereich Grüne Gentechnik in die Wissenschaft, im Bereich Erneuerbare Energien sind es über 50 Prozent der Befragten. Insgesamt wird (aber) der Einfluss der Wissenschaft auf die Politik als zu gering erachtet, nur 18 Prozent finden diesen genau richtig". Es gibt also ein etwas ambivalentes Bild zum Vertrauen in wissenschaftliche Leistungen und Institutionen. Zweifellos sinkt aber die Glaubwürdigkeit im Zeitablauf. Siehe: https://www.wissenschaft-im-dialog.de/projekte/wissenschaftsbarometer/wissenschaftsbarometer-2016/ (abgerufen am 13.8.2018).

60 Novotny, H. (1999): Es ist so. Es könnte auch anders sein. Editon Suhrkamp: Frankfurt am Main, S. 60–61.

Gesellschaft reagieren? Welche Rolle kann sie angesichts der kommunikativen Verhältnisse in einer Post-Erfahrungs- und Post-Vertrauenslandschaft, kurzum in dem Gewimmel von Post-X-Tendenzen, noch im öffentlichen Diskurs spielen?

Um diese Frage zu beantworten, ist es aus meiner Sicht sinnvoll, drei grundlegende Konzepte von wissenschaftlicher Forschung zu differenzieren.[61] Die klassische, neugiergetriebene; die zielgerichtete strategische und die katalytisch gestaltende Forschung. Auf diese drei Konzepte gehe ich in den folgenden Abschnitten näher ein.

## Das klassische Konzept von Wissenschaft und Forschung

Das erste Konzept umfasst das klassische Verständnis von Forschung *(classic science)*.[62] Ziel der wissenschaftlichen Tätigkeiten ist es, valide Erkenntnisse über noch unbekannte Zusammenhänge zwischen Phänomenen oder Entwicklungen zu finden. Der Antrieb für diese Tätigkeiten ist Neugier; der Anspruch besteht darin, möglichst wertfrei kausale oder funktionale Zusammenhänge mithilfe bewährter Methoden des Erkenntnisgewinns aufzudecken und sie in ein in sich konsistentes Gebäude von schon vorliegenden Einsichten einzugliedern. Alle beteiligten Parteien erhalten damit das notwendige Hintergrundwissen, um sich in einer Sachfrage zu informieren und den Stand des systematischen Wissens kennen zu lernen. Diese aufklärerische Funktion von Wissenschaft ohne Berücksichtigung von Interessen, gesellschaftlichen Präferenzen und politischen Kontexten sollte man nicht als Zeichen von Weltabgewandtheit oder des Elfenbeinturmdenkens, wie es so häufig in den öffentlichen Medien karikiert wird, sondern als ein notwendiges und unerlässliches Korrektiv gegen Wunschdenken und ideologische Scheuklappen sehen. Wissenschaft ist in der Lage, Erkenntnisse im den In-

61 Die folgende Dreiteilung ist so nicht in der Literatur zu finden. Ausführlich begründet ist sie in meinem Aufsatz: Renn, O. (2019): Umgang mit Konflikten bei Transformationsprozessen. GAIA, 28 (1): 44–51. Siehe auch für die wissenschaftliche Politikberatung in Bezug auf die Energiewende: Renn, O. (2018): Erfordernisse der Transformationsforschung am Beispiel der Energiewende. In: N. Lüdtke und A. Henkel (Hrsg.): Das Wissen der Nachhaltigkeit. Herausforderungen zwischen Forschung und Beratung. OEKOM: München, S. 17–38.

62 Siehe dazu: Wiltsche, H. A. (2013): Einführung in die Wissenschaftstheorie. Tübingen: Vandenhoeck und Rupprecht, S. 185ff.

teressen vorgelagerten Raum zu erbringen, die für alle Beteiligte unliebsame Überraschungen verhindern helfen.[63]

Vor allem in den Naturwissenschaften geht es darum, die Prozesse und Mechanismen kausal oder funktional so genau zu analysieren, dass Auslöser und deren Folgen unter definierten Randbedingungen bestimmt werden können. Analog dazu versuchen Sozialwissenschaftler, Wechselwirkungen zwischen Verhaltensweisen von Menschen, Organisationen und Gesellschaften besser zu verstehen und auch hier funktionale Beziehungen zu identifizieren. Bei den Geisteswissenschaften geht es dagegen eher um Deutungen im Rahmen von Sinnkontexten von Geschichtlichkeit und Kultur: Aber auch in diesen Wissenschaften gibt es einen Kanon an anerkannten Methoden, um Erkenntnisse und Einsichten methodisch stringent abzuleiten.[64] Fast alle komplexen Problem- oder Fragestellungen sind nicht allein auf der Basis einer Disziplin zu verstehen. Vielmehr bedarf es eines integrativen Ansatzes, der die verschiedenen Aspekte des zu verstehenden Phänomens gleichzeitig beleuchtet und vor allem in seinen Wechselwirkungen erfasst. Zeitgemäße Politikberatung lässt sich in der Regel nur interdisziplinär, also unter Einbeziehung und Integration vieler Disziplinen, verwirklichen.

Die Ergebnisse der klassischen Forschung vermitteln den Entscheidungsträgern und den Diskursteilnehmenden Einblicke in kausale oder funktionale Abläufe. Deren Kenntnis ist für die Umsetzung in Politik und Wirtschaft relevant. Wenn ich beispielsweise weiß, welche Anreize bei Verbraucherinnen und Verbrauchern zu größerer Energieeffizienz oder zu mehr Energieeinsparung führen, kann ich bewusst diese Anreize als politische Maßnahmen einführen, um das Ziel der Energiewende besser erreichen zu können.

Das Problem mit dem klassischen Forschungsverständnis besteht vor allem darin, dass bei komplexen und stochastisch wirkenden Wechselbezie-

63 Die Rolle der klassischen Wissenschaft ist in der Wissenschaftstheorie und der Wissenssoziologie sehr umstritten. Aber gerade für komplexe Fragestellungen ist häufig ein klassischer Ansatz sehr wertvoll, um das, was man wissenschaftlich gut nachweisen kann, von dem zu trennen, was unsicher und mehrdeutig bleibt. Ähnlich argumentieren auch die beiden grundlegenden Schriften der OECD (OECD (2015): Scientific Advise for Policy Making: The Role and Responsibility of Expert Bodies and Individual Scientists. Policy Paper, No. 21. Paris: OECD Publishing) und des US-National Research Councils (National Research Council (2012): Using Science as Evidence in Public Policy. Washington: National Academies Press.

64 Einen Überblick über die verschiedenen Perspektiven und Ansätze vermittelt: Balzer, W. (2016): Die Wissenschaft und ihre Methoden: Grundsätze der Wissenschaftstheorie: Ein Lehrbuch. Herder: Freiburg.

hungen kein eindeutig kausales und nicht einmal funktionales Verständnis der Zusammenhänge wissenschaftlich zugänglich ist.[65] Hinzu kommt noch, dass selbst die Kenntnis über funktionale Zusammenhänge nur in wenigen Fällen eine direkte Umsetzung in politisches Handeln erlaubt. So mag ich vielleicht die besonders wirksamen Anreize für energiesparendes Verhalten durch Experimente im Labor ausfindig machen. Bei der Übertragung auf den politischen Alltag können diese Anreize jedoch möglicherweise gar nicht greifen, weil die Rahmenbedingungen mit den experimentellen Kontextbedingungen nicht übereinstimmen oder weil es andere politische Bestrebungen gibt, die all die gewählten Anreize in ihrer Wirkung abschwächen.[66] Schließlich sind in einer konkreten politischen Situation immer viele Akteure gleichzeitig tätig, deren Wechselwirkung ich in der Regel gar nicht durch wissenschaftliche Methoden hinreichend genau beschreiben kann. [67]

## Das zielgerichtete Konzept von Wissenschaft und Forschung

Um das Manko der fehlenden politischen Umsetzbarkeit zu überwinden, gibt es ein zweites Konzept von wissenschaftlicher Forschung, das sich mit dem Begriff der *zielgebundenen Forschung (advocacy* oder *instrumental science)* am besten beschreiben lässt.[68] Zielgebundene Forschung löst die nicht mehr zeitgemäße Aufteilung in Grundlagenforschung und Angewandte Forschung auf. Vielmehr handelt es sich um die Gewinnung eines auf einen bestimmten Nutzen oder eine Problemlösung hin orientierten Wissens, das sowohl mit grundlegender wie mit angewandter Forschung systematisch

---

65 Spiegelhalter, D. J. und Riesch, H. (2011): Don't Know, Can't Know. Embracing Deeper Uncertainties When Analysing Risks, Philosophical Transactions of the Royal Society, A369. London, S. 4730–4750.

66 Siehe dazu die Kritik an der klassischen Wissenschaft und die ausführliche Begründung für eine neue Form der transformativen Wissenschaft in: Schneidewind, U., Singer-Brodowski, M. (2013): Transformative Wissenschaft. Klimawandel im deutschen Wissenschafts- und Hochschulsystem. Metropolis: Marburg.

67 von Wissel, C. (2015): Die Eigenlogik der Wissenschaft neu verhandeln. Implikationen einer transformativen Wissenschaft, *GAIA*, 24 (3): 152–155.

68 Zum Thema advocacy science liegen vor allem Konzepte aus der Ökologie und den Umweltwissenschaften vor. Siehe: Nelson, M. P. und Vucetich, J. A. (2009): On Advocacy by Environmental Scientists: What, Whether, Why, and How. In: Conservation Biology, 23 (5): 1090–1101. Oder: Meyer, J. L.; Frumhoff, P. C.; Hamburg, S. P. und de la Rosa, C. (2010): Above the Din but in the Fray: Environmental Scientists as Effective Advocates. In: Frontiers in Ecology and the Environment, 8 (6): 299–305.

angegangen werden kann.[69] Im Ergebnis liegen Erkenntnisse vor, die Politikgestalter und -gestalterinnen als Strategien für die Verwirklichung von Zielen oder Lösung von Problemen nutzen können. Die mitwirkenden Personen und Parteien geben der Wissenschaft entweder Ziele vor, die zu bestimmten Zeitpunkten erreicht sein sollen, oder aber Probleme, die mit Hilfe der Forschung im Sinne eines gemeinsamen Verständnisses, was wünschenswert ist, gelöst werden sollen. Im ersten Falle geben gesellschaftliche Gruppen Zielgrößen vor. Das können zum Beispiel Ziele der Energiewende sein, wie der 80-prozentige Ersatz von fossilen durch erneuerbare Energieträger bis zum Jahre 2050, oder gesundheitspolitische Ziele, wie die Ausmerzung der Tuberkulose weltweit bis zum Jahre 2030.

Im zweiten Falle geht es um Zustände, die als „problematisch" von bestimmten Gruppen oder auch von der Gesellschaft als Ganzes angesehen werden und daher in Richtung eines wünschenswerten Zustandes, wie etwa mehr Nachhaltigkeit, verändert werden sollen. Was wünschenswert ist, wird von den auftragserteilenden Institutionen oder Gruppen vorab festgelegt. Das kann in vielen Fällen auf einem impliziten Konsens der Gesellschaft beruhen oder im Rahmen eines politischen Diskurses ausgehandelt worden sein. Niemand wird zum Beispiel etwas dagegen haben, wenn Wissenschaftsteams Vorsorgestrategien entwerfen sollen, um bestimmten Krankheiten, wie Krebs, vorzubeugen. Häufig sind es aber auch partielle, interessengebundene Ziele oder Problemsichten, für die wissenschaftliche Expertisen gefragt sind. So können etwa Umweltschutzgruppen oder Wirtschaftsverbände Gutachten in Auftrag geben, die ihre Sicht der behandelten Probleme aufnehmen und Strategien ausarbeiten, die ihren Zielen dienlich sind. Unabhängig vom Auftraggeber und dessen Interessen oder Anliegen ist es das gemeinsame Merkmal der zielgebundenen Forschung, Optionen oder Lösungsvorschläge für Auftraggeber aus Politik, Wirtschaft und Zivilgesellschaft bereitzustellen, die nach bestem Wissen vorgegebene Ziele im vorgegebenen Zeitrahmen erfüllen oder bestimmte Probleme sach- und wertgerecht lösen helfen. Im Idealfall werden nicht nur die verschiedenen Optionen erforscht, sondern auch deren möglichen Nebenwirkungen,

69 In dem bekannten Vier-Felder-Schema von Donald Stokes repräsentiert diese Forschung die zweite Dimension von Forschung: Nutzenorientierung. Diese kann sowohl grundlagenorientiert wie praktisch orientiert sein. Siehe: Stokes, D. E. (1997): Pasteur's Quadrant: Basic Science and Technological Innovation. Brookings Institution Press: Washington, D. C.

um Zielkonflikte für die Auftraggeber aufzuzeigen und mögliche Ausgleichsmaßnahmen bei unvermeidbaren Nebenwirkungen zu entwerfen. Die Wissenschaft ist hier also nicht mehr nur von Neugier getrieben, sondern soll strategisches oder instrumentelles Wissen bereitstellen, das den Entscheidungsträgern hilft, vorgegebene Ziele möglichst effektiv und effizient zu erreichen.[70]

Das Problem mit dem zielgebundenen Konzept von Forschung ist das enge Korsett der Zielsetzung. Möglicherweise gibt es ja andere Zielvorstellungen, die auf übergeordneter Ebene die mit den Zielen verbundenen Intentionen besser umsetzen könnten. Man könnte sich etwa vorstellen, dass sich eine klimaverträgliche und umweltfreundliche Energieversorgung mit einem geringeren Prozentsatz als 80 % erneuerbarer Energien verwirklichen ließe. Möglicherweise könnte man aber auch mit den entsprechenden Strategien auf wesentlich mehr als 80 % Anteil erneuerbarer Energien bis 2050 kommen.

Gleichzeitig besteht bei der zielgebundenen Variante immer die Gefahr, dass im Konflikt zwischen der Zielerreichung und der wissenschaftlichen Forschung die Loyalität zu den Zielen mehr Gewicht ausübt als die Loyalität zu den methodischen Regeln der Erkenntnisfindung in den jeweiligen Wissenschaften.[71] Diese Gefahr ist umso mehr gegeben, je stärker das Thema selbst eine interdisziplinäre Herangehensweise erfordert und je mehr es schon aus wissenschaftsinterner Sicht mit großen Unsicherheiten und Mehrdeutigkeiten verbunden ist. Dazu kommt noch, dass zielgebundene Forschung häufig von den Wissenschaftlerinnen und Wissenschaftlern durchgeführt wird, die selber diese Ziele teilen. Und dann kommt wieder die kognitive Dissonanz ins Spiel, vor der auch gut gebildete Fachleute nicht gefeit sind. Auch beim besten Willen besteht immer die Gefahr, dass die jeweiligen Forschungsteams die für die Zielerfüllung positiven Signale und Ergebnisse aus der wissenschaftlichen Forschung als wichtige Erkenntnisse herausgreifen und die negativen oder ambivalenten Signale geflissentlich übersehen oder in ihrer Bedeutung herunterspielen.

70 Siehe dazu: Cristi C.; Horton C. C.; Peterson, T. R.; Banerjee, P. und Peterson, M. J. (2016): Credibility and Advocacy in Conservation Science. In: Conservation Biology, 30 (1): 1, 23–32.

71 Diese Kritik vertritt etwa: Nielsen, L. A. (2001): Science and Advocacy are Different and We Need to Keep Them That Way. In: Human Dimensions of Wildlife, 6 (1): 39–47.

## Das katalytische Konzept von Wissenschaft und Forschung

Die letzte und dritte Variante wissenschaftlicher Forschung wird mit dem Konzept der *katalytischen Funktion (catalytic science)* belegt.[72] Der Begriff der Katalyse ist in den Naturwissenschaften, vor allem in der Chemie, geläufig, um den Einfluss eines Stoffes, des sog. Katalysators, auf die Reaktionsgeschwindigkeit (positiv oder negativ) eines chemischen Reaktionsprozesses zu beschreiben, ohne dabei selbst in das Reaktionsergebnis einzugehen. Oder wie es der Nobelpreisträger Wilhelm Oswald es ausdrückte: *„Ein Katalysator ist eine Substanz, die die Geschwindigkeit einer chemischen Reaktion verändert, ohne selbst in den Produkten zu erscheinen".*[73] Der Katalysator verbraucht sich also im Prozess der Katalyse nicht. Zum Beispiel: Eine Gruppe von Katalysatoren aus verschiedenen Metalloxiden beschleunigt die Oxidation von Kohlenstoffmonoxid zu Kohlenstoffdioxid bei Raumtemperatur.[74]

Übertragen auf das katalytische Forschungskonzept übernimmt das damit beauftragte Wissenschaftsteam die Rolle des Katalysators. Seine Aufgabe besteht darin, systematisch das für eine Problemlösung notwendige Wissen aus der Wissenschaft, aber auch aus anderen Wissensquellen zu sammeln, neu zu ordnen und zum Zweck der gegenseitigen Verständigung aufzubereiten.[75] Vor allem sollen mögliche Konflikte identifiziert, die dahinter liegenden Wissensannahmen, aber auch die damit verbundenen Werte, Interessen und Präferenzen offen gelegt und gemeinsame Lösungs-

72 Den Vorschlag eines katalytischen Wissenschaftsverständnisses habe ich erstmals 2009 in einem längeren Beitrag vorgeschlagen. Siehe: Renn, O. (2009): Integriertes Risikomanagement als Beitrag zu einer nachhaltigen Entwicklung. In: R. Popp und E. Schüll (Hrsg.): Zukunftsforschung und Zukunftsgestaltung: Beiträge aus Wissenschaft und Praxis. Springer. Berlin und Heidelberg., S. 553–568. Ansonsten findet sich der Begriff nur in angewandten Sozialwissenschaften, etwa zum Thema Kommunikation, Diskurs oder soziale Bewegungen. Ottmar Edenhofer und Martin Korwarsch haben einen wichtigen Aspekt des katalytischen Konzeptes, nämlich die Aufbereitung des Wissens für die Politik- und Gesellschaftsberatung als kartografische Funktion der Wissenschaft bezeichnet und dazu viele Vorschläge der Implementierung ausgearbeitet. Allerdings deckt dieser Begriff nicht das Design kommunikativer Aushandlungsprozesse von Wissen und Handlungsorientierung ab, wie ich es zentral für die katalytische Funktion ansehe. Siehe: Edenhofer, O. und Kowarsch, M. ((2015): Cartography of Pathways: A New Model for Environmental Policy Assessments. Environmental Science and Policy, 51: 56–64. Der Begriff der Katalyse selbst wird eher im Zusammenhang von Wissenschaftlern als Katalysatoren von sozialem Wandel (change agents) verwandt. Siehe etwa: Cherns, A. B.; Jenkins, W. I. und Sinclair, R. (2001): Social Science and Government: Policies and Problems. Routledge: Milton Park, S. 28.

73 Zitiert nach: BASF (Hrsg.) (1994): Katalyse – Heterogene Katalysatoren. Ludwigshafen, S. 8.

74 http://www.chemie.de/lexikon/Katalysator.html (abgerufen am 13.8.2018).

75 Siehe Nanz et al., a. a. O., S. 37.

ansätze entwickelt werden, die auf Basis robusten Wissens, allgemein anerkannten normativen Prinzipien und fairer Aushandlung von Interessen zustande kommen. Das katalytische Wissenschaftsverständnis ist mehr als nur eine neue Ausrichtung der Sozial- und speziell der Kommunikationswissenschaften auf Konfliktbehandlung und Diskursführung. Es versetzt die Wissenschaft in die Rolle des „ehrlichen Maklers", eines Vermittlers zwischen konkurrierenden Wahrheitsansprüchen, Handlungsoptionen und moralischen Rechtfertigungen von Verteilungsschlüsseln für öffentliche Güter und Belastungen (Zumutungen).[76] Die systematisch zusammengetragenen Wissenselemente werden nach diesem Konzept in eine, für alle Teilnehmer verständliche und nachvollziehbare Form überführt, so dass ein sachgerechter und wertgebundener Diskurs geführt werden kann. In diesem Diskurs treffen die unterschiedlichen Wissensträger mit den Wissensanwendern aufeinander und beraten die Ausgangssituation, reflektieren gemeinsam die unterschiedlichen Problemsichten (Frames) und entwickeln sachgerechte und für die Gesamtgesellschaft wertangemessene Lösungsoptionen. Genau diese Aufgabe ist zentral für eine erfolgreiche Gestaltung eines analytisch-deliberativen Diskurses.

Das katalytische Wissenschaftsteam wirkt dann als unparteiischer, aber in der Sache kompetenter Gestalter eines Diskurses mit allen den Parteien, die entweder eigenes Wissen zum behandelten Problem beisteuern können oder aber als Nutzer dieses Wissen für kollektiv wirksame Zwecke einsetzen wollen. In jedem Falle kommt dem Katalysator eine neutrale, kommunikationsgestaltende Funktion zu. Im Idealfall kommt man mithilfe des Katalysators zu einer besseren, möglicherweise innovativen Lösung, die von allen Wissensträgern als kompatibel mit ihren Einsichten verstanden und von den politischen Entscheidungsträgern unter dem Gesichtspunkt der Wünschbarkeit als besonders attraktiv beurteilt wird. Aber auch ein Konsens über den Dissens, also eine je nach Problemsicht und Argumentationskette differenzierte Lösungsoption kann am Ende dieses Diskursprozesses stehen. So können etwa Optionen der Energiewende, die vorrangig die Versorgungssicherheit betonen, andere Maßnahmen beinhalten als Optionen, deren Fokus auf Klimaschutz und Verhaltensanpassungen liegt.

76 Siehe zur Rolle des ehrlichen Maklers das Buch des Wissenschaftsberaters: Pielke, R.A. (2007): The Honest Broker: Making Sense of Science in Policy and Politics. Cambridge University Press: Cambridge.

In der praktischen Umsetzung katalytischer Wissensbildungsprozesse kommt es selten zu der einen überragenden Lösung. Vielmehr können solche Prozesse eine ganze Palette von Handlungsoptionen mit einem Profil an erwünschten und unerwünschten Wirkungen entwerfen, die dann im weiteren politischen Prozess bewertet werden können. Dabei spielen deliberative Beteiligungsformen eine zentrale Rolle. Denn ein katalytisches Wissenschaftsverständnis reiht sich nahtlos in ein deliberatives Entscheidungsmodell ein: Die Wissenschaft versucht im Vorfeld, alle relevanten Wissenselemente gemeinsam mit den Wissensträgern zu sammeln und auf das zur Entscheidung stehende Problem anzuwenden. Der deliberative Diskurs entwickelt dann gemeinsam mit den betroffenen Gruppierungen die verschiedenen Handlungsoptionen, vergleicht deren Wirkungen und Nebenwirkungen in einem Abwägungsprozess und formuliert daraus Empfehlungen. Der letztendlich bindende Beschluss für die Umsetzung einer Handlungsoption wird abschließend von den dazu legal vorgesehenen politischen Gremien ausgeführt.

Ein katalytisches Verständnis von Forschung verträgt sich vor allem mit einem transdisziplinären Konzept von Wissenschaft, Politik und Gesellschaft sowie den Strukturmerkmalen des analytisch-deliberativen Gestaltungsauftrages.[77] Die besondere Kompetenz der katalytischen Forschung besteht weniger in der Analyse der Sachfragen, die mit den Problemen verbunden sind, als in der Erforschung und Entwicklung von erfolgversprechenden kommunikativen Methoden und Praktiken, die wissenschaftliches Wissen systematisch für eine gelingende Verständigung zwischen Wissenschaft und gesellschaftlichen Gruppen aufbereiten und die eine Ko-Generation von Wissen im deliberativen Diskurs unterstützen. Forschung ist hier nicht wie das klassische Konzept durch Neugier getrieben oder wie das zielgebundene Konzept auf eine instrumentelle Hilfestellung für politisch wirksame Maßnahmenpakete gepolt. Vielmehr dient sie im katalytischen Konzept als Designerin für die Zusammenführung unterschiedlicher Wissensbestände und Lösungsoptionen zur Bewältigung gemeinsam definierter Problemstellungen. Aus diesem Selbstverständnis heraus beschäftigt

77 Siehe dazu: Hoppe, R. (1999): Policy Analysis, Science and Politics: From 'Speaking Truth to Power' to 'Making Sense Together'. Science and Public Policy, 26 (3): 201–210. Vgl. auch: Stauffacher, M.; Flüeler, T.; Krütli, P. et al. (2008): Analytic and Dynamic Approach to Collaboration: A Transdisciplinary Case Study on Sustainable Landscape Development in a Swiss Prealpine Region. In: Systemic Practice and Action Research 21 (6): 409–422.

sich die katalytische Forschung vor allem mit den Randbedingungen, Formaten und Moderationsformen für wissenschaftlich gehaltvolle und politisch wirksame Diskurse in der Gesellschaft.

Auch das Konzept der katalytischen Forschung weist eine Reihe von Problemen und Defiziten auf. Zunächst einmal sammelt es nur das Sachwissen, ohne selbst einen Beitrag dazu zu leisten. Katalytische Forschung ist also auf zumindest eines der beiden anderen Konzepte (klassisch oder zielgebunden) angewiesen, um entsprechende Sachkenntnis in den Prozess einzubringen. Weiterhin ist die Frage einer erfolgreichen Moderation und Konfliktbearbeitung nicht nur eine Frage von Wissen auf der Basis von wissenschaftlichen Methoden, Vorgehensweisen und Prüfverfahren, sondern auch von kommunikativen Kompetenzen und Fertigkeiten, die nicht-wissenschaftliche Akteure ebenso gut oder vielleicht sogar noch besser beisteuern können. Das katalytische Wissen ist primär darauf ausgerichtet zu ermitteln, wie man in einem demokratischen Institutionengefüge Prozesse für sachgerechte und wertadäquate Diskurse gestalten und umsetzen kann. Katalytische Forschung kann das Design vorgeben und erforschen, muss aber nicht selber den Prozess moderieren. Schließlich besteht die besondere Fachkunde bei der analytischen Wissenschaft in der effektiven Steuerung von wissensintegrierenden kommunikativen Prozessen. Hier sind vor allem Expertisen aus Psychologie, Kommunikations- und Sozialwissenschaften

**Tabelle 9: Merkmale der drei Konzepte der Wissenschaft im Kontext der Gesellschafts- und Politikberatung**

| Drei Konzepte der wissenschaftlichen Forschung (für Politik- und Gesellschaftsberatung) | | | |
|---|---|---|---|
| **Konzept:** | **klassisch** | **zielgebunden** | **katalytisch** |
| **Wissensform:** | systematisch | instrumentell | prozessual |
| **Politikleitende Funktion:** | Orientierung | Problemlösung | Ko-Kreation |
| **Ausdrucksform:** | Analysen (kausal) | Szenarien/Optionen | Kommunikationsdesigns |
| **Grenzen und Probleme:** | Komplexität, Unsicherheit | Fixierung auf Ziele, mangelnde Distanz | Systematisierung kontextabhängiger Erfahrungen |

**Quelle:** eigene Darstellung

gefragt; Erkenntnisse aus der Physik, Chemie oder Geologie sind zum Verständnis der diskutierten Materie hilfreich, für den eigentlichen Gegenstand der katalytischen Forschung aber nicht erforderlich. Von daher ist dieses Wissenschaftsverständnis auf nur einige Disziplinen der Wissenschaftslandschaft beschränkt.

Kurzum, alle drei Konzepte von wissenschaftlicher Forschung (klassisch, zielgebunden und katalytisch) ergänzen sich gegenseitig, weisen an den Rändern Überschneidungen auf, sind aber in ihren Funktionen klar unterschieden. In Tabelle 9 sind die wesentlichen Kennzeichen der drei Konzepte nochmals plastisch zusammengefasst.

## Ein Fallbeispiel für das Zusammenwirken der drei Konzepte

Wie realistisch ist die Forderung nach einer Synthese von klassischem, zielgebundenem und katalytischem Wissen in analytisch-deliberativen Diskursen? Reine Appelle, einen solchen Diskurs zur Politikgestaltung einzuführen, reichen offenkundig nicht aus. Es gibt aber viele Gruppen in unserer Gesellschaft, die nicht nur an einer solchen Diskursführung Interesse haben, sondern sie auch aktiv voranbringen wollen. Auch Regierungen zeigen sich häufig aufgeschlossen gegenüber deliberativen Verfahren der Politikgestaltung. Ein konkretes Beispiel aus dem Politikfeld Energie ist im folgenden Abschnitt beschrieben. Das Fallbeispiel zeigt, dass es auch in Zeiten von Fake News und populistischem Machstreben möglich ist, bei entsprechend sorgfältiger katalytischer Vorbereitung einen erfolgreichen deliberativen Diskurs zur Energiewende zu gestalten.

Im Fall des Projektes „BEKO“ ging es um die diskursive Festlegung von politischen Maßnahmen zum integrierten Klimaschutz in Baden-Württemberg.[78] In einem ersten Schritt wurden wissenschaftliche Experten damit beauftragt, mögliche Maßnahmen zum Klimaschutz auf ihre Wirksamkeit hin zu beurteilen und eine Liste von Maßnahmen mit ihren voraussichtlichen Wirkungen vorzubereiten. Die Liste umfasste insgesamt 110 Maßnahmen. In einem zweiten Schritt wurden unterschiedliche Wissensträger einbezo-

78 Carius, R.; Hilpert, J.; Ulmer, F. und Wist, S.-K. (2016): Bürger- und Öffentlichkeitsbeteiligung zum Integrierten Energie- und Klimaschutzkonzept Baden Württemberg (BEKO). In: C. Benighaus, G. Wachinger und O. Renn (Hrsg.): Bürgerbeteiligung: Konzepte und Lösungswege für die Praxis. Frankfurt am Main: Wolfgang Metzner, S. 190–204.

gen, um diese wissenschaftlich gewonnenen Erkenntnisse weiter zu verarbeiten und mit ihrem eigenen Wissen und ihren eigenen Erfahrungen anzureichern. Dies erfolgte in drei Bewertungsrunden:

- *Online Bewertung:* Vom 17. Dezember 2012 bis 1. Februar 2013 konnten alle Bürgerinnen und Bürger Baden-Württembergs die 110 Maßnahmen einzeln auf einer eigens angelegten Internetseite kommentieren und bewerten.
- *Stakeholder-Bewertung:* 120 Vertreterinnen und Vertreter wichtiger Verbände tagten an sieben Runden Tischen zu den thematischen Schwerpunkten, die von den wissenschaftlichen Gutachtern empfohlen wurden.
- *Betroffenen-Bewertung:* Rund 180, nach dem Zufallsprinzip ausgewählte, Bürgerinnen und Bürger trafen sich in 29 Sitzungen und erarbeiteten gemeinsam ein Dokument mit insgesamt 1.082 Empfehlungen.

In einem dritten Schritt trafen sich die Vertreterinnen und Vertreter aus der Wissenschaft, aus den Runden Tischen, aus den Bürgerforen und den Internetforen zu einem gemeinsamen Workshop, um die Maßnahmen gemeinsam zu beraten und um eine Liste mit einerseits konsensualen Empfehlungen und andererseits mit weiterhin umstrittenen Maßnahmen zu erstellen. Dabei wurden Wissenschaftlerinnen und Wissenschaftler als „Zeugen“ und „Botschafter/Botschafterinnen des Wissens“ geladen, um sowohl funktionale Zusammenhänge (klassisches Wissenschaftsverständnis) als auch strategische Überlegungen (zielgebundenes Wissenschaftsverständnis) mit den Diskursteilnehmenden zu diskutieren. Nicht Konsens um jeden Preis war das Ziel, sondern ein „Konsens über den Dissens“, also eine Liste mit Maßnahmen mit soliden Begründungen für und gegen jede Maßnahme aufbauend auf einer gemeinsamen Wissensbasis und auf Transparenz über unterschiedliche Werte und Präferenzen.

Am 2. Mai 2013 wurden die Ergebnisse an Umweltminister Franz Untersteller übergeben. Das Ministerium hat im Anschluss an diesen Partizipationsprozess rund drei Monate lang die Empfehlungen aufgearbeitet und geprüft. Eine ausführliche Stellungnahme wurde vorbereitet und an alle Beteiligten versandt. Im Endeffekt wurde der Klimaschutzplan mit dem Input der verschiedenen Wissensträger am 31. Juli 2013 offiziell in Kraft gesetzt. Im Jahre 2018 wurde das Verfahren beim Wettbewerb für vorbildliche Bürgerbeteiligung in der Kategorie „Regelungen“ als bestes Projekt in Deutschland ausgezeichnet. Die Prozessarchitektur dieses deliberativen Diskurses wurde von dem gemeinnützigen Forschungsinstitut „Dialogik“ erstellt und im Sinne des katalytischen Wissenschaftsverständnisses aus der Analyse ähnlich gelagerter Prozesse, theoretischen Überlegungen und praktischen Erfahrungen mit solchen Prozessen abgeleitet.

## Transdisziplinarität: Zusammenspiel der drei Konzepte mit Wissen und Werten aus der Gesellschaft

Die Umsetzung des analytisch-deliberativen Diskurses erfordert die Integration der drei wissenschaftlichen Konzepte in den Prozess der Politikberatung, aber auch die Wahl einer zielführenden Kommunikationsarchitektur, um wissenschaftliches Wissen, Erfahrungswissen und gesellschaftliche Werte und Interessen angemessen zu berücksichtigen. Genau dies ist das Ziel transdisziplinärer Forschung. Es geht dabei um drei wichtige Impulse:

Zum ersten ist es für den gesellschaftlichen Diskurs entscheidend, mit der Autorität der Wissenschaften Wahrheitsansprüche zu prüfen und Fake News von True News zu differenzieren.[79] Auch für den transdisziplinären Diskurs werden klassisch arbeitende Forscherteams benötigt, um die Teilnehmenden an einem Diskurs mit dem entsprechenden Faktenwissen auszustatten und Fragestellungen aus dem Diskurs nach wissenschaftlich anerkannten Standards zu beantworten. Hier ist auch die ideologiekritische Funktion von Wissenschaft gefragt, Fehlurteile aufgrund von Wunschdenken, intuitiv einleuchtenden, aber oft in die Irre führenden Faustregeln und Plausibilitätsannahmen aufzudecken und diese kritischen Einsichten mit allen am Diskurs beteiligten Parteien zu teilen.[80] Gleichzeitig ist die Wissenschaft selber nicht immun gegen eigene Fehldeutungen: sie blendet gerne verbleibende Unsicherheiten aus, übersieht die Geltungsgrenzen von Aussagen oder unterdrückt alternative, aber ebenso sachgerechte Auslegungen der vorhandenen Daten. Gerade wenn Wissenschaft politisch wirksam wer-

79 Dazu ein eindringliches Plädoyer von: Esfeld, M. (2017): Wissenschaft, Erkenntnis und ihre Grenzen. In: Spektrum der Wissenschaft, 19.7.2017, Heft 8, http://www.spektrum.de/magazin/wissenschaft-erkenntnis-und-ihre-grenzen/1478201 (abgerufen am 13.8.2018).

80 McIntyre, L. (2017): Post-Truth. MIT Press: Boston, S. 163f.

den soll, ist es unerlässlich für die beteiligten Wissenschaftsteams, das eigene Wissen stets kritisch zu reflektieren und die Zuverlässigkeit und Robustheit des eingebrachten Wissens laufend zu überprüfen.

Zum zweiten brauchen Politik, Wirtschaft und Zivilgesellschaft Expertinnen und Experten, die realistische Wege aufzeigen, um die von ihnen angestrebten Ziele möglichst effektiv, effizient und mit der geringsten Zahl an unerwünschten Nebenwirkungen zu erreichen. Die damit verbundene zielgerichtete Forschung ist näher an den zu lösenden Problemen ausgerichtet und hilft vor allem bei komplexen und unsicheren Entscheidungskontexten, wissenschaftlich robuste Handlungsoptionen zu entwerfen und deren Folgen abzuschätzen.[81] Ähnlich wie beim klassischen Konzept ist auch hier eine kritische Komponente von großer Bedeutung. Zum einen müssen die Ziele und deren Begründung stets neu reflektiert und abgewogen werden, damit Wissenschaft nicht einfach zum Erfüllungsgehilfen von politischen Kräften wird, zum anderen müssen die Wissenschaftsteams selber so viel Distanz zu den Zielen und Werten ihrer Auftraggeber haben, dass sie selbstkritisch auch nicht genehme Erkenntnisse aufnehmen, verarbeiten und weiterreichen.

Zum dritten beruhen politische Prozesse der Entscheidungsfindung mehr und mehr auf einer diskursiven Behandlung der Probleme und deren Lösungsmöglichkeiten unter Beteiligung aller relevanten Gruppen, wie dies im Modell des analytisch-deliberativen Diskurses bereits angelegt ist. Diese diskursive Behandlung ist zum einen wegen der Unsicherheit, Mehrdeutigkeit und Komplexität der wissenschaftlichen Problembeschreibung und -analyse sinnvoll und notwendig, zum anderen erfordert die sich immer weiter ausdehnende Vielfalt an Bewertungen, Interpretationen und Wertzuordnungen einen integrationsfördernden Diskurs.[82] Solche diskursiven Prozesse der Aneignung relevanter Wissensbestände und deren Einbettung in eine argumentative Abwägung möglichst effektiv zu organisieren und nach rationalen Kriterien von Wissens- und Urteilsbildung zu gestalten, ist im wahrsten Sinne des Wortes eine Wissenschaft für sich. Hier katalytisch auf der Basis eines robusten Wissens um Kommunikationsprozesse und deren

81 Siehe dazu: Nowotny, H. (2003): Democratising Expertise and Socially Robust Knowledge, Science and Public Policy, 30 (3): 151–156.

82 Witmayer, J. N. und Schäpke, N. (2014): Action, Research and Participation: Roles of Researchers in Sustainability Transitions. Sustainability Science, 9 (4): 483–496.

erfolgreiche Gestaltung einzuwirken, ist eine zunehmend relevante Aufgabe der Wissenschaft, wenn sie eine tragende Rolle in der Gestaltung politischer Entscheidungen spielen will. Selbstredend ist auch in diesem dritten Konzept eine kritische und selbstkritische Funktion der Wissenschaft gefragt. Ob ein Design erfolgreich ist, hängt von vielen Randbedingungen ab, die von Diskurs zu Diskurs stark streuen können. Zudem ist Erfolg von Diskursen nicht einfach zu definieren. Erfolg für wen? Allgemeingültige Aussagen zu den Erfolgskriterien von transdisziplinären Diskursen abzuleiten, ist ein mühsames und risikoreiches Unterfangen. Aber es lohnt sich!

Im Idealfall ergänzen sich die drei Konzepte der wissenschaftlichen Forschung gegenseitig und bauen aufeinander auf. So kann das katalytische Wissenschaftsteam die Struktur und den Prozess der Kommunikation zwischen den Wissensträgern und den jeweiligen Wissensnutzern organisieren und moderieren, während die Vertreter und Vertreterinnen des klassischen Konzeptes das notwendige Hintergrundwissen für alle bereitstellen. Um den teilnehmenden Gruppen wissenschaftliche Unterstützung zu geben, können Forscherteams auf der Basis der gruppenspezifischen oder besser noch der gruppenübergreifenden Ziele und Anliegen erfolgversprechende Umsetzungsstrategien zur Erreichung dieser Ziele entwerfen.

Die Integration der drei Konzepte (klassisch, zielgerichtet und katalytisch) in Prozesse deliberativer Politikgestaltung ist aus meiner Sicht der Kernpunkt der notwendigen politischen Innovation, die wir in Deutschland, aber auch in anderen Demokratien dieser Welt, dringend benötigen, um mit den vielen Post-Entwicklungen in Politik, Wissenschaft und Gesellschaft konstruktiv umzugehen.[83] Dazu brauchen wir weder politische Revolutionen noch radikale Brüche mit der Vergangenheit, sondern den Willen und die Bereitschaft zu zielführenden und erfolgversprechenden Reformen.

83 Zum Thema politische Innovation siehe: Michels, A. (2011): Innovations in Democratic Governance: How Does Citizen Participation Contribute to a Better Democracy? In: International Review of Administrative Sciences, 77 (2): 275–293.

# Teil VII:

## Ein 10-Punkte-Programm zum persönlichen Umgang mit der Post-X-Gesellschaft

Zum Schluss meiner Ausführungen komme ich wieder auf Sie, die Leserin bzw. den Leser zurück. Vor allem im zweiten Teil und dritten Teil dieses Buches habe ich die psychologischen und sozialen Mechanismen beschrieben, die es den Manipulatoren in einem postfaktischen und postethischen Klima leicht machen, sich mit ihren Interessen und Vorstellungen durchzusetzen und politisches Gewicht zu gewinnen. Insbesondere die Populisten und politischen Rattenfänger verstehen sich darauf, die Irrungen und Wirrungen der Post-X Gesellschaft zu nutzen, ihr meist trübes Süppchen aus Nationalismus, Fremdenhass, Anti-Globalisierung und dem Wiederbeleben überkommener Traditionen und Strukturen an die verunsicherten Menschen zu servieren. Oft ist es schwer, zwischen populären und auf Aufklärung bedachten Kommunikationsversuchen und den demagogischen Populismen der Vereinfachung und Ausgrenzung zu unterscheiden. Es ist das Anliegen dieses Buches, Ihnen dabei zu helfen, diese Unterscheidung vorzunehmen und aktiv an einer Abwendung vieler der Post-X-Tendenzen mitzuwirken.

Bei der Behandlung von post-Vertrauens- und post-Erfahrungs-Tendenzen habe ich bereits einige der zentralen Lehren aufgeführt, die dazu beitragen können, uns vor Fehlurteilen und Fehleinschätzungen zu schützen. In diesem letzten Kapitel möchte ich in Form von 10 Thesen die wichtigsten Schlussfolgerungen und Lehren für den persönlichen Umgang mit den Post-X-Tendenzen zusammenfassen.

1. *Lassen Sie sich nicht einreden, dass es keine objektive Wahrheit gäbe und alles nur relativ zum Zeitgeist, zur Macht oder zum gerade modischen Diskurs gesehen werden könne.* Es gibt viel belastbares Wissen,

das sich in tausenden Kontexten bewährt und als zutreffend erwiesen hat. Dazu gehören nicht nur wissenschaftliche Kenntnisse, sondern auch praktisches Wissen, wie man etwa einen Schuh repariert. In jedem Falle gibt es schlichtweg falsches Wissen oder Irrtümer, die hohe Folgekosten nach sich ziehen, wenn man sie nicht frühzeitig erkennt. Von daher ist es essentiell für Gesellschaften, Systeme zu entwickeln, die Wahrheitsansprüche aufstellen, bewerten und überprüfen. In unserer Gesellschaft ist dafür das Wissenschaftssystem vordringlich verantwortlich. Von wenigen Ausnahmen abgesehen, tut dieses System auch seine Pflicht und sorgt für neues und zur Lösung von Problemen angemessenes Wissen. Allerdings hat sich der Charakter des Wissens verändert: Stand früher die Entdeckung unverrückbarer Naturgesetze und deren Implikationen im Vordergrund des Interesses, so hat sich die Wissenschaft zunehmend auf die Analyse von komplexen Phänomenen und deren Beziehungen untereinander konzentriert. Der Fokus liegt hierbei auf Phänomenen, die keine eindeutige, an Naturgesetze angelehnte Erfassung zulassen, sondern vielmehr unterschiedliche Perspektiven und durch Wahrscheinlichkeiten charakterisierte Wechselwirkungen aufweisen. Damit werden die Wissenschaftler und Wissenschaftlerinnen der Komplexität der Realität zwar mehr gerecht als früher, dies geht jedoch auf Kosten der Eindeutigkeit und der Klarheit der Ergebnisse. Mehrdeutigkeiten, Unsicherheiten und Transparenz über Wissensgrenzen sind keine Belege für mangelnde Qualität wissenschaftlicher Forschung, sondern im Gegenteil Ausdruck ihrer Nähe zu den Phänomenen, die sie untersucht. Wer wissenschaftliche Qualität danach beurteilt, wie eindeutig und sicher das bereit gestellte Wissen ist, verkennt die besondere Leistung moderner Forschung, nämlich komplexe und vernetzte Beziehungen in ihren Wechselwirkungen zu erfassen und zu verstehen.

2. *Seien Sie sich bewusst, dass Wissen über komplexe Zusammenhänge intuitiv häufig wenig plausibel erscheint und oft unserem gesunden Menschenverstand widerspricht.* Bei komplexen Sachverhalten sind die Ursache-Wirkungsmechanismen stark verschachtelt und es gibt viele Rückkopplungen, durch die auch winzige Ereignisketten große Wirkungen hervorrufen können. Zudem sind Ursache und Wirkung oft zeitlich und örtlich weit voneinander getrennt. All das erscheint uns wenig plausibel. Doch Plausibilität ist ein trügerischer Ratgeber: Eine Reihe von

Faustregeln, die sich im Alltag bewährt haben, führen bei komplexen Sachverhalten in die falsche Richtung. Wahrheitsansprüche, die auf den ersten Blick besonders plausibel erscheinen, erweisen sich bei näherem Hinsehen als falsch. Allerdings muss man auch näher hinsehen: Es lohnt sich den Wahrheitsgehalt von allzu plausibel erscheinenden Aussagen zu überprüfen. Wie man dazu seriöse Quellen findet, können Sie unter Punkt 4 nachlesen.

3. *Seien Sie besonders kritisch bei Informationen, die all das zu bestätigen scheinen, was Sie ohnehin schon glauben oder für richtig halten.* Der Mechanismus der kognitiven Dissonanzreduktion ist ein mächtiger Vereinfacher der Wirklichkeit. Er sorgt dafür, dass alles, was ich an Informationen aufnehme, erst einmal danach gefiltert wird, ob ich diese Informationen für wünschenswert halte oder nicht. Hege ich z. B. einen Groll gegen Flüchtlinge, so suche ich bewusst nach Informationen über Fehlverhalten von Asylbewerbern und wehre Informationen ab, die positive Verhaltensweisen von Flüchtlingen beschreiben. Umgekehrt kann ich als Anhänger einer ausgeprägten Willkommenskultur nur die Informationen herausfiltern, die Flüchtlinge als bemitleidenswerte Opfer mit hohem Integrationswunsch und lauter hehren Absichten herausstellen. Der Hang zur kognitiven Dissonanzreduktion wird noch durch die Suchmaschinen im Internet unterstützt. Nicht nur, dass sich für alle meine noch so abstrusen Ideen eine Eintragung findet, die diese stützen, die Suchmaschinen sind in der Regel auch so programmiert, dass sie meine Vorlieben erkennen und nach und nach nur solche Ergebnisse liefern, die meinen Präferenzen aus früheren Suchverläufen entsprechen. Dadurch erhalte ich auf Dauer nur Bestätigungen von dem, was ich ohnehin glaube. Ich bin zwar der Überzeugung, immer mehr zu lernen, bleibe aber in Wirklichkeit auf derselben Stelle stehen. Machen Sie sich stattdessen zur Gewohnheit, bewusst Informationen zu suchen, die Ihrer eigenen Grundeinstellung widersprechen oder Ihre Überzeugungen in Frage stellen. Schalten Sie bei der Nutzung von Suchmaschinen den Mechanismus der automatischen Anpassung an Ihre bisherigen Präferenzen aus (das geht bei fast allen Suchmaschinen, auch bei Google). Dann erhalten Sie die Reihenfolge der Informationen, wie sie von allen Nutzern im Schnitt am häufigsten abgerufen werden. Da die Vielzahl der Nutzer ein breite Palette von Einstellungen aufweist, ist die Gefahr gering, dass Sie unter den

ersten fünf Einträgen nur Bestätigungen Ihrer eigenen Meinung erhalten. Und wenn doch, ist das schon ein guter Hinweis, dass Sie nicht ganz so falsch liegen können.

4. *Seien Sie kritisch gegenüber Aussagen, die pauschale Urteile enthalten, bestimmte Gruppen von vornherein ausschließen oder Sie als Mitglied einer besonders wichtigen Volksgruppe identifizieren.* Mit dem Ruf „Wir sind das Volk" haben vor allem die neuen rechten Bewegungen in Deutschland erfolgreich Anhängerinnen und Anhänger rekrutieren können. Dieser Satz verletzt aber geradezu alle drei Bedingungen für den Wahrheitsgehalt und die moralische Integrität von Aussagen: Er pauschalisiert (wer zum Volk gehört ist gut, der Rest ist schlecht), er grenzt aus (Flüchtlinge und Ausländer gehören natürlich nicht zum Volk), und er suggeriert Identität durch die Mitgliedschaft in dieser politisch wichtigen Gruppierung (auch ich gehöre zum Volk, bin also eine bzw. einer der Auserwählten). Dabei spielt natürlich auch der Kontext, in dem der Satz ausgesprochen wird, eine zentrale Rolle. Bei den Protesten der ostdeutschen Bürgerinnen und Bürger gegen das DDR-Regime war dieser Satz ein authentischer Ruf nach Freiheit und Souveränität. Im Kontext der Einwanderung steht der gleiche Satz jetzt für Ausgrenzung und Repression gegen Andersdenkende. Von daher ist es nicht nur der Wortlaut, der Wirkung auslöst, sondern auch und gerade der Kontext, in dem diese Aussage gemacht wird. Das erschwert die Prüfung von Aussagen auf sachliche Richtigkeit und moralische Integrität. Was soll man also tun? Zum einen hilft es, ganz bewusst Informationen einzuholen, die bekanntermaßen kritisch zu den Äußerungen bzw. zu den sie vertretenden Personen stehen. Bei einer Behauptung aus konservativen Kreisen sollte man sich die Kommentare einiger linker Zeitschriften oder Blogs ansehen und umgekehrt bei Aussagen von linken Meinungsmachern die entsprechenden Kommentare bei eher konservativen Medien. Inzwischen gibt es auch eigene Internet-Foren, die sich ganz bewusst den unterschiedlichen Bewertungen von Sachverhalten widmen, also eine faktisch geprüfte Vielfalt von Meinungen und Ansichten weitergeben.[1] Schließlich kann man gezielt nach Worten suchen, die bei populistischen

1 In Deutschland vor allem: http://meedia.de/tag/zdfcheck17/; http://meedia.de/tag/br-verifikation/; http://meedia.de/tag/faktenfinder/; spezielle für Wissenschaft: http://www.wissenschaftskommunikation.de/

Demagogen immer hoch im Kurs stehen. Dazu gehört der Gegensatz von „wir“ und „die anderen“ oder „das Establishment“ sowie der häufige Gebrauch der Wörter oder Wortwendungen, wie „immer“, „niemals“, „wir sind uns alle einig, dass...“, „keiner kann leugnen, dass“, „es gibt keinen Zweifel daran, dass...“, „wer etwas Anderes sagt, der lügt“ und anderes mehr Je differenzierter und vorsichtiger Aussagen formuliert sind, desto eher entsprechen sie der Wahrheit. Natürlich müssen Politiker und Politikerinnen mit einfachen Worten überzeugen; aber einfache Worte schließen differenzierte Urteile nicht aus. Kurzum, seien Sie besonders vorsichtig bei Aussagen, die aalglatt erscheinen und alles in einer einzigen Farbe beleuchten, in dem Fall können Sie sicher sein: Entweder will man Ihnen einen Ladenhüter andrehen oder Sie für eine obskure Sache politisch oder weltanschaulich vereinnahmen.

5. *Nutzen Sie die Ressourcen des Internet als eine wichtige Informations- und Kommunikationsquelle, seien Sie sich aber stets der Risiken und der Verzerrungen durch die virtuellen Kommunikationskanäle bewusst.* Auch wenn sich die Deutschen ständig über die Macht von Google, Facebook und Co aufregen, so nutzen sie diese Dienste doch mit großer Inbrunst und Intensität. Das hat auch seinen guten Grund: Nie war es so einfach, auch an schwer erreichbare und komplizierte Informationen heranzukommen oder mit Personen aus fernen Ländern zu kommunizieren. Aber Vorsicht: Diese neuen Medien bieten immense Möglichkeiten und Chancen, aber dies nicht ohne einen Preis. Die Nutzung dieser Dienste mag kostenlos sein, sie ist aber nicht umsonst. Den Preis für die kostenlose Nutzung all der Online-Plattformen und Suchmaschinen zahlen Sie mit Ihren persönlichen Daten. Diese werden gegen Geld an Werbekunden verkauft, die Ihnen dann auf Basis ihrer Suchanfragen und „Gefällt-mir“-Angaben persönlich zugeschnittene Werbeangebote unterbreiten. Je häufiger Sie solche Werbeangebote anklicken, desto mehr Geld landet in den Taschen der Online Dienstleister. Von daher seien Sie vorsichtig, welche Daten Sie preisgeben und welche nicht. Auch hier können Sie bei den meisten Anbietern von Suchmaschinen, Kommunikationsdiensten oder Apps die voreingestellten Datenerfassungsprogramme

Für Englisch-sprachige Leser sei hier empfohlen: PolitiFact.com; OpenSecrets.org; TruthOrFiction.com; Snopes.com. Weitere Tipps in: https://www.morgenpost.de/web-wissen/web-technik/article209219379/Wie-man-Fake-News-und-Desinformation-erkennen-kann.html (alle abgerufen am 31.12.2018).

Ihren Sicherheitsbedürfnissen anpassen. Sie können beispielsweise veranlassen, dass Ihre Internetsuche nicht gespeichert wird oder dass persönliche Daten, wie etwa Ihr Standort oder Ihre vergangenen Suchanfragen, nicht weitergegeben werden. Prüfen Sie auch, ob Sie allen ihren echten und vermeintlichen Freunden und Freundinnen auf Facebook oder Instagram den Zugang zu allen Ihren Eintragungen ermöglichen. Mit Softwarepaketen, die ein sog. Semantic Data Mining erlauben, kann man automatisch allein über Einträge in Facebook oder anderen sozialen Netzwerken ein sehr genaues Profil Ihrer persönlichen Lebensumstände und Einstellungen erstellen. Natürlich kann die Methode des Data Mining auch für wichtige gemeinwohlorientierte Aufgaben und Dienstleistungen eingesetzt werden, etwa zur Erkennung von neuen Epidemien oder zur Vorbereitung von Vorsorgemaßnahmen gegen natürliche oder technische Gefahren. Insofern ist es nicht die Methode, die hier fragwürdig ist, sondern deren Einsatz für fragwürde Zwecke, wie die Überwachung von Personen oder die ungewollte kommerzielle Nutzung persönlicher Daten.
Ein weiteres Risiko der virtuellen Welt liegt in den veränderten Bedingungen für die Wahrnehmung der realen Welt. Was tagtäglich im Internet über die Welt berichtet wird, ist keinesfalls repräsentativ für das Weltgeschehen. Die Dominanz der Bilder suggeriert ein Abbild der Realität, jedoch ist die Auswahl von Bildern genauso selektiv wie die Auswahl von Worten. In der virtuellen Welt werden wir laufend mit Katastrophen, Verschwörungen, Unfällen, traumatischen Unglücksfällen und krassem Fehlverhalten von Entscheidungsträgern konfrontiert. Bei über 7 Milliarden Menschen auf der Welt ist auch zu erwarten, dass solche negativen Ereignisse tagtäglich stattfinden. Nur wird selten über die Kehrseite berichtet. Dass die meisten Menschen friedlich miteinander auskommen, dass viele Länder enorme Fortschritte in ihrer wirtschaftlichen Entwicklung machen, dass sich die Zahl der Hungerleidenden in der Welt in den letzten beiden Jahrzehnten halbiert hat – all diese positiven Entwicklungen bleiben meist ausgespart.[2] Die Menschen in

2 Das Ziel der Halbierung der Armut wurde bereits im Jahr 2010 erreicht: Der Anteil der Menschen, die mit weniger als 1,25 Dollar pro Tag auskommen müssen, sank von 47 % im Jahr 1990 auf 22 % im Jahr 2010. 2010 lebten also bereits 700 Millionen Menschen weniger in Armut als noch 1990. Gleichzeitig sank die absolute Zahl der in extremer Armut lebenden Menschen von 1,9 Milliarden im Jahr 1990 auf 1,2 Milliarden im Jahr 2010. Aus: https://

Deutschland sind zu mehr als zwei Drittel davon überzeugt, dass das Leben immer riskanter und gefährlicher wird. In Wirklichkeit steigt in 172 von 193 Ländern dieser Welt die Lebenserwartung kontinuierlich an.[3] So schlecht, wie es uns das Internet suggeriert, kann es also gar nicht sein. Von daher denken Sie immer daran: Die Medien, vor allem die Online-Dienste sind auf die negativen Ereignisse und Entwicklungen fixiert (das wollen die Nutzer auch überwiegend hören und sehen), das bedeutet aber nicht, dass sie für das Geschehen insgesamt ein realitätsnahes Bild zeichnen.

6. *Seien Sie behutsam und vorsichtig, wem Sie Glauben schenken, wenn es um Themen geht, zu deren tieferem Verständnis Fachexpertise benötigt wird.* Viele Themen, die in der Öffentlichkeit kontrovers behandelt werden, sind unserer eigenen sinnlichen Wahrnehmung entzogen. Oft haben wir auch keine Erfahrungswerte, aus denen wir ablesen könnten, welche der Argumente in der Debatte stimmen und welche nicht. Wie gefährlich beispielsweise Rückstände des Pflanzenschutzmittels Atrazin in Getränken für unsere Gesundheit ist, können wir aus eigenen Stücken nicht beurteilen.[4] Wir sind also auf die Expertisen anderer angewiesen. Da wir deren Argumente nicht inhaltlich überprüfen können, verteilen wir Glaubwürdigkeit nach inhaltsfernen, peripheren Merkmalen. Diese reichen vom äußeren Erscheinungsbild bis hin zur vermuteten Interessenabhängigkeit der jeweiligen Informanten. Vertrauen und Glaubwürdigkeit nach peripheren Merkmalen zu beurteilen, ist aber wenig zuverlässig. Vor allem nutzen Demagogen und Populisten die von Fachleuten der Psychologie und der Kommunikationswissenschaften als besonders wirksam identifizierten peripheren Merkmale, um ihre zum Teil abstrusen Botschaften so zu gestalten, dass sie auf den ersten Blick höchst glaubwürdig erscheinen. Dazu gehören ein seriöses Auftreten, die Nut-

---

www.sos-kinderdoerfer.de/unsere-arbeit/fokus/entwicklungshilfe/millenniumsziele-umsetzung (abgerufen am 15.8.2018). Viele weitere Belege für positive Entwicklungen finden sich in dem populärwissenschaftlichen Buch. Rosling, H. (2018): Factfulness. Wie wir lernen, die Welt so zu sehen, wie sie wirklich ist. Ullstein: Berlin.

3 Renn (2014), a. a. O., S. 51.

4 Hier ein paar Informationen zu Atrazin: Im Trinkwasser wurde für Pflanzenbehandlungsmittel unabhängig von deren Giftigkeit ein einheitlicher Grenzwert von 0,1 µg/l festgelegt; er trat zum 1.10.1989 in Kraft. Seit März 1991 ist zum Schutz des Grundwassers die Anwendung von Atrazin und sechs weiteren Wirkstoffen verboten. Bei Grenzwertüberschreitungen im Trinkwasser ist eine zeitlich befristete Ausnahmegenehmigung möglich. Voraussetzung ist ein erfolgversprechender Sanierungsplan und Einhaltung des Ausnahmegrenzwertes von 3 µg/l für Atrazin. Aus: http://www.wasser-wissen.de/abwasserlexikon/a/atrazin.htm (abgerufen am 13.8.2018).

zung von akademischen oder anderen Titeln, die Appelle an den gesunden Menschenverstand und die Plausibilität (siehe Punkt Zwei) sowie die Schaffung einer identitätsfördernden „Wir sind alle in einem Boot" Stimmung. Ebenso häufig finden sich im Arsenal der Populisten klischierte Feindbilder, die eine schnelle Zuordnung von „Wir – die Guten" und „Ihr – Die bösen anderen" ermöglichen. Von daher sollte man sich von der Suggestivkraft peripherer Merkmale möglichst freimachen. Wenn man, wie bei vielen Sachthemen, nicht selber beurteilen kann, welche Position und welches Argument stimmen kann, dann kann man sich an Institutionen wenden, die eine ausgewogene und neutrale Berichterstattung über dieses Thema versprechen. Dazu gehören beispielsweise die Onlinedienste der seriösen Zeitungen, die Portale der zuständigen Behörden und Forschungseinrichtungen, die Kommunikationsabteilungen der wissenschaftlichen Vereinigungen (etwa Helmholtz, Leibniz, Fraunhofer, Deutsche Forschungsgemeinschaft) und Akademien (wie etwa die Leopoldina, die Berlin-Brandenburgische Akademie der Wissenschaften und andere regionale Akademien) oder die inzwischen auch in Deutschland arbeitenden Wissenschaftsdienste, die sich bewusst als neutrale Vermittler von Sachinformationen und als unparteiischen Übermittler der damit verbundenen Interpretationen verstehen.[5] Alternativ dazu kann man auch die Webseiten der jeweiligen Kontrahenten besuchen, um sich zumindest ein Bild von den Argumentationssträngen der einen oder anderen Seite zu machen. Ähnlich wie bei der Beurteilung von Internet-Mitteilungen gilt auch hier: Je mehr Institutionen und Personen bewusst periphere Merkmale der Glaubwürdigkeit in ihre Präsentationen einbauen, umso vorsichtiger sollte man mit dem damit verbundenen Wahrheitsanspruch sein.

7. *Seien Sie achtsam, dass sich bei Entscheidungen die beiden Komponenten „Wissen über die Folgen, die mit jeder Handlungsoption zu erwarten sind", und „Wünschbarkeit dieser Folgen" nicht vermischen.* Beurteilt man den Wahrheitsgehalt von vorhandenem Wissen nach dem Grad der Wünschbarkeit, sind Enttäuschungen vorprogrammiert. Man kann sich so viel schönreden wie man will, es wird dadurch leider nicht wahrer.

5 Siehe dazu die Portale der genannten Wissenschaftsgesellschaften sowie: https://lisa.gerda-henkel-stiftung.de/; https://www.wissenschaft-im-dialog.de/; http://www.wissenschaft-kontrovers.de/; https://www.destatis.de/DE/Startseite.html; https://www.tatsachen-ueber-deutschland.de/de (abgerufen am 13.8.2018).

Natürlich kann man lange Zeit bestimmten Illusionen nachhängen, aber irgendwann zeigt die Erfahrung, dass sich zwischen wahrgenommener und erlebter Realität eine tiefe Kluft öffnet. Von daher ist man gut beraten, wenn man Informationen zu den zu erwartenden Folgen der zur Wahl stehenden Handlungsoptionen so distanziert wie möglich von den eigenen Wünschen einholt. Das kann einen vor eklatanten Fehlentscheidungen bewahren. Gleichzeitig kann aber auch zuverlässiges Wissen die zweite Komponente von Entscheidungen, also die persönliche oder soziale Wünschbarkeit der Folgen von Handlungsoptionen, nicht ersetzen. Ob man lieber ein teures, aber vor allem zuverlässiges oder ein preiswertes, aber weniger zuverlässiges Auto erwerben will, erfordert eine Abwägung zwischen zwei als positiv bewerteten Zielen. Hier kommt es also auf die eigene Präferenz an, welchem Ziel man mehr Gewicht beimisst. Zielkonflikte lassen sich nach drei Arten auflösen: Nach eigenem Interesse (welche Option gibt mir den höchsten Netto-Nutzen?), nach moralischen Werten (welche Option ist unter ethischen Gesichtspunkten vorzuziehen?) oder nach Vorlieben (was gefällt mir unabhängig von Nutzen und Werten am besten?). In einer Gesellschaft, die auf gemeinsame Werte und gemeinwohlorientiertes Handeln angewiesen ist, sollte man bei der Frage der Wünschbarkeit nicht nur auf das eigene Interesse und die eigenen Vorlieben achten, sondern auch auf die Wirkung der Entscheidungsfolgen für andere. Wertgebundenes Verhalten ist der Kitt des sozialen Zusammenhalts.

8. *Hüten Sie sich vor zwei Extremen in der Auseinandersetzung um den in einer Gesellschaft als gültig anerkannten Wertekanon: ethische Beliebigkeit und kulturelle Abgeschlossenheit.* Im ersten Falle wird ähnlich wie bei der Frage nach der Einlösung von Wahrheitsansprüchen eine Relativierung von ethischen Grundsätzen und Prinzipien vorgenommen. Nach dem Motto: „Alles geht" gibt es keine moralischen Verhaltensnormen, die für eine Gesellschaft als verbindlich und unantastbar anerkannt werden sollen. Alle moralischen Vorschriften und Normen sind demnach nur situationsgebunden oder abhängig von der jeweiligen Kultur bzw. Subkultur. Menschen, die in Gemeinschaft zusammenleben, brauchen aber verlässliche Orientierungen. Schon der Philosoph Thomas Hobbes hatte in seinem Buch „Der Leviathan" vor mehr als 350 Jahren erkannt, dass ohne jede Orientierung zunächst die Unsicherheit steigt, daraus Angst

und Verunsicherung erwächst und schließlich nackte Aggression zum Vorschein kommt.[6] Man muss nicht den gesamten Gedankengang von Hobbes teilen, aber ein Minimum an Verhaltensorientierungen und sozialen Normen ist eine notwendige Voraussetzung für ein friedliches und geordnetes Zusammenleben. Bei aller Pluralität der Gesellschaft muss es einen solchen Kanon an geteilten moralischen Überzeugungen und Handlungsorientierungen geben. Die in den UN-Menschenrechten kodierten moralischen Grundwerte bieten eine gelungene Richtschnur für eine universell geltende und für alle verpflichtende Verhaltensorientierung; die im Grundgesetz festgelegten Rechte und Pflichten konkretisieren dies für die Bundesrepublik Deutschland. Es ist wichtig, die für alle gültigen basalen Werte so eng wie möglich zu definieren, um die besondere Errungenschaft von demokratischen Systemen, nämlich individuelle und kulturelle Freiräume für alle Mitglieder zu gewährleisten, nicht zu gefährden. Damit kommen wir zum zweiten Extrem: Der Einengung dieses Wertekanons auf Verhaltensvorschriften und Gewohnheiten, die angeblich zum Kern oder sogar zur Seele der Volksgemeinschaft gehören. Dehnt man den notwendigen Wertekanon auf echte oder angebliche Mehrheitsgewohnheiten aus, öffnet man repressiven Kräften Tor und Tür. Gerade wenn man sich der Mehrheit zugehörig fühlt, sollte man mit aller Kraft die Rechte andersdenkender und -lebender Minderheiten verteidigen. Wenn sich der Zeitgeist wandelt, kann man schnell von der Mehrheit zu Minderheit überwechseln. Ein überzogenes Bekenntnis zur gemeinsamen Wertebasis erkennt man leicht daran, dass ganze Gruppen einer Gesellschaft explizit oder implizit ausgeschlossen werden. Von einem legitimen Wertekanon kann man dagegen ausgehen, wenn er eine für alle verbindliche Orientierung im gesellschaftlichen Austausch ermöglicht, ohne die individuellen und kulturellen Spielräume individueller oder kultureller Lebensgestaltung außer Kraft zu setzen.

9. *Engagieren Sie sich politisch! Politisches Engagement ist ein wirksames Gegengift gegen postdemokratische Tendenzen in Politik und Gesellschaft. Engagement bedeutet mehr Bürgerbeteiligung, mehr politisch wirksame Meinungsäußerung und mehr Teilhabe an sozialen Gemeinschaftsdiensten.* Merkmale der postdemokratischen politischen Ordnung

6 Hobbes, T. (1986): Der Leviathan. Übersetzt von Jacob Peter Meyer. Reclam: Stuttgart (ursprünglich: 1651).

sind mangelnde Akzeptanz für politisch verbindliche Entscheidungen, eine hohe Politikverdrossenheit der Bürgerinnen und Bürger sowie ein Wiedererstarken von autoritär auftretenden Führungspersönlichkeiten, die ihre Macht und ihren Einfluss weniger auf der Basis von nachvollziehbaren Begründungen als auf Basis ihrer charismatischen Überzeugungskraft absichern. Um diesen Tendenzen entgegenzuwirken, reicht es nicht aus, die offizielle Politik kommunikativ besser zu „verkaufen". Vielmehr ist eine aktive Mitwirkung der Bürgerinnen und Bürger an der kollektiven Gestaltung unserer Lebensbedingungen unerlässlich. Es ist eine dringliche Aufgabe der Politik, dazu angemessene Foren, Orte und Strukturen bereit zu stellen, aber diese Chancen müssen auch genutzt werden. Wenn wir beispielsweise bei öffentlichen Bürgerbeteiligungsverfahren nach dem Zufallsprinzip 100 Bürgerinnen und Bürger aus der Einwohnermeldekartei ziehen und sie zum Mitmachen aufrufen, kommen bestenfalls 10. Die restlichen 90 sagen mehr oder weniger „dankend" ab.[7] Von daher ist auch die Bereitschaft der Bürgerschaft gefragt, Angebote zu Mitgestaltung der eigenen Lebenswelt aufzugreifen und engagiert mitzuwirken. An Beteiligungsprogrammen teilzunehmen, erhöht nicht nur die Möglichkeit, selber gestalterisch tätig zu sein, es ist auch eine wichtige Lernerfahrung, gemeinsam mit anderen und mit Unterstützung von Fachleuten komplexe Probleme zu verstehen und beherzt anzugehen. Der Wechsel vom Stammtisch zum Runden Tisch verändert nicht nur die Entscheidungssituation, er erweitert auch die eigene Perspektive und das Erleben von Gemeinschaft. Neben den Projekten zur Bürgerbeteiligung gibt es natürlich noch viele andere Optionen, um gesellschaftlich wirksam zu handeln. Man kann sich Bürgerinitiativen anschließen, in eine politische Partei eintreten, sich aktiv an sozialen Diensten für die Gemeinschaft beteiligen oder sich in Verbänden und Nicht-Regierungs-Organisationen einbringen. An den Möglichkeiten scheitert es selten, aber wie bei allen Entscheidungen muss man es auch wollen und sich dafür Zeit nehmen.

10. *Wirken Sie aktiv am Aufbau einer transparenten und fairen Abwägungskultur in Politik, Wirtschaft und Gesellschaft mit und unterstützen Sie*

7 Benighaus et al. (2016), a. a. O., S. 70ff; vergleiche auch: https://www.boell.de/de/2016/02/24/wie-kann-buerger-beteiligung-inklusiv-sein (abgerufen am 13.8.2018).

*die dazu notwendigen politischen Innovationen.* Wir benötigen mehr Bereitschaft, Zielkonflikte anzuerkennen und faire Kompromisse zwischen den unterschiedlichen Gruppen und Individuen auszuhandeln. Zu einer neuen Abwägungskultur gehört auch eine Reform im Verhältnis von Wissensträgern und Wissensnutzern. Es gilt, gemeinsam problemlösendes Wissen aufzubauen, für die Prüfung von Handlungsoptionen einzusetzen und in langfristiger Verantwortung gesellschaftliche Transformationen zu gestalten. Dazu eignen sich vor allem analytisch-deliberative Foren mit Vertretern von Politik, Wissenschaft, zivilgesellschaftlichen Organisationen, Verbänden und Wirtschaftsvertretern auf der einen, sowie betroffenen Bürgerinnen und Bürgern auf der anderen Seite. Die analytische Komponente sorgt für das sachgerechte Wissen, die deliberative Komponente um die angemessene und faire Abwägung von Argumenten. Mit dieser Veränderung der demokratischen Willens- und Entscheidungsfindung wird die Grundstruktur unserer repräsentativen Demokratie nicht in Frage gestellt, sondern durch neue Elemente bereichert und ergänzt. Ähnlich wie wir in Wirtschaft und Technik Innovationen benötigen, um den Herausforderungen einer globalisierten Welt gerecht zu werden, so tun wir das auch in der Politik. Um angemessen und klug auf die uns verunsichernden Post-X-Tendenzen in Wissenschaft, Politik und Gesellschaft zu reagieren, sollten wir uns alle dafür einsetzen, dass diese politischen Innovationen effektiv und mutig vorangebracht werden.

# Weiterführende Literatur


Assmann, Aleida (2018): Menschenrechte und Menschenpflichten. Schlüsselbegriffe für eine humane Gesellschaft. Wien: Picus.

Badelow, Borwin (2013): Das Angstbuch. Woher Ängste kommen und wie man sie bekämpft. 10. Auflage. Reinbek bei Hamburg: Rowohlt.

Balzer, Wolfgang (2016): Die Wissenschaft und ihre Methoden: Grundsätze der Wissenschaftstheorie: Ein Lehrbuch. Freiburg: Herder.

Benighaus, Christina/Wachinger, Gisela/Renn, Ortwin (2016): Bürgerbeteiligung. Konzepte und Lösungswege für die Praxis. Frankfurt am Main: Wolfgang Metzner Verlag.

Bentele, Günter/Bohse, Reinhard/Hitschfeld, Uwe/Krebber, Felix (Hrsg.) (2013): Akzeptanz in der Medien- und Protestgesellschaft – Zur Debatte um Legitimation, öffentliches Vertrauen, Transparenz und Partizipation. Wiesbaden: Springer VS.

Berger, Peter L./Luckmann, Thomas (2012): Die gesellschaftliche Konstruktion der Wirklichkeit. 24. Auflage. Frankfurt am Main: Fischer.

Brömmel, Winfried/König, Helmut/Sicking, Manfred (Hrsg.) (2017): Populismus und Extremismus in Europa. Gesellschaftswissenschaftliche und sozialpsychologische Perspektive. Bielefeld: Transcript.

Conzen, Peter (2017): Die bedrängte Seele: Identitätsprobleme in Zeiten der Verunsicherung. Stuttgart: Kohlhammer.

Crouch, Colin (2008): Postdemokratie. Frankfurt am Main: Suhrkamp.

Detjen, Joachim (2009): Die Werteordnung des Grundgesetzes. Wiesbaden: VS Verlag für Sozialwissenschaften.

Gigerenzer, Gerd (2013): Risiko. Wie man die richtigen Entscheidungen trifft. München: Bertelsmann.

Henze, Norbert (2013): Stochastik für Einsteiger: eine Einführung in die faszinierende Welt des Zufalls. Heidelberg und Berlin: Springer.

Habermas, Jürgen (2017): Im Sog der Technokratie. Kleine politischen Schriften XII. Frankfurt am Main: Suhrkamp.

Hartmann, Martin/Offe, Claus (Hrsg.) (2001): Vertrauen. Die Grundlage des sozialen Zusammenhalts. Frankfurt am Main: Campus.

Janich, Peter (2000): Was ist Wahrheit? Eine philosophische Einführung. 2. Auflage. München: Beck.

Kahneman, Daniel (2012): Schnelles und langsames Denken. München: Siedler.

Kristof, Kora (2010): Wege zum Wandel: Wie wir gesellschaftliche Veränderungen erfolgreicher gestalten können. München: Oekom Verlag.

Kuhn, Thomas S. (1981): Die Struktur wissenschaftlicher Revolutionen. Mit einem Postskriptum von 1969. 5. Auflage. Frankfurt am Main: Suhrkamp.

Leggewie, Claus/Nanz, Patrizia (2016): Die Konsultative – Mehr Demokratie durch Bürgerbeteiligung. Frankfurt am Main: Wagenbach.

Mainzer, Klaus (1999): Komplexe Systeme und Nichtlineare Dynamik in Natur und Gesellschaft. Heidelberg und Berlin: Springer Verlag.

Milbradt, Björn (2018): Über autoritäre Haltungen in ‚postfaktischen' Zeiten. Opladen und Berlin: Barbara Budrich.

Pfister, Hans-Rüdiger/Jungermann, Helmut/Fischer, Katrin (2017): Die Psychologie der Entscheidung. Berlin und Heidelberg: Springer.

Pinker, Steven (2018): Aufklärung jetzt: Für Vernunft, Wissenschaft, Humanismus und Fortschritt. Frankfurt am Main: S. Fischer.

Renn, Ortwin (2014): Das Risikoparadox. Warum wir uns vor dem Falschen fürchten. Frankfurt am Main: Fischer Taschenbuch.

Rosling, Hans/Rönnlund, Anna Rosling/Rosling, Ola (2018): Factfulness. Wie wir lernen die Welt so zu sehen, wie sie wirklich ist. Berlin: Ullstein.

Schaar, Peter (2015): Das digitale Wir: Unser Weg in die transparente Gesellschaft. Hamburg: Edition Körber.

Schneidewind, Uwe (2018): Die große Transformation. Eine Einführung in die Kunst gesellschaftlichen Wandels. Frankfurt am Main: Fischer Taschenbuch.

Schneidewind, Uwe/Singer-Brodowski, Mandy (2013): Transformative Wissenschaft. Klimawandel im deutschen Wissenschafts- und Hochschulsystem. Marburg: Metropolis.

Searle, John R. (2011): Die Konstruktion der gesellschaftlichen Wirklichkeit. Zur Ontologie sozialer Tatsachen. Frankfurt am Main: Suhrkamp.

Stehr, Nico/Adolf, Marian (2018): Ist Wissen Macht? Wissen als gesellschaftliche Tatsache. 2. Auflage. Weilerswist: Velbrück.